JEZUS UMARŁ
W POLSCE

MIKOŁAJ GRYNBERG

JEZUS UMARŁ W POLSCE

*Kto ratuje jedno życie
– ratuje cały świat*

SPIS TREŚCI

9	Wstęp
13	Ewa i Adam
33	Marianna
45	Wojtek Radwański
64	Beata Siemaszko
87	Strażak Krzysiek
109	Strażnik Pierwszy
116	Maciej Żywno
133	Wiktor
135	Maria Przyszychowska i Kamil Syller
162	Strażnik Drugi
173	Joanna Pawluśkiewicz
183	Mama Africa
203	Danka
217	Paulina Bownik
238	Asia i Marek Jacelowie
256	Kamila
266	Andrzej
281	Barbara Kuzub-Samosiuk
291	Joanna Sarnecka
307	Eliza Kowalczyk
322	Podziękowania
324	Osoby, które umarły na polsko-białoruskiej granicy

WSTĘP

W połowie grudnia 2021 roku dostałem wiadomość od nieznanej mi osoby.

„Mieszkam na Podlasiu. Przyjechałby Pan do nas?".

Odpisałem, że chętnie dowiedziałbym się czegoś więcej na temat celu tego spotkania.

„Dobrze byłoby, żeby ktoś nas posłuchał".

Kryzys humanitarny na polsko-białoruskiej granicy trwał już od lata. Znałem kilka osób, które regularnie tam jeździły, by wraz z lokalnymi aktywistami pomagać uchodźcom.

Wsiadłem do samochodu i po trzech godzinach byłem na miejscu. Leśne drogi wciąż jeszcze pokrywał śnieg. Co chwila mijały mnie pędzące wojskowe ciężarówki. Żadna z nich nie miała tablic rejestracyjnych. Tego dnia wielokrotnie natykałem się na uzbrojone w długą broń patrole służb bez żadnych oznaczeń na mundurach. Nie wiedziałem, czy mam do czynienia z Wojskiem Polskim, czy z Wojskami Obrony Terytorialnej. Jedyne oznakowane samochody należały do policji i Straży Granicznej.

W drodze na miejsce zostałem zatrzymany trzy razy, przeszukano mój samochód „pod kątem przewożenia nielegalnych ludzi".

Spotkałem się z osobą, która mnie zaprosiła, oraz z trojgiem jej znajomych. Oni mówili, ja słuchałem. O czwartej rano poszliśmy spać, by o poranku wrócić do przerwanej opowieści. Ich potrzeba opowiadania o tym doświadczeniu nie zmalała przez noc.

Po kilku godzinach znowu wsiadłem do samochodu, by wrócić do domu. Przez pierwsze dwadzieścia kilka kilometrów byłem kontrolowany cztery razy. Ostatni z policjantów zapytał mnie, puszczając oko, czy wiozę „ciapatych turystów".

W połowie drogi powrotnej zadzwoniłem do redaktora Pawła Goźlińskiego i powiedziałem, że szukam wydawcy książki o osobach ratujących życie ludzkie na granicy polsko-białoruskiej. Po trzech minutach rozmowy miałem wydawcę.

Dla większości moich bohaterek i bohaterów ważnym momentem i punktem odniesienia są wydarzenia w Usnarzu Górnym. Polscy pogranicznicy na początku sierpnia 2021 roku przywieźli tam grupę około pięćdziesięciu uchodźców. Próbowali dokonać nielegalnego wypchnięcia tych ludzi na Białoruś. Próba się nie powiodła, bo po drugiej stronie granicy pojawili się białoruscy pogranicznicy. Z początkowej grupy zostały trzydzieści trzy osoby z Afganistanu, pozostałe – polskie służby przewiozły w inne miejsce. Przez pierwsze dni udawało się przekazywać im co jakiś czas jedzenie i wodę, jednak po 20 sierpnia mundurowi uniemożliwili dalszą aprowizację. 3 września została wprowadzona strefa – stan wyjątkowy na obszarze przygranicznym. Wśród wielu ograniczeń ogłoszono też zakaz wjazdu dziennikarzy i organizacji pozarządowych. 2 września o 23.30 ostatni aktywiści z fundacji Ocalenie opuścili Usnarz Górny. Polskie służby rozwinęły drut kolczasty, uniemożliwiając uchodźcom jakikolwiek ruch. Było coraz zimniej, nie było skąd brać drewna na ognisko, ich namioty i ubrania całkowicie przemokły. Osoby zamknięte w tej pułapce zaczęły opadać z sił. Jednak 20 października udało im się sforsować tymczasowe ogrodzenie zbudowane przez polskie służby. Mimo że wszyscy prosili o międzynarodową ochronę w Polsce, zostali podzieleni na mniejsze grupy i wypchnięci na Białoruś. Ich telefony zostały zniszczone przez mundurowych. Interimy (*interim measures*), czyli „tymczasowe środki" orzekane przez Europejski Trybunał Praw Człowieka (o których roli szczegółowo opowiada Marianna na stronach 37-39), zignorowano. Polscy pogranicznicy, przy pełnej akceptacji swoich przełożonych, postawili się ponad prawem międzynarodowym.

W sierpniu 2021 roku powstała Grupa Granica, nieformalna koalicja osób i organizacji niosąca wsparcie i bezpłatną pomoc humanitarną osobom migrującym przez pogranicze polsko-białoruskie. W sieci można znaleźć jej telefon, jest dostępny przez całą dobę. Między innymi dzięki niemu osoby w drodze mogą prosić o pomoc i wysyłać „pinezki", czyli koordynaty miejsca, w którym przebywają.

Na przełomie lata i jesieni 2021 roku wzdłuż granicy został rozciągnięty drut żyletkowy, concertina. 1 października 2022 roku oficjalnie ukończono budowę muru mającego zatrzymać napływ uchodźców. Tak jak wiele innych murów zbudowanych na świecie nie przyniósł oczekiwanego efektu. Szlak białoruski nie zniknął. Stał się trudniejszy, ale wciąż bezpieczniejszy niż bałkański czy śródziemnomorski.

Do momentu zamknięcia prac nad książką udokumentowano czterdzieści pięć śmierci i ponad trzysta zaginięć na polsko-białoruskiej granicy.

MIKOŁAJ GRYNBERG

EWA I ADAM

Spotykamy się w pobliżu ich gospodarstwa. Zapraszają mnie na łąkę, na której stoi pięknie nakryty stół. Jest miło i ładnie, a przy okazji z dala od osób, które kręcą się w pobliżu obejścia.

A.: Chcę, żebyś pamiętał, że my tu mieszkamy dlatego, że nie lubimy ludzi. To było idealne miejsce, by trzymać się od nich z daleka.

Tym bardziej dziękuję, że zgodziliście się ze mną spotkać.
A.: Mówię ci to dlatego, żebyś zrozumiał, czym to dla nas jest. Ale nie byliśmy w stanie przejść nad tym do porządku dziennego. Nie mogliśmy nie jechać w nocy po

ludzi, którzy siedzieli w lesie przy ujemnej temperaturze, wiedząc, że jak nie zdążymy przed Strażą Graniczną, to zapakują ich na ciężarówki, a potem wyrzucą za druty. Wiesz, Polska jest krajem człowieczeństwa ze sztandarów. Płody ratujemy, ale dwudziestosiedmioosobowej grupy z mnóstwem dzieci już nie. Strasznie trudne to jest.

Byłem wtedy w lesie pierwszy raz z Grupą Granica. Tamta grupa uchodźców już sześć czy siedem nocy spędziła w temperaturze, która nie przekraczała zera stopni. Dostałem pod opiekę trzyletnie dziecko z wysoką gorączką. Nawet nie wiem, jak ci to opowiedzieć, rozumiesz?

Nie potrzebuję do życia innych ludzi. Kiedyś pracowałem na Mazurach, ale tam było piekło, tłumy turystów. Więc uciekłem na Podlasie, bo tu ludzi mało. Sielanka po prostu.

Kiedy się skończyła?
A.: W lipcu 2021 zaczynają się w lesie pojawiać ludzie, ale o tym wiemy tylko z mediów.

Do was nie docierają?
E.: Na początku nie.

A.: Być może się tu gdzieś kręcą, ale wtedy jeszcze ich nie spotykamy. Albo nie zauważamy.

Kiedy to się zmieniło?
A.: W sierpniu, w trakcie akcji służb w Usnarzu. Przedtem miałem takie podejście, że idą, to idą. Jak się gdzieś

tu koło nas pojawią, to zaprosimy do domu, damy herbatę, nakarmimy, będą się mogli wykąpać. Przyjmiemy ich, a potem zadzwonimy po Straż Graniczną.

Straż Graniczną?
A.: Dotychczas tak robiliśmy. Wszyscy byliśmy zadowoleni, że ktoś tu pilnuje. Jak coś się działo, to po nich dzwoniłem, taki miałem pierwszy obywatelski odruch. Teraz też myślałem: „Przyjadą, wezmą ich do ośrodków, przepytają, sprawdzą, kim są, ale zajmą się nimi jak ludźmi".

Byliście w Usnarzu?
A.: Nie musieliśmy, widzieliśmy w mediach, to nam wystarczyło. Zresztą we wrześniu, w październiku, po Usnarzu, oni już byli wszędzie.

Oni, czyli uchodźcy?
A.: Nie, ludzie. Normalni ludzie, w każdej wiosce na Podlasiu. Jak ktoś mi powie, że ich nie widział, to mu nie uwierzę, bo byli wszędzie. Wszędzie! SG ich wyłapywała, na ciężarówki – i na Białoruś. Wtedy podjęliśmy decyzję, że więcej nie zadzwonimy po straż.

I czekaliście, aż przyjdą do was uchodźcy?
E.: Ludzie. Wtedy zaczęłam chodzić nocami z termowizją po lesie.

Kupiliście profesjonalny sprzęt?

A.: Mieliśmy go już wcześniej, używaliśmy do podglądania zwierząt.

E.: Wszyscy pytali, czy się nie boję. Nie bałam się. Znaczy, bałam, ale nie bardzo. Ustaliliśmy z Adamem hasło, że jak zadzwonię do niego i je wypowiem, to on bierze samochód i przyjeżdża.

Dlaczego potrzebne było hasło?
E.: Nie wiedzieliśmy, czy nie jesteśmy podsłuchiwani przez służby.

Co robiłaś, gdy spotykałaś ludzi?
E.: Zawsze miałam przy sobie wodę i batoniki, kupowaliśmy je z moją siostrą i rodzicami. Ciężko nam o tym rozmawiać. Opowiadamy i zaczynamy płakać. Ze złości, z bezradności.

A.: Nie myśl, że my jesteśmy jacyś wyjątkowi, po prostu byliśmy tutaj i wiedzieliśmy, co się w tym lesie działo. Dotychczas nie zajmowaliśmy się pomaganiem, ludzie nie za bardzo nas interesowali.

Pamiętacie pierwszych ludzi, których znaleźliście w lesie?
E.: Akurat byli u nas znajomi. Przyjechali, by chodzić z nami na patrole do lasu. W pewnym momencie podchodzi do nas Adam i mówi: „Nie wpadajcie w panikę, mamy ludzi w stodole".

A.: Jedne drzwi naszej stodoły wychodzą na las, a drugie na podwórko. Były otwarte na przestrzał.

Wchodzę, a tam stoi dwóch dwudziestoparoletnich mężczyzn i ładuje telefony z gniazdka. Mnie zatkało, oni się przestraszyli. „Żeby tylko nie spanikowali" – myślę. Muszę się zachowywać przyjaźnie. Więc uśmiech na twarz i mówię: *„welcome"*, a oni, przerażeni, tylko: *„no police, no police, no border, please, please"*, i składają ręce w błagalnym geście. Pytam, czy potrzebują *water, food*. Oni, że nie, że wodę mają stamtąd, i pokazują mi pastwisko, gdzie w starej wannie stoi woda dla zwierząt. Więc mówię im, żeby poczekali. Chcę iść po pitną, ale oni, że nie potrzebują. Wracam z wodą, nie uciekli, czyli zaufali mi. Stawiam kilka butelek na ziemi. Chociaż mówili, że nie potrzebują, pakują do plecaków. Zrozumiałem, że mówią „nie" być może z uprzejmości.

E.: Daliśmy im jedzenie i powerbanki na drogę, na miejscu gorącą zupę.

A.: Kiedy donosiłem rzeczy, to oni za każdym razem: *„no police, please, no border"*. Mówię, żeby się nie bali, że nikogo nie wezwiemy. Zostawiłem ich z tą zupą, żeby spokojnie zjedli. Gdy wróciłem, zupa była niedojedzona, a po nich ani śladu. Od pierwszego spotkania minęło piętnaście-dwadzieścia minut, pewnie uznali, że robi się niebezpiecznie, że tyle czasu wystarczy, by przyjechały służby.

Jak się wtedy czuliście?

A.: Rozumiałem, że mają prawo się mnie bać, nie wiedzieli, że ja ich nie wydam.

To „ja ich nie wydam" brzmi jak z innej epoki.
A.: Ale tu jest właśnie taka epoka. Podajesz komuś butelkę wody i się rozglądasz, czy nikt nie widzi.
E.: Mieliśmy znajomych, którzy pracują w służbach.

Już nie macie?
E.: Nie daliśmy rady tego słuchać.

Czego?
E.: Tego, co myślą o Usnarzu, o granicy białoruskiej.

A co myślą?
E.: Mówią, że do takich ludzi trzeba strzelać. Niby żartem, ale dodają, że to rozwiązałoby sprawę, że wreszcie byłby święty spokój. I tak powiedziała osoba, którą znaliśmy od wielu lat.

A.: Rozmawiałem z nią. Wiesz, ja dawno odszedłem od Kościoła, a ona ma na wierzchu wywalony krzyżyk na złotym łańcuszku i mówi o zabijaniu dla świętego spokoju.

Ja pochodzę z ziemi łomżyńskiej i jak ktoś mi mówi, że tego wszystkiego nie było, że działo się inaczej, niż opowiadają, to wiem, że nie mają racji.

Mówisz o Jedwabnem?
A.: O Jedwabnem i wielu innych okolicznych miejscowościach. Tam do dzisiaj nic się nie zmieniło. Wiem, jakie jest podejście do spraw żydowskich w mojej rodzinie.

Mówię ci, że przez te wszystkie lata nic się nie zmieniło. Wystarczy jeden idiota, który podłoży podpałkę, a za nim ruszą następni i tamte historie się powtórzą.

Ich zdaniem młody facet nie ma prawa uciekać przed nieszczęściami, które dzieją się w jego kraju. Nie dają mu prawa do godnego życia. Dziecko, kobieta, ewentualnie starzec mogą uciekać, ale facet powinien siedzieć w Syrii i mają go tam Ruscy zatłuc.

E.: I dlatego, jeszcze zanim zaczęliśmy współpracować z Grupą Granica, działaliśmy z wolontariuszami, którzy do nas przyjeżdżali. Zrobiliśmy mapkę okolicy, podzieliliśmy na sektory i patrolowaliśmy je w dwu-, trzyosobowych grupkach. Sprawdzaliśmy, gdzie są pozostawione rzeczy, gdzie były tymczasowe obozowiska. Wieszaliśmy na drzewach pakiety z batonikami, wodą, konserwami, czasami ciepłymi skarpetami i czapkami. Były też pakiety higieniczne dla kobiet, ale i takie z podpałką – na tyle wysoko, żeby zwierzęta nie rozwlekły. Wiemy, że część zabierały służby, część kradli ludzie, ale część na pewno trafiła do potrzebujących. Szlak, którym wędrowali, wyznaczały opuszczone obozowiska, gdzie znajdowaliśmy resztki z naszych paczek.

Jak wyglądają opuszczone obozowiska?
E.: Pokażę ci, co tam znajdujemy, bo chodzimy je sprzątać. Zobacz: butelka ze smoczkiem, kredki do oczu, zabawkowy samochodzik, pomadka do ust, pampersy, ubranka dla dzieci.

Porzucili te wszystkie rzeczy?
E.: Myślę, że to były wywózki. Straż Graniczna ich pewnie w nocy znalazła i zwinęła, nie przejmując się tym, czy coś zostawią, czy nie.

A.: Potrafią wyskoczyć z bronią, krzyczą: „gleba, gleba!" i różne wulgaryzmy. Doświadczyłem tego. Mimo że jestem Polakiem, mówię po polsku, mnie też obrzucili wyzwiskami.

E.: Zbieramy rzeczy z takich opuszczonych obozowisk. Jeśli są ubrania, przeszukujemy kieszenie, bo tam mogą być dokumenty. Od jesieni 2021 roku zdajemy już sobie sprawę, że dzięki tym znaleziskom można czasami pomóc rodzinom namierzyć ostatnie miejsca pobytu ich bliskich.

W lipcu 2022 roku było już sto czterdzieści zaginionych osób.

Co robicie z tymi rzeczami?
A.: Wysyłamy o nich wiadomości na strony, które zajmują się osobami zaginionymi.

Macie kontakt z ludźmi, którym pomogliście?
A.: Nie wymieniamy się kontaktami. Od początku wychodziliśmy z założenia, że jesteśmy od pomocy. Nie chcemy wiedzieć, jaki jest powód migracji i ile razy byli pushbackowani.

Dlaczego?

A.: Tu nic nie jest czarno-białe. Ci ludzie mogą mówić różne rzeczy, a ja nie chcę ich oceniać. Gdybym był Syryjczykiem czy Jemeńczykiem, gdybym szedł do bezpieczniejszego życia, gdybym szedł ratować swoją rodzinę, opowiadałbym ci każdą historię, która by mi pomogła w tej misji. Dla mnie to są ludzie w potrzebie, i tyle. Chodzi o to, żeby mieli co jeść i pić i żeby nie umarli w moim lesie. Cała reszta jest w ich rękach. Oni podjęli te decyzje i są za nie odpowiedzialni.

Wasze codzienne życie jest teraz związane z tym, co się dzieje w lesie?
E.: Jestem na stałe przyklejona do telefonu. Adamowi zdarza się go czasami gdzieś odłożyć, mnie nie, noszę go ze sobą wszędzie.

Co się dzieje, gdy przychodzi sygnał, że ktoś potrzebuje pomocy?
E.: Sprawdzamy, gdzie, ile osób, jakie rozmiary butów i ubrań. Pakujemy i jedziemy. Na początku sami organizowaliśmy zbiórki odzieży, ale tak się nie da na dłuższą metę. Liczba osób potrzebujących przerasta możliwości kręgu przyjaciół i znajomych. Teraz korzystamy z zasobów Grupy Granica, która organizuje niezbędne rzeczy.

Więc przychodzi informacja i...?
E.: Przychodzi informacja, że wiadomo, gdzie są i ile osób. Czego im potrzeba. Potem albo ktoś po nas

przyjeżdża, albo spotykamy się w lesie. Nikt nie podjeżdża samochodem tak blisko, jak się da, bo wiadomo, jaki będzie finał.

Jaki?
A.: Jeśli służby zobaczą nasz zaparkowany samochód, będą czekać przy nim, aż im wpadniemy prosto w łapy. Nie zdarzyło się, by złapali nas razem z uchodźcami, ale wiem, że dochodzi do takich sytuacji.

I co się wtedy dzieje?
E.: To zależy od humoru strażników. Może się nic nie wydarzyć. Mogą dać mandat. Ale mogą też skierować sprawę do sądu i oskarżyć o handel ludźmi. A to już jest poważna sprawa.

Co robią z uchodźcami?
A.: Wywożą za „żyletki".

Samochody zostawiamy czasami nawet kilka kilometrów od miejsca, do którego idziemy. Niekiedy u zaprzyjaźnionych gospodarzy, bo wiemy, że nie doniosą służbom. Zresztą zostawienie samochodu w lesie to też ryzyko. Zdarza się, że wracamy i opony są przebite nożem. Służby znają nasze samochody i widocznie, jak nie mogą nic innego zrobić, to ze złości tną opony.

Tak czy inaczej zostawiamy samochody, bierzemy dwudziesto-, trzydziestokilogramowe plecaki i dalej na piechotę.

Znajdujecie ludzi, którzy na was czekają, i...?
A.: Dzisiaj już jesteśmy nieźle zorganizowani. Docieramy do grupy i działamy – każdy ma swoje zadanie. Ty załatwiasz kwestie medyczne, ty – ciepłe posiłki i herbatę, ty – dokumenty gwarantujące tym ludziom ochronę przez Europejski Trybunał Praw Człowieka.

Pomagacie im wypełniać dokumenty, by mogli zyskać ochronę prawną?
A.: My akurat nigdy tego nie robiliśmy, ale są osoby, które dobrze się na tym znają. Wypełniają wszystkie potrzebne papiery.

Dajecie im wszystko, czego potrzebują?
A.: Dajemy im namiastkę tego, czego potrzebują.

W końcu przychodzi moment, że odchodzicie i zostawiacie ich w lesie?
E.: Na mojej pierwszej leśnej akcji znaleźliśmy dwóch chłopaków, braci, młodszy miał szesnaście lat. Zrobiliśmy, co się dało, spakowaliśmy plecaki i zaczęliśmy odchodzić, a ja cały czas myślałam: „Zostawiasz w lesie dziecko". To jest masakra. Cały czas ich pamiętam, te ich czerwone twarze, bo oświetlone naszymi czołówkami, które świecą na czerwono, żeby było trudniej nas zobaczyć z oddali. Zostawialiśmy zdezorientowane dzieci w lesie. Wiesz, jakie to straszne uczucie?

A.: To jak z tym trzyletnim dzieckiem, o którym ci opowiadałem. Dziewczynka z wysoką gorączką. Pytamy rodziców, czy wezwać karetkę, a oni: *„no, no pushback, please, no pushback"*, i składają ręce jak do modlitwy. Ten błagalny gest zobaczymy potem wiele razy. *„No police, no border, please, please"*. Temperatura powietrza to zero stopni i wiesz, że nie możesz zadecydować za tych rodziców. To ich dziecko, ich życie. Nie chcą wrócić na Białoruś, klamka zapadła. Nie chcą znowu trafić tam, gdzie są kradzieże, bicie i gwałty. Nie chcą trafić do Bruzg czy innego obozu, który stworzyli Białorusini. Zostawiamy ich i mamy nadzieję, że tej albo następnej nocy przyjedzie po nich „taksówka". Starasz się sobie wytłumaczyć, że lepsza jedna czy dwie noce w śpiworze, który im przywiozłeś, a potem wolność. I odchodzisz, ale nie możesz przestać myśleć, że zostawiasz ich w lesie. Wiesz, że jeśli nikt po nich nie przyjedzie, to mogą tam zamarznąć.

„Taksówka", o której mówisz, to przewoźnik?
A.: Tak, opłaceni przez ich rodziny przewoźnicy. Pewnie związani z przestępczymi organizacjami, robią to prawdopodobnie za grube pieniądze.

Przewoźnicy, czyli przemytnicy?
A.: Pewnie jedno i drugie.

Spotykacie ich w lesie?

A.: Unikamy ich, nie chcemy mieć z nimi do czynienia. To są mafijne struktury.

Tu na granicy nie ma prawa. Służby działają poza prawem, co już wielokrotnie potwierdziły wyroki sądów. A gdy bezprawie jest państwowe, robi się coraz bardziej szaro i mroczno. „Taksówkarzom" udaje się wywozić tych ludzi z Podlasia i z Polski, co wiemy chociażby ze statystyk o migrantach publikowanych w Niemczech czy Belgii.

Ciekawe, jak im się to udaje. Za każdym razem, kiedy tu przyjeżdżam, jestem zatrzymywany kilka razy dziennie przez policję albo SG.
A.: Myślę, że jest wiele scenariuszy.

E.: Na początku podobno działała tu nawet organizacja założona z kiboli skłóconych ze sobą klubów piłkarskich: Ruchu Chorzów, Piasta Gliwice i Górnika Zabrze. Wywozili ludzi z lasu. Założyli taką właśnie firmę „taksówkową".

Pomagali?
E.: W żadnym przypadku nie określiłabym tego słowem „pomagali". Oni zarabiali olbrzymie pieniądze. Myśleli, że nauczyli się robić biznes. Podobno wszystkich złapano i posadzono.

A wy czego się nauczyliście przez ostatnie miesiące?
A.: Partyzantki.

E.: Jak unikać służb. Potrafimy się poruszać po ciemku w lesie, i to bez używania latarek.

A jak sobie dajecie radę ze służbami?
E.: Wiesz, co zauważyliśmy? Że im bardziej się na nich rzucamy, im na mniej im pozwalamy, tym szybciej odpuszczają. Ale nękają nas. Bez przerwy zatrzymują. Wyjeżdżamy z domu – kontrola, powrót do domu – kontrola, po drodze – kontrola. Kilka razy dziennie, to jest uciążliwe i denerwujące. Zatrzymują samochód, podchodzą z dwóch stron, mają długą broń, i ciągle te same pytania: „Skąd jedziecie? Dokąd jedziecie?".

A.: Gdyby ludność Podlasia od początku zadbała o swoje prawa, żylibyśmy tu w zupełnie innym świecie. Ludzie pozwolili, żeby nam te służby wlazły na głowę, żeby robili z nami, co chcą. Przeszukanie? Oczywiście, panie władzo. Tu nie można jechać! Tak jest, panie władzo.

Kiedy to się skończy?
E.: Nigdy.
A.: Też tak myślę.

To znaczy, że wasze życie będzie już zawsze tak wyglądało?
A.: Nie mam pojęcia, jak będzie wyglądało nasze życie, ale powiem ci szczerze, że psychicznie jestem już bardzo zmęczony. Jak przychodzi „pinezka" i widzę, że nie zebrała się wystarczająca liczba ludzi, to jadę, ale mam coraz

większy problem z chodzeniem do lasu. Nie daję już rady. Od kiedy zaczęła się wojna w Ukrainie, zniknęło stąd dużo osób, które dotychczas były bardzo aktywne.

E.: Pojechały pomagać Ukraińcom. Tam potrzeba wielu ludzi, a do tego tamta pomoc nie jest karana. Jak widzę w telewizji strażnika, który pomaga Ukraińcom na granicy – i walizkę poniesie, i dziecko weźmie na ręce – to mnie taki wkurw strzela, że nie wiem, co mam ze sobą zrobić. A u nas taki strażnik to bierze kobietę z dzieckiem i wyrzuca za „żyletki". Czym się różnią tamte dzieci od tych z naszej granicy?

Czym?
E.: Mają zły kolor skóry, tym się różnią!

A.: Czasem myślę, że robimy błąd, nie utrzymując kontaktów z tymi osobami, którym pomogliśmy. Podobno niektórzy to robią i to być może jest bardzo zdrowe podejście. Zapewne w najbliższym czasie zmiany klimatyczne, wojna, prześladowania albo jakieś inne czynniki zmuszą nas do tego, by spieprzać z tego kraju. A wtedy oni by nam pomogli przejść przez mur albo przemknąć przez las. Bo może tam też, tak jak nasze służby, ich służby będą nas witać z bronią i drutami i będą nas czekać pushbacki.

E.: Większość mieszkańców tu, na granicy, jest wdzięczna SG i wojsku, że się nimi opiekują.

Tak już będzie zawsze?

A.: Nie zdziwiłbym się, gdyby za pięćdziesiąt-siedemdziesiąt lat jakiś katolicki narodowiec chciał stawiać pomniki Polakom, którzy tak jak podczas Holokaustu ratowali tu ludzi. Wiem, że tego nie można porównywać, ale chodzi mi o to, że narracja się zmieni i rozkwitną opowieści o tym, jak ludność Podlasia masowo ukrywała ludzi i pomagała im bezpiecznie przedostać się do swoich rodzin na Zachodzie. Zobaczysz, będą chcieli w Michałowie stawiać pomnik Polki ratującej leśne dzieci.

E.: Tych żydowskich analogii jest więcej. Nic na to nie poradzę, ale kiedy przychodzimy do ludzi w lesie i słyszę, jak kobiety uciszają dzieci, to myślę o Żydówkach, które ukrywały się ze swoimi dziećmi. „Cicho, cicho..." – to jest straszne.

A.: A wystarczy wyjechać do Białegostoku i już nikt nic nie rozumie. A Warszawa, Łódź czy gdzieś dalej? Tam nikt nie wierzy, że u nas takie rzeczy się dzieją. Oni nie rozumieją, o czym my tu rozmawiamy. Czasami słuchają w radiu albo telewizji, że zatrzymano ileś tam osób w trakcie przekraczania granicy. Co za bzdura! Ich nie zatrzymano w trakcie przekraczania granicy, ich zatrzymano na terenie Rzeczypospolitej. Granica to nie jest pas kilkunastu kilometrów, granica to jest kreska na piachu. Ci ludzie są w naszym kraju i mamy w związku z tym obowiązek zachowywać się w stosunku do nich zgodnie z prawem, nie zapominając o ich godności.

E.: Służby robią tak, jak im każą albo pozwalają przełożeni. Z godnością to nie ma wiele wspólnego.

Kiedyś zostałam zatrzymana z koleżanką w lesie. Nie szłyśmy do żadnego zgłoszenia, ale trafiłyśmy na opuszczone obozowisko. Miałyśmy pełne kieszenie proteinowych batoników, bo teraz już ciągle je przy sobie noszę. To był patrol mieszany, SG i wojsko. „Panie nie mają prawa tu być, jesteście zatrzymane, ani kroku dalej, pójdziecie siedzieć".

I co się wtedy robi? Zostałyście tam?
E.: Nie posłuchałyśmy się ich i przeszłyśmy na drogę, a oni dzwonili do swoich szefów i straszyli, że zakują nas w kajdanki i że pójdziemy siedzieć. Na szczęście tuż przed zatrzymaniem zadzwoniłam do Adama i powiedziałam, gdzie jesteśmy. Oni walczyli ze swoim superdrogim sprzętem łącznościowym, który tracił zasięg, a w końcu się rozładował. Byłyśmy już całkiem nieźle przestraszone. Doprowadzili nas do takiego stanu, że zaczęłyśmy myśleć, że może rzeczywiście prawo się zmieniło, a my nic o tym nie wiemy. Przyjechał Adam i zaczęła się awantura.

A.: Stoimy na normalnej publicznej drodze między dwiema wioskami. Podchodzi do mnie jeden z tych facetów i mówi, że wie, po co ja tu przyjechałem, i że zaraz pójdę siedzieć. Pytam, kim jest, i on się przedstawia, że jest z posterunku w Michałowie. Patrzę na niego i wiem, że raczej nie. Pewnie przyjechał z Białegostoku, jakiś narwaniec zza biurka. Próbujemy rozmawiać, ale on ciągle straszy, aż nagle pyta, czy mam pozwolenie na przewóz osób, bo przecież przyjechałem zabrać te kobiety. Mówię: „Weź pan zadzwoń do straży w Michałowie, masz pan moje imię i nazwisko, masz pan numer samochodu, powiedz pan, żeś mnie pan zatrzymał. Oni panu powiedzą, kto ja jestem, tylko pan od razu powiedz, żeby się ode mnie odwalili raz na zawsze. Przez poprzednie lata współpracowałem, bo jestem państwowcem, bo jestem obywatelem. Jak się coś działo, przyjeżdżaliście do mnie, była kawa, herbata, rozmawialiśmy, i powiedz pan tym w Michałowie, że niech zapomną, koniec, skończyły się kontakty, nie mamy żadnych relacji". Skontaktował się z nimi, wrócił do mnie, oddał dowód osobisty i grzecznie powiedział do widzenia.

E.: Na koniec nie powiedział „przepraszam", ale użył takiego stwierdzenia, że faktycznie przesadził, za dużo sobie pozwolił, że za batoniki w kieszeni nie idzie się do więzienia.

A.: Gdyby trafili na kogoś, kto nie zna swoich praw, to nie wiadomo, ile by to trwało i co ta osoba by z nimi przeszła. Nie ma co, finał może być tylko jeden. Dziękuję, do widzenia, poszli won!

E.: Tu wszystko stanęło na głowie. Ostatnio zadzwoniła do mnie koleżanka ze szkoły. Dawno nie miałyśmy kontaktu, więc się ucieszyłam. Spotkałyśmy się na kawę i gadamy, co u której słychać. Mówię, że bardzo się zaangażowałam w pomoc na białoruskiej granicy, a ona, że to super, bo jej mąż też tam pracuje, w służbach granicznych. I dawaj, bierze telefon i do niego dzwoni, zaprasza, żeby do nas dołączył. I rzeczywiście po chwili przychodzi, pamiętałam go z dawnych czasów, kiedy miał długie włosy. Ogolony, koszulka z wielkim napisem „Polska". Strasznie się pożarliśmy, myślałam, że nas z tej restauracji wyrzucą. Jego narracja to: źli, mordercy, terroryści, wysadzą nas wszystkich w powietrze. Jego żona bez chwili zawahania podziela jego stanowisko. Rozchodzimy się, podejmuję decyzję, że urywam z nią kontakt. Po tygodniu do mnie dzwoni, zapłakana, i opowiada, że jej ciocia jest zakonnicą i pracuje na Białorusi. Pyta, czy możemy pomóc, i cały czas płacze. Nie mogę ogarnąć, co ona do mnie mówi, w końcu powoli zaczyna do mnie docierać. Ta zakonnica ma znajomych, którzy uciekli z Kuby i przez Białoruś będą się dostawać do Polski, i czy im pomożemy. Żeby zrozumieć sytuację, pytam, gdzie oni teraz są. Odpowiada, że od kilku dni siedzą w tym pasie śmierci między Polską a Białorusią. Nie mają ani jedzenia, ani picia. Ustaliliśmy, że jak tylko przejdą, to im pomożemy, dostarczając jedzenie i ciepłe ubrania, ogarniemy interimy, czyli dokumenty chroniące przed wywózką, i całą resztę. Adam, jak tylko usłyszał tę historię, to wymyślił, żeby moja koleżanka zadzwoniła do wszystkich lokalnych księży, żeby przechowali tę grupę przez trzy dni, bo tyle trwa wyrobienie interimu. Z takimi referencjami przecież żaden ksiądz nie odmówi, myślimy sobie. Koleżanka zadowolona i już się bierze do dzwonienia. Po półgodzinie znów telefon od niej.

Zapłakana mówi, że nie może, że mąż jej powiedział, że to jest nielegalne. W tle słyszę, jak ją wyzywa.

A.: Koniec tematu.

Wiecie, co się stało z tą grupą?
A.: Wiemy, że przeszli, zostali zaaprowizowani i poszli dalej.

E.: A ta moja koleżanka i jej mąż to bardzo religijni ludzie, jeżdżą na pielgrzymki do Częstochowy. Odruch miała dobry, ale jednak postanowiła nie pomóc.

Ciekawe, co się dzieje w domach strażników granicznych.
E.: Nie umiem sobie tego wyobrazić. W pracy wyrzucają za druty dzieci albo kobiety, o których wiedzą, że za chwilę na Białorusi zostaną zgwałcone. I co? Wracają do domu, biorą swoje dziecko na kolana i przytulają żonę?! Tak jakby nic się nie stało? Na pewno wiadomo, że tam, gdzie jest zakwaterowane wojsko, sprzedaż alkoholu baaardzo wzrosła.

A.: To nieprawda, że wyciągnęliśmy wnioski, że nigdy więcej wojny, prześladowań, pogromów. Guzik prawda, wszystko jest możliwe, wszystko może wrócić, możemy znowu robić to samo. A może nawet będziemy jeszcze gorsi.

MARIANNA

Rozmawiamy w sypialni Marianny, bo w kuchni i pozostałych pomieszczeniach toczy się intensywne życie. Dzieci, wolontariusze, działający magazyn rzeczy dla uchodźców – wszystko na niedużej przestrzeni.

Kiedy to wszystko się zaczęło, dzieci były jeszcze na wakacjach u mojej mamy. Poprosiłam, by jeszcze kilka dni u niej zostały.

Obstawiałaś, że to będzie trwało kilka dni?
Chyba aż tak optymistycznie nie myślałam, ale uważałam, że dopóki nie pojawią się ludzie z organizacji, które z definicji zajmują się uchodźcami, możemy się

tym zajmować my. Wyobrażałam sobie, że będziemy wspierać profesjonalistów. Jeździliśmy do Usnarza, by na miejscu pytać fundację Ocalenie, jak możemy jej pomóc. Nawiązaliśmy kontakt z Konsorcjum, którego część później przekształciła się w Grupę Granica. Nie mieliśmy pomysłu, by coś robić dla uchodźców, na tym się przecież nie znaliśmy.

A dzieci cały czas u babci?
Tak, a my już po kilku dniach zajmowaliśmy się pisaniem instrukcji dla wolontariuszy. Co robić, jak spotkasz uchodźców. Wiedziałam, że dzieci w końcu wrócą i wtedy skończy się nasza działalność, bo nie da się jej pogodzić z pracą zawodową i życiem rodzinnym.

Dzieci wróciły i zostawiłaś uchodźców profesjonalistom?
Gdyby mi wtedy ktoś powiedział, że przez następne miesiące, a kto wie, czy nie lata, będę biegać z plecakiem po lesie, nie uwierzyłabym w ten absurdalny pomysł.

Pogodziłaś pomaganie uchodźcom z pracą zawodową?
Nie, już nie pracuję tam gdzie wcześniej.

A z życiem rodzinnym?
Pamiętam, jak na samym początku przyjechała do nas Ania Alboth. Siedzieliśmy przy stole w kuchni i rozmawialiśmy o tym, że pewnie niedługo zaczniemy

znajdować ciała w lesie. I ona zrobiła takie duże oczy, że mówimy o tym przy naszym starszym synu. Zaczęłam się wtedy zastanawiać, czy nie powinniśmy bardziej dbać o to, co on słyszy. Ale z drugiej strony te wydarzenia stały się integralną częścią naszego życia i nie wyobrażałam sobie, że mielibyśmy go wypraszać za każdym razem, gdy o tym rozmawiamy. To byłoby zbyt trudne. Nie rozmawiamy o tym przy młodszej córce. Ona jest wspaniałą, beztroską osobą, która się w to nie zagłębia. Chociaż może to pozór. Syn uczestniczył w niektórych naszych działaniach. Pomagał przygotowywać pierwsze pakiety dla uchodźców, chodził z nami do lasu sprzątać opuszczone obozowiska. Widziałam, że sprawia mu to satysfakcję, że czuje się potrzebny. Poza tym część ubrań, z których nasze dzieci wyrosły, lądowała w magazynie, by potem znaleźć nowych właścicieli wśród uchodźczych dzieci. To też był dla moich dzieci bardzo silny łącznik z tym, czym my się zajmujemy.

Pamiętasz nasze pierwsze spotkanie w grudniu 2021, w czasie pierwszej zimy kryzysu?
Byłeś i chwilę porozmawialiśmy.

Przyjechałem rano, ale ty już byłaś na akcji. Do 10 wieczorem zobaczyłem cię dwa razy, gdy wpadałaś po rzeczy dla kolejnych grup w lesie. Trochę czasu spędziłem z twoją córką. Opowiadała mi, że jej konik nazywa się Nadzieja i wozi do lasu śpiwory.

O rany, nie pamiętam tego, ale to możliwe. Wszyscy żyjemy w cieniu tego wszystkiego.

Gdy wreszcie wróciliście z lasu na dobre, to usiedliście wszyscy do stołu i zaczęliście opowiadać, co się wydarzyło. A twój syn słuchał i gotował dla wszystkich kolację. Był bardzo przejęty i bardzo się starał o was zadbać.
On bardzo lubi to robić. Myślisz, że to pachnie parentyfikacją?

Nie znam się na tym.
Chcesz jeszcze rozmawiać o rodzinie? I tak najlepsze historie o mojej rodzinie zobaczyłeś sobie sam.

A masz kontakt z osobami, którym pomogłaś w lesie?
Z częścią mam.

Jaka była ich reakcja na otwarcie polskiej granicy dla Ukraińców?
Jedni pisali, że to wspaniale, że Ukraińcy nie muszą przechodzić przez to, przez co oni przechodzili. Nasi przyjaciele z lasu – już bezpieczni, choć przeżyli piekło – którzy niemal codziennie piszą do nas: *„I love you my family"*, dopytują, co się dzieje w Ukrainie. Okropnie się martwią i tak bardzo im żal Ukraińców.

Odpisujemy im, że polski rząd chce ich przyjmować, że zapewnia im miejsca, opiekę, wjazd do Polski bez dokumentów. I że to szczyt niesprawiedliwości i rasizmu, który choć nas ogromnie cieszy, to jednocześnie oburza.

A oni odpisują, że to nie jest ważne. Że najważniejsze, żeby tych ludzi ratować. Że modlą się za nich.

Inni nie mogli zrozumieć, na czym polega różnica między ludźmi uciekającymi przed różnymi wojnami. Ja rozumiem, to jest polski rasizm. Największym sukcesem aparatu państwowego jest to, że ludzie donoszą. Gdyby się zachowywali tak, jak deklarowali, sytuacja nie byłaby tak dramatyczna.

Co deklarowali?
Że będą otwierać drzwi przed zagubionymi wędrowcami, że będą karmili, poili i dawali miejsce do odpoczynku. To, że służby zawsze stoją po stronie państwa, niezależnie od tego, jakie ono jest, to jest dla mnie oczywiste. Ale to, że podlaski naród uprawia denucjację, że obywatele mojego kraju zachowują się jak szpicle, to jest czyste zło. Chciałoby się wierzyć w tutejszą prostolinijność i dobroć, że człowiek to człowiek. Że mieszkańcy tutejszych wiosek będą widzieli ludzi, a nie agresywne bydło.

Macie jakieś narzędzia prawne, które się sprawdzają?
Jest *interim measures*. To procedura Europejskiego Trybunału Praw Człowieka, która gwarantuje człowiekowi możliwość pozostania przez trzydzieści dni

w danym kraju, czyli zabrania pushbacku. I mały komentarz. Pushbacki są nielegalne, choć niektórym wydaje się, że Unia Europejska na to nie pozwala, a ta nasza Polska jest taka nieunijna i to robi. Niestety jest tak, że to prawo człowieka nie jest przez Unię przestrzegane, gdy dotyczy uchodźców czy migrantów. Wypełniamy arkusz odpowiedzi na pytania: skąd osoba pochodzi, o prześladowania, którym podlegała w swoim kraju i po drodze. Następnie prawnik przygotowuje dokumentację, potwierdzenie, że ta osoba prosi o azyl w Polsce, i wysyłamy to do Europejskiego Trybunału Praw Człowieka. Długi czas trzeba to było wysyłać faksem. I odpowiedź zazwyczaj wraca po kilku dniach, bo Trybunał nie pracuje w weekendy, co jest absolutnym kuriozum.

Co się z nimi dzieje przez ten czas?
Zazwyczaj czekają na odpowiedź w lesie, a my codziennie do nich przychodzimy z aprowizacją.

Co następuje później?
Dokument wraca i zaczynamy przygotowywać ujawnienie. Zależało nam na tym, żeby obecne były media, politycy i ktoś z Biura Rzecznika Praw Obywatelskich. To ostatnie było chyba najważniejsze. Rolą Biura było monitorowanie czynności SG z osobami ujawnionymi, a potem dopilnowanie, by już na placówce SG potraktowała ich w sposób zgodny z prawem

i przyjęła wnioski lub choćby odnotowała deklaracje. No i przede wszystkim żeby nie stosowano przepisów pushbackowych.

W czasie, kiedy istniała strefa, musieliśmy z niej bezpiecznie wyprowadzać uchodźców. Uważam, że media zachowywały się skandalicznie, respektując to absurdalne prawo. Łamanie go niczym im nie groziło, a wyprowadzanie uchodźców generowało kolejne ryzyko dla nich samych.

Gdybyście zostali zatrzymani z uchodźcami, którzy mają już interim, to zagrożenie dalej istniało.
Tak, SG wiele razy wyrzucała na Białoruś takie osoby.

Doprowadzaliście je do miejsca poza strefą, gdzie były już media i cała reszta. Co dalej?
Wzywaliśmy SG, ale gdy przyjeżdżała, nas już nie było.

Obecność posłów i kogoś z Biura RPO była gwarancją, że nie zostaną wyrzuceni?
Już był publiczny dowód, że są na terytorium Polski i mają interimy. Ale ponieważ wciąż nie wierzyliśmy SG, to mieliśmy udokumentowany pobyt tych cudzoziemców w Polsce.

Co to było?
Mieliśmy ich zdjęcia z kartką „*I ask for asylum in Poland*" albo nagranie, jak to mówią do kamery.

To działało w stu procentach?
Tak. Tę procedurę stosowaliśmy głównie w przypadku Syryjczyków, którzy byli później umieszczani w ośrodku otwartym fundacji Dialog, ale nikt ich nie chciał i Polska nie dawała im żadnych perspektyw, większość z nich jechała dalej. W końcu SG przestała ich kierować do Dialogu. Mniej więcej z tego okresu pochodzi historia trzech mężczyzn, z których jeden był sędzią w swoim kraju, odmawiającym wydawania uniewinniających wyroków na zbrodniarzy. W końcu ich wyprowadziliśmy na granicę strefy i tam przekazaliśmy SG. Zrobiliśmy tak dlatego, że była tam wtedy Janina Ochojska i mieliśmy pewność, że nie zostaną w związku z tym pushbackowani. Strażnicy się wkurzyli, bo poszły w świat zdjęcia z Ochojską i z uchodźcami, którzy byli czyści i ogoleni. Zrozumieli, że uchodźcy musieli już wcześniej dostać opiekę, a to jest to, co strażników najbardziej denerwuje. Wtedy SG zaczęła kierować ich do Wędrzyna i tam właśnie trafili.

Wędrzyna?
To strzeżony ośrodek dla cudzoziemców, który mieści się tuż przy poligonie. Tam Polska umieszcza ludzi, którzy uciekają przed wojnami w swoich krajach.

Zamknięte ośrodki, czyli więzienia?
Gorzej, bo tam są niższe normy dotyczące powierzchni na osobę. Cudzoziemcom należy się

mniej niż Polakom, kolejne potwierdzenie polskiego rasizmu.

Gdyby przy każdym ujawnieniu była prasa, posłowie i inne osoby publiczne, można by uratować dużo więcej osób?
Tak, ale konieczny był jeszcze interim.

Ciekawe, dlaczego posłowie nie mają tu stałych dyżurów.
Kilkoro posłów i posłanek, którzy z nami współpracowali, próbowało założyć biuro poselskie w Białowieży. To nic nie pomogło, bo mimo założenia tego biura i tak nie udawało im się wjeżdżać do strefy.

Kto podejmuje decyzję o interimie: wy czy uchodźcy?
Gdy ich spotykamy w lesie, nie są w stanie podjąć żadnej decyzji, więc *de facto* podejmują ją na podstawie tego, co my im powiemy. Smutna prawda jest taka, że to, jaką decyzję podejmą, zależy od tego, kto im przedstawia sytuację. Problem polega na tym, że my nie mamy wystarczającej wiedzy na ten temat. Znaczy, mamy maksymalną, jaką możemy mieć w tym momencie, ale wciąż ta sytuacja daleka jest od jakichkolwiek gwarancji. Wspomnianym trzem mężczyznom powiedziałam, że mają dziewięćdziesiąt procent szansy trafić do otwartego ośrodka, trafili do zamkniętego. Razem z nimi było trzech innych mężczyzn, którym powiedzieliśmy, że praktycznie nie mają szans na otwarty, że trafią do zamkniętego. W związku z tym podjęli decyzję, że dalej

próbują iść sami. Dwóch z nich tego samego dnia został złapanych i wyrzuconych na Białoruś, skąd dzięki wyjątkowemu zbiegowi okoliczności udało im się wrócić do swoich krajów. Był taki moment, kiedy Białorusini pozwalali im na drogę powrotną. Trzeci z kolei przez wiele miesięcy błąkał się w okolicach pasa granicznego. Był poddawany przemocy ze strony jednych i drugich strażników granicznych. Trafił do szpitala i teraz chodzi po Polsce wolny. Jemu też przecież powiedziałam, że nie ma szans na ośrodek otwarty. Czuję się odpowiedzialna za to, co się z nimi stało. To jest dla mnie dzisiaj najtrudniejszy kawałek pomagania. Dramatyczne jest to, że czasami myślimy sobie, że ludzie są w jeszcze na tyle dobrym stanie, że może nie warto robić interimu. Może jeszcze jeden, dwa pushbacki i w końcu im się uda.

Spotykacie w lesie przemytników?
Zdarza się, że dzwonią do nas i proszą o pomoc dla grupy, która utknęła w lesie.

Pomagacie?
My nie pomagamy przemytnikom, my pomagamy ludziom, którzy potrzebują pomocy.

Przemytnicy płacą wam za pomoc?
Zwariowałeś? My od nich bierzemy tylko namiary na grupę. Ale zdarza się, że grupa wie, że przysłali ją do nas przemytnicy.

I uważają, że robicie to za pieniądze?
Tak.

Ci ludzie zachowują się wtedy inaczej?
Bywają roszczeniowi, bo uważają, że im się należy, bo zapłacili. Tłumaczymy, że nasza pomoc jest darmowa. Taka sytuacja: przychodzimy do grupy, gdzie są cztery rodziny, a mamy tylko trzy powerbanki. W powietrzu zawisa zdanie: „Przecież zapłaciłem". Ale nigdy nie zostaje wypowiedziane na głos. A poza tym to, że ktoś jest roszczeniowy, nie oznacza, że zapłacił.

Denerwują cię czasami?
Zdarza mi się wkurzać. Kiedyś dostałyśmy sygnał, że jest grupa i jeden chłopak stracił przytomność. Dotarłyśmy do nich, a oni mówią: „dobrze, że jesteście, my idziemy dalej". Chcieli go zostawić, rzeczywiście nie wyglądał najlepiej. Musiałyśmy się na nich wydrzeć, że nigdzie nie idą, pomożemy koledze, a oni zabiorą go ze sobą. To bywa bardzo trudne, również z przyczyn genderowych. Oni często pochodzą z kultur, w których kobieta nie mówi facetom, co teraz mają robić, a wśród aktywistów najwięcej jest młodych kobiet.

Kiedy to się skończy?
Nigdy, ale jeśli nie daj boże się skończy, to będzie znaczyło, że ci ludzie przechodzą w innych miejscach.

A nasz szlak jest nadal najbezpieczniejszy, do wyboru mają śmierć na morzu.

Ale jak to się skończy, to myślę, że dopiero wtedy będę miała PTSD. Teraz mam wielkie poczucie sensu, a jak to wszystko się skończy, to nie wiem, czy będę umiała je znaleźć w czymś innym. U nas można poczuć bezpośrednie dotknięcie zła.

WOJTEK RADWAŃSKI

Wojtek razem z żoną Marią prowadzi na Podlasiu bazę Klubu Inteligencji Katolickiej. Jest fotoreporterem, od wielu lat współpracuje z Agence France-Presse. Spotykamy się w bazie, ale żeby porozmawiać, wychodzimy na zewnątrz. Nie chcemy przeszkadzać pozostałym osobom, które właśnie wróciły z akcji w lesie.

Mówią o waszej bazie katobaza.
Śmiejemy się, że to od Katowic.

A od czego się zaczęło?
Przyjechałem na zdjęcia do Teremisek, byłem umówiony z Adamem Wajrakiem i z jeszcze dwoma

innymi aktywistami w sprawach puszczańskich. Akurat zbliżała się kolejna konferencja środowiskowa Organizacji Narodów Zjednoczonych.

I to było kiedy?
Wrzesień 2021. Trochę wcześniej, 20 sierpnia, fotografowałem grupę z Usnarza.

Ludzi, którzy byli tam przetrzymywani przez ponad dwa miesiące? Polskie służby ich tam przywiozły i próbowały zmusić do powrotu na Białoruś.
Tak, to był ostatni dzień, kiedy można było do nich podejść. Rano jeszcze byłem dwa metry od kordonu, po południu już nie dawało się do nich zbliżyć na mniej niż sto metrów. Robiłem zdjęcia zza pleców żołnierzy, którzy stali dwa-trzy metry od obozowiska. To było surrealistyczne, bo miałeś kordon żołnierzy białoruskich, kordon żołnierzy polskich, a między nimi totalnie zagubioną grupę trzydziestu osób w namiotach. Kobiety skarżyły się, że nie jedzą, bo boją się wypróżniać przy żołnierzach, kulturowo nie mogły tego przeskoczyć. Absurdalna sytuacja, środek lata, pole, stoją ludzie w mundurach, z jednej i z drugiej strony, i poza tym właściwie nic się nie dzieje. Zrobiłem zdjęcia, a potem pojechałem z żoną i dziećmi na wakacje, a pierwszym powakacyjnym tematem okazała się znowu Puszcza. Wróciłem tam robić zdjęcia lasu i żubrów. Ale spotkałem znajomą, która współtworzyła

aktywistyczno-graniczne działania. To było dla mnie odkrycie, że jeszcze cokolwiek można zrobić. Z perspektywy warszawskiej wydawało nam się, że strefa wprowadzona na początku września zamyka temat.

Bo władze zamknęły Podlasie przed dziennikarzami?
To już było po aresztowaniu ludzi z telewizji Arte.

Tej trójki, którą zatrzymano w strefie, a do sądu przyprowadzono w kajdankach?
Tak. Problem był, ale wydawało się, że nie mamy żadnego wpływu na to, co się tam dzieje. Byliśmy pewni, że żołnierze wszystko kontrolują i wywożą, kogo chcą. Że żyjemy w kraju bezprawia i nic nie możemy z tym zrobić. Ale zobaczyłem coś dokładnie innego – że uchodźcy masowo przechodzą poza tę strefę i że trzeba im pomagać, bo są w strasznym stanie. Nie mają siły iść, mają poranione stopy, nie mają ciepłych ubrań, jednym słowem – są nieprzygotowani na taką podróż. Aktywiści spotykali ludzi z walizką i w adidaskach w środku bagna w Białowieży.

Miałem poczucie, że trzeba natychmiast coś robić. Wróciłem do domu, powiedziałem żonie, że muszę dokończyć obrabiać zdjęcia, ale że trzeba tam jechać i pomagać. W międzyczasie ktoś z formującej się Grupy Granica, kto wywodził się ze środowiska KIK-owskiego, rzucił hasło, że może wciąż jesteśmy na tyle prężni jako środowisko, że moglibyśmy coś w tej sprawie zrobić i zorganizować tam punkt pomocy. I tak się stało. Zgłosiliśmy się, moja żona Marysia i ja, do koordynacji. Ona pracuje na etacie, więc nie bardzo mogła jeździć, ale oboje mieliśmy bardzo dużą potrzebę, żeby się w to włączyć. Żeby się jakoś przeciwstawić temu, co robi państwo. Zaczęliśmy na początku października, a 16 udało się otworzyć punkt i od tego czasu koordynujemy nieprzerwanie.

Czyli co robicie?
Pilnujemy, żeby byli ludzie w grafiku, żeby mieli co jeść, żeby mieli co rozdawać uchodźcom, żeby mieli jakieś zabezpieczenie pod tytułem umowa wolontariacka, ubezpieczenie od odpowiedzialności cywilnej, pomoc prawną, jeśli jest taka potrzeba, a okazało się, że była. I żeby była pomoc psychologiczna po powrocie.

Korzystacie z niej?
Ja nie.

Dlaczego?
Każdy ma inną odporność i gotowość na to, z czym się tu zmierzy. Miałem kilka trudniejszych interwencji, ale zawsze jakoś tam szło.

To są te łatwe i miłe sytuacje, bo jak rozumiem, zapewniasz aprowizację, suche ubrania, pogadasz i idą dalej. A jaki jest ten drugi scenariusz?

Konfrontujesz się z własną niemocą. Jesteś co najwyżej w stanie ich nakarmić, ogrzać, przebrać, pocieszyć.

Pocieszyć?
Oni są często zrozpaczeni, spotykaliśmy grupy, które przechodziły dziesiąty, nasty raz, ale spotykaliśmy też ludzi w skowronkach, bo czuli, że właśnie wkraczają do lepszego życia. To nie jest sytuacja, z której można się wymiksować, nawet jeśli uznasz, że zrobiłeś błąd. Od łaskawości białoruskich strażników zależy, czy dadzą się przekupić i pozwolą ci wrócić do Mińska.

Nie rozumiem.
Osoby, które trafią na granicę, szukają lepszego życia w Europie. Uciekają przed wojną, biedą, dla mnie nie ma różnicy, czy to są migranci, czy uchodźcy. Obywatel Polski ma prawo jechać za lepszym życiem do Wielkiej Brytanii, a obywatel Syrii nie ma prawa. Zresztą Syria to zły przykład, bo tam jest wojna, ale dajmy na to obywatel Egiptu nie ma prawa jechać, gdzie chce, za lepszym życiem, nie widzę różnicy. Dlaczego oni nie mają prawa, a my mamy? Oczywiście są kuszeni perspektywą ucieczki do Europy.

Wiesz, jak to działa? Komu się płaci za zorganizowanie przerzutu?
Jesienią wszedłem na grupę facebookową gromadzącą osoby, które się tu wybierały. Tam była, nazwijmy to,

oferta. Nie pamiętam już kwot, ale w ofercie był przylot do Mińska, parę dni w hotelu i przejazd na granicę. Wszystko po arabsku, tłumaczyłem translatorem.

Ci ludzie myślą, że są u progu Europy, że przejdą sobie trzy kilometry przez las, a po drugiej stronie wynajmiesz „taksówkarza", który kosztuje około pięciu tysięcy euro.

I dojeżdżasz tą „taksówką" do Berlina?
Do Berlina, oczywiście. I w sierpniu, we wrześniu spotykaliśmy ludzi, którzy wychodzili w Krynkach na rynek i pytali, którędy na autobus. Później tak nie było, bo ludzie byli pushbackowani po kilkanaście razy i takie pomysły już im do głowy nie przychodziły. Jeśli ktoś się pojawia w Krynkach, w Teremiskach czy innej miejscowości i maszeruje główną drogą, to znaczy, że nie ma doświadczenia pushbacku.

Ale ci nowi, którzy przyjeżdżają, wciąż nie są przygotowani na to, co ich czeka. Bardzo szybko się okazuje, że trafiają do pułapki, że ten las to dżungla, jak oni to nazywają. Polskie służby ich wywalają, tu nie ma praw człowieka i nie ma prawa do ochrony międzynarodowej, są tylko żołnierze, którzy mówią: „Wracajcie, skąd przyszliście". I jeszcze: „Jesteście żołnierzami Łukaszenki". Nie możesz się wycofać, bo zrobiłeś błąd, bo po drugiej stronie też są żołnierze, którzy mówią: nie ma takiej opcji. Przechodź do skutku, a jak nie, to cię pobijemy, zabijemy, zamęczymy. I tak się dzieje. Tam giną ludzie. W zimie spotykaliśmy osoby, które opowiadały nam o tym, co dzieje się w pasie ziemi za granicą polsko-białoruską, a przed tak zwaną systemą, czyli dawnym systemem białoruskich umocnień granicznych. To kilkaset metrów dzikiego lasu. Tam nikt nie chodzi, Białorusini nie mają prawa wstępu. Ci, którzy tam byli, mówili, że to strefa śmierci, że tam są obozowiska osób, które próbują przekroczyć granicę. Trafiają w pułapkę i umierają z wyczerpania.

Nie ryzykują powrotu do Mińska?
Trzeba się wykupić, żeby cię puścili z powrotem do Mińska. A stamtąd też się musisz jakoś wydostać, więc to nie jest proste. Znajdują się w sytuacji bez wyjścia, trudno to inaczej określić. Pragną bezpiecznego życia, a wpadają w pułapkę. Spotkaliśmy osoby, które kilkanaście razy próbowały przejść.

Czyli ile czasu tam spędziły?
Miesiące.

Miesiące?
Tak. Spotkaliśmy osoby, które pierwsze próby podejmowały jesienią, a pojawiały się u nas dopiero w kwietniu, gdy Białorusini opróżnili do końca obóz w Bruzgach.

Opróżnili, czyli co zrobili?
Czyli powiedzieli: „Albo do domu, albo na granicę". W kwietniu pojawił się ostatni rzut osób, które od

jesieni próbowały przejść. Najsłabsze osoby spośród tych, które trafiły do obozu w Bruzgach, znaczy matki z dziećmi, rodziny wielopokoleniowe. Była grupa, która przez szesnaście kilometrów niosła dwudziestoletniego sparaliżowanego syna. Bardzo dużo z tych ludzi jest chorych i liczy na pomoc medyczną w Europie.

Czyli nie że się rozchorowali po drodze?
Cukrzyca, choroba Crohna, porażenie mózgowe. W kwietniu spotykaliśmy ostatnie osoby z Bruzg, a od późnej wiosny były już nowe osoby. Bardzo dużo ludzi z Afryki. Był też taki moment, kiedy mieliśmy nagle do czynienia z dużymi grupami z Indii i z Egiptu. Ale cały czas zdarzają się też pojedyncze grupy z Bliskiego Wschodu.

Macie zasady bezpieczeństwa i higieny pracy? Wolontariusze z waszej bazy przyjeżdżają na jakiś określony czas, a potem muszą wrócić do domu?
Mieli przyjeżdżać na tydzień, takie było założenie na początku. Wtedy mieliśmy dużo młodych osób, w tej chwili nie mamy już takich zasobów i czasami ludzie są dłużej. Tak czy siak staramy się mieć z nimi kontakt i wyczuć moment, kiedy już naprawdę muszą się zwinąć.

Po czym poznajesz, że muszą?
Albo sami komunikują, albo my ich zahaczamy i słuchamy, co mówią. Ale to są zawsze ich decyzje.

Ani razu nie mieliśmy tak, że musieliśmy kogoś stąd zabrać interwencyjnie albo namawiać na wyjazd. Jednak większość osób ma poczucie własnych granic.

Co jest najtrudniejsze w byciu człowiekiem, który chodzi pomagać do lasu?
Bezsilność. Przychodzisz do ludzi i jak im już zapewnisz podstawowe potrzeby, opatrzysz stopy, nakarmisz i wytłumaczysz, że do Berlina jest jeszcze sześćset kilometrów, i dowiesz się, skąd i jak przyjechali, to musisz ich zostawić. To chyba dla wielu osób, dla mnie też, najtrudniejsze. Drugim trudnym aspektem jest powrót do Warszawy. Wracasz do domu, idziesz do supermarketu – i to jest surrealizm. A jeszcze jak się słucha w kolejce naszych sklepowych specjalistów od migracji, którzy rozmawiają ze sobą i plotą głupoty. To jest poważny dysonans. Absurdem nie jest to, co się dzieje w Warszawie, największym absurdem jest styk tych dwóch rzeczywistości. Taki rozkrok, tutaj masz ludzi, którzy mają stopy, jakich w życiu nie widziałeś, i muszą na nich przejść jeszcze kilkadziesiąt kilometrów. A potem wracasz do domu i to życie jest takie zwykłe. Często było tak, że łatwiej niż do Warszawy było wrócić z domu na Podlasie. Każdy powrót odreagowałem takim dwu-, trzydniowym rozdrażnieniem, ciężko było.

Po powrocie do domu?

Tak, ciężko było się ze mną dogadać. Po czym znowu szukałem okazji, żeby przyjechać na granicę.

Brałeś aparat do lasu?
Zawsze.

Fotografowałeś?
Nie. To jest idiotyczne, bo plecak, z którym chodzę, waży piętnaście kilogramów.

Twój fotograficzny plecak?
Zwykle w pracy, na zleceniach, noszę sprzęt w torbie, ale jak mam iść w taki teren jak ten, to biorę plecak. Brałem go regularnie i zazwyczaj wracałem bez żadnego zdjęcia. Czasami się udawało, bo czekaliśmy na ujawnienie i mieliśmy dwie godziny siedzenia w lesie i pogaduchy z ludźmi.

Nie robiłeś, bo nie było czasu czy z innego powodu?
Zapominałem o tym. Fotografowanie ludzi w takiej sytuacji jest bardzo poważną decyzją. Jeśli masz odpowiednią wrażliwość i nie masz takiej orientacji czysto dziennikarskiej, która bywa drapieżna i – umówmy się – też trochę egocentryczna, egoistyczna, no to masz kłopot. To jest moment, w którym oni są kompletnie odsłonięci. Przychodzimy im pomóc, a gdy ja wyciągam aparat, oni lądują w sytuacji zależności. Nikt nie powie: „nie rób mi zdjęcia", bo przecież mu

przyniosłem gorącą zupę i suche buty. Trzeba mieć wiele wyczucia, żeby zobaczyć, czy on albo ona rzeczywiście godzą się na zdjęcia, czy mają poczucie długu w stosunku do ciebie. Ale oczywiście zdarzają się też te drugie historie, kiedy mnie namawiają, żebym zrobił zdjęcia i pokazał światu. Pokaż, jak wyglądają stopy człowieka, który dziesięć dni szedł przez bagna.

Kiedy to się skończy?
Nigdy.

Nigdy, nigdy?
Znaczy, wiesz, ja jestem świeży w tym, jestem dziennikarzem, fotografem, nigdy jakoś głębiej w pomocowe akcje nie wchodziłem. Nie byłem wolontariuszem, takim pełną gębą, brałem udział w jakichś pojedynczych akcjach, tu coś zbieraliśmy, tam pojechaliśmy coś zawieźć, a teraz jesteśmy w tym z żoną całą głową. Więc te moje refleksje na temat migracji są dosyć świeże. Całe życie mieliśmy zrozumienie dla hasła *refugees welcome.* Mam mnóstwo pretensji do naszych kręgów cywilizacyjnych, naszej kultury judeo-chrześcijańskiej, która postawiła ten świat taki, jaki jest, a teraz mówi: siedźcie u siebie i ponoście konsekwencje naszych wyborów.

Pamiętam, jak w 2015 roku był ten tak zwany kryzys migracyjny w Europie i te miliony ludzi idące na Berlin, to się zastanawiałem, jak to jest możliwe, że oni przez Białoruś i naszą wschodnią granicę jeszcze nie idą. Wiele osób się zastanawiało, dlaczego ludzie wybierają trzydzieści kilometrów w pontonie zamiast tysięcy kilometrów, ale jednak po lądzie.

Znaczy, że będziesz na tę granicę już zawsze przyjeżdżał?
To jest pytanie, na które nie znam odpowiedzi. Nie wiem, jak długo jeszcze. Jak zaczynaliśmy to robić w październiku, to istniał jakiś tam horyzont czasowy. Myśleliśmy: „dobra, to trzy miesiące i zobaczymy, co dalej. Zobaczymy, jak długo jeszcze damy radę, zobaczymy, czy będziemy mieli pieniądze".

No tak, ale wtedy można było myśleć, że zimą to się skończy, a teraz już wiesz, bo przed chwilą mi powiedziałeś, że to się nie skończy. Teraz jest już tylko pytanie o was, czy dacie radę, bo to, że oni będą tędy chodzić, to już wiemy.
Jeśli pytasz o moje wyobrażenie, jak to będzie wyglądało, to wyobrażam sobie, że ten mur podnosi koszt tej trasy, która wciąż uchodzi za bezpieczną. Ale to nie jest tania ścieżka, trzeba mieć duże pieniądze, większe niż na innych szlakach.

Wróćmy do działalności waszej bazy, a tak naprawdę do tego, kiedy ona się skończy. Myślisz o tym?
Myślę o tym non stop. Jesteśmy w tym z żoną dwadzieścia cztery godziny na dobę, nawet gdy idziemy spać, to koło łóżka leży telefon i Signal brzdąka.

Ale to jest gorzej czy lepiej, że jesteście w tym razem?
Wiem, że są związki, które przechodzą trudne chwile z tego powodu, bo jedno wpadło w tę dziurę, a drugie jest po tej drugiej stronie i nie myśli o tym non stop. My jesteśmy w tym razem i już. A jaki jest horyzont czasowy, tego nie wiemy.

Kuba Kiersnowski – prezes KIK-u – podejmował duże wysiłki, żeby stworzyć jakiś front nacisku na państwo, żeby może jednak zostać po stronie praw człowieka i respektować konwencję genewską. Może to nie jest aż taki duży koszt. Zresztą rozmowa o kosztach społecznych, finansowych i każdych innych to jest osobny wątek. Nie rozumiem tych decyzji, one są nieekonomiczne po prostu. To, co się tutaj dzieje, to jest kompletna bzdura, jeśli chodzi o pieniądze. Trzynaście tysięcy ludzi w szczytowym momencie tutaj obozowało, żołnierzy, którzy zresztą powinni być gdzie indziej i robić to, co żołnierze robią w czasie pokoju, czyli przygotowywać się do czasu niepokoju, a nie stać i patrzeć w drut. Ale wracając do twojego pytania, tak, zastanawiamy się, jak zakończyć tę działalność albo jeśli wolisz, jak ją kontynuować jako organizacja, nie tylko jako moja żona i ja. Ostatnio mieliśmy spotkanie, na którym doszliśmy do wniosku, że nie ma takiej opcji, żebyśmy powiedzieli: „dobra, mamy dość, przepraszamy, niech inni robią". Nie umiemy udźwignąć takiej decyzji. Nasz schemat i plan na przyszłość są teraz takie, że mamy określoną ilość zasobów, które są konieczne, żeby to robić. To są bardzo konkretne rzeczy, to są pieniądze, miejsce, ludzie, którzy tu będą chcieli przyjeżdżać, no i nasze siły, osób, które to organizują. Ustaliliśmy, że koniec będzie wtedy, kiedy albo ta potrzeba zniknie, czyli ten szlak przycichnie na tyle, że będzie do opanowania przez lokalne osoby, które nie płacąc za to zdrowiem i integralnością rodzin, będą w stanie raz na jakiś czas komuś pomóc, albo pojawi się jakaś organizacja, która weźmie za to odpowiedzialność i będzie tutaj prowadzić stały, zorganizowany punkt ze stałym dopływem pieniędzy. To jest pierwszy moment, w którym wyobrażam sobie, że możemy się wycofać. A drugi – to pod przymusem, czyli gdy skończą się pieniądze i skończą się ludzie, którzy będą tu przyjeżdżać. Sami tego nie obsłużymy, tu powinny być co najmniej cztery osoby równocześnie. No i musi być miejsce, ale to zawsze można jakoś rozwiązać. A jak my nie będziemy mieli siły, to poszukamy kogoś w zamian, tylko że bardzo ciężko jest nam z Marysią sobie wyobrazić, jak byśmy mieli przekazać, bo to jest bardziej skomplikowane, niż się wydaje.

To wszystko, co wypracowaliście przez ten czas? To, czego się nauczyliście?
To jest suma doświadczeń ludzi, którzy tu przyjeżdżają. Był tutaj kolega, którego córka kupowała pierwsze pianki do oczyszczania stóp, i to wdrażaliśmy za radą Medyków na Granicy. Ale to dzięki niej się

zmaterializowało. Ktoś inny znalazł najlepsze grzejki, czyli plastry grzejące, które rozdajemy ludziom. Ktoś trafił na pudełko racji żywnościowych z tratw ratunkowych, które produkuje norweska firma. Kostki niewiele większe od kostki rosołowej, ale tam masz jedną piątą dziennej racji żywnościowej, jakieś masy cukrów i tłuszczów. To jest obrzydliwe w smaku, taka wysuszona chałwa, ale jedno pudełko to dwuipółdzienna racja żywnościowa dla jednego człowieka.

A czego się nauczyłeś przez ten czas?
Zrobiłem kurs pierwszej pomocy kwalifikowanej, nauczyłem się, jak się reaguje na hipotermię i okopową stopę, nauczyłem się przełamywać swoje obawy i lęki przed kontaktami ze służbami, a miałem je od dziecka. To jest chyba spadek po PRL-u jeszcze, strach przed milicjantem. Zawsze, jak mnie zatrzymuje kontrola drogowa, mam poczucie, że jestem odsłonięty i że zaraz mi coś zrobią, i że mają nade mną władzę. Tutaj był taki moment, kiedy to zupełnie przełamałem, bo tych kontroli było tak dużo, że się z nimi oswoiliśmy.

Zadziałały jak szczepionka?
Tak, trochę tak, ale wiesz, szczepionka ma czas przydatności. Był taki moment, kiedy nie mogłem tu przyjechać właśnie z powodu lęku przed kontaktem, konfrontacją ze służbami. Są oczywiście różne służby i różni ludzie, ale *de facto* musisz występować

przeciwko swojemu państwu. Jakoś nigdy nie miałem takich awanturniczo-buntowniczych cech, uważałem, że policja ma swoją rację bytu i czasami się przydaje, choć ostatnich kilka lat mocno zweryfikowało ten pogląd. My się tu szkolimy w bardzo różnych umiejętnościach, między innymi jest takie szkolenie, które się nazywa „antyrepowe", czyli dotyczące zapobiegania represjom. Chodzi o kontakt ze służbami, świadomość tego, co im wolno i gdzie możesz postawić granicę. Funkcjonariusze często próbują cię zdominować i zmuszają do rzeczy, na które wcale nie musisz się zgodzić. Któregoś dnia próbowali tu wejść policjanci, ale nasi aktywiści ich nie wpuścili, bo już wiedzieli, jak to zrobić. Mieliśmy już doświadczenie, po tym jak wtargnęła do nas armia policjantów uzbrojonych po zęby. Ludzie z pistoletami maszynowymi, w kamizelkach kuloodpornych i hełmach. Nie wiem, czego się spodziewali. Natomiast za drugim razem nasi aktywiści powiedzieli: „wiemy, że nie macie prawa wejść bez nakazu, możecie wejść i dostarczyć nakaz później, ale to jest wasza decyzja, my się nie zgadzamy, nie życzymy sobie, żebyście weszli na zasadzie: a, to tylko zerknę. Chcecie wejść, to nie rozwalcie drzwi, będą otwarte, a my idziemy na górę jeść pizzę". I nie weszli.

A o Polsce dowiedziałeś się czegoś nowego?
Od paru lat mam poczucie, że Polska nie jest fajnym miejscem na świecie. Niczego nowego się nie dowie-

działem. Poprzedni rząd też nie wpuścił uchodźców w ramach programu solidarności. Nie rozumiem tego, nasze społeczeństwo potrzebuje dopływu ludzi, więc z przyczyn racjonalnych nie rozumiem tych decyzji. Kto będzie się opiekował tymi politykami, jak będą starzy? Nie wiem, kto będzie pracował w tym kraju. Zwiększanie dzietności i odmładzanie społeczeństwa naszym rządom nie wychodzi, więc stara Europa musi się otworzyć na resztę świata.

Ale dla tych ludzi z lasu to ty jesteś Polską.
No właśnie, dlatego jedna z trudniejszych chwil w lesie jest wtedy, kiedy oni nam dziękują. To jest potwornie krępujące, rozklejam się kompletnie, bo mam wrażenie, że to nie oni powinni mi dziękować, tylko ja powinienem ich przepraszać. My tam z nimi płaczemy i mówimy: „*Sorry*, stary, to nie powinno tak wyglądać, gdyby to ode mnie zależało, ale nie zależy". I jeszcze jedna rzecz: ja tu jeszcze świecę oczami za Kościół, to jest katobaza, więc wszyscy oczekują tutaj katolików.

To też bierzesz sobie na kark?
Słuchaj, ja jestem z katolickiej rodziny, moja mama jest wierząca, byłem członkiem Kościoła jeszcze bardzo niedawno. I to nie jest tak, że obraziłem się na Kościół teraz, obraziłem się trochę wcześniej. Zacząłem sobie wybierać to, co w tym Kościele mnie interesowało,

potem przyszła pandemia, okazało się, że jak odejmiesz rutynę, to z tego w ogóle nic nie zostaje. Nagle się okazało, że to są puste gesty, więc straciliśmy łączność z Kościołem instytucjonalnym i pewnie już nigdy więcej bym się nie podpisał pod tą społecznością, gdyby nie ta sytuacja, w którą wszedłem jako przedstawiciel tego środowiska. Bo jestem przedstawicielem tego środowiska, bo z niego wyszedłem, tam poznałem żonę, tam są moje dzieci, jeżdżą na KIK-owskie obozy, nawet czasem chodzą do kościoła. Nie godzę się już na reprezentowanie środowisk kościelnych, absolutnie się od tego odcinam i mówię, że moja wiara to moja wiara. Sam nie mam jasności w tej kwestii, ale jeśli chodzi o instytucjonalny Kościół w Polsce, to nie mam z nim nic wspólnego. W tym cholernym katolickim kraju, religii opartej na miłosierdziu, im jesteś bardziej wierzący, tym, kurwa, masz mniej tego miłosierdzia w sobie, to jest coś niewiarygodnego. Przed Bożym Narodzeniem ktoś zrobił badania, kto by przyjął tego nieznanego wędrowca w domu, i, kurwa, przepraszam, nawet katolicy tego nie deklarują. *What the fuck?!* Kto ma większą paranoję, no błagam! Im jesteś bardziej katolicki, tym mniej jesteś otwarty na kogokolwiek! A gdzie jest przypowieść o Samarytaninie? Gdzie jest sens? Ludzie, którzy tu przychodzili na jesieni, mieli Jezus na imię, na litość boską, Jezus – i to nie jest metafora!

Spotkałeś tu Jezusa?
Nie, Jezus nie żyje, w sensie: jedna z osób, które nie żyją, miała na imię Issa.

Issa?
To jest Jezus.

Jezus umarł w Polsce?
Tak. A u progu katolickiej Polski spotkaliśmy Sarę i jej męża z Palestyny. Była w piątym miesiącu ciąży. Spotkaliśmy ich w listopadzie, to nie jest metafora Świętej Rodziny, to jest, kurwa, jeden do jednego, ale nie, katolicka Polska mówi im *fuck off*!

BEATA SIEMASZKO

Spotykamy się w restauracji w Siemiatyczach. Przedpołudnie, mało stolików jest zajętych, ale przy sąsiednim siedzi kilka osób, a wśród nich batiuszka w skromnej czarnej szacie. Beata niedawno przeszła na wcześniejszą emeryturę.

Opowiesz, czym dla ciebie jest to, co się teraz dzieje?
Dzieje się od sierpnia 2021, wtedy zaczęłam obserwować wydarzenia w Usnarzu. Przedtem przyglądałam się historiom na Morzu Śródziemnym.

Śledziłaś, co się dzieje na tamtym szlaku?

Starałam się śledzić, wspierać, ale cały czas miałam świadomość, że to jest tak odległe, że w zasadzie ludzie tutaj tego nie dostrzegają.

Starałaś się wspierać, czyli co?
Nawiązywać kontakty, finansować. Nigdy tam nie byłam i nie czułam takiej potrzeby. Natomiast w Usnarzu było już inaczej. Uznałam, że powinnam tam być, ale odległość nie pozwala mi być tam cały czas. Od nas, z Siemiatycz, to jest sto czterdzieści kilometrów. Byłam tam dwukrotnie i jeszcze raz ostatniego dnia, kiedy zwijaliśmy obóz. W sumie spędziłam tam kilkanaście godzin, żeby pomóc. Pracowałam wyłącznie fizycznie. Wolałam być z boku, na zasadzie, jeśli trzeba coś zrobić, to ja zrobię, wykopię dół czy coś przewiozę. Tam byli ludzie, którzy znali się na pomaganiu uchodźcom. Ale widziałam osamotnienie grupy uchodźców otoczonych kordonem.

To nie była twoja akcja, że tylko się podłączyłaś?
Tak. Byłam takim pioneczkiem na zapleczu, który ewentualnie jak trzeba, to wyrwie parę chwastów. A potem bardzo szybko to samo zaczęło się dziać u nas.

Ile jest stąd do granicy?
Około trzydziestu kilometrów w linii prostej.

A jak się zaczęło u was? Zaczęłaś widywać wychodzących z lasu ludzi?
Tak. Dostawałam sygnały, że ktoś się pojawił, także od ludzi z północy, którzy tych przejść mieli znacznie więcej. W środku nocy informacja: „Słuchaj, nie zechciałabyś pojechać, bo w twojej okolicy ktoś potrzebuje pomocy?".

Czyli że przyszła „pinezka"?
Tak się zaczęło i trzeba było jeździć.

Sierpień, wrzesień 2021?
Tak.

I zaczęłaś jeździć codziennie?
Na początku raz, dwa razy w tygodniu. „Pinezek" tutaj w naszej okolicy nie było dużo, ale potem zaczęło się zagęszczać i wtedy napisałam do stowarzyszenia Homo Faber, że bardzo chętnie się zaangażuję na większą skalę. Napisałam im, że tego potrzebuję i że jeżeli zechcą skorzystać z mojego czasu i chęci, to byłabym szczęśliwa. I tak weszłam w struktury, które się skupiły wokół Grupy Granica. Od wtedy zaczęła się normalna robota. Z planem, z coraz większą liczbą osób, które przyjeżdżały z całej Polski, z tworzeniem magazynu, bazy, w której ludzie przyjeżdżający mogliby się zatrzymywać na noc. Wtedy zaczęłam już inaczej widzieć sytuację.

Czyli jak?
Na przykład u ciebie w Warszawie nikt nie myśli o tym, czy to jest turysta, czy student, po prostu człowiek i tyle. Tutaj od razu jest filtrowanie. Skąd on się wziął, może go zatrzymać policja. Ktoś inny się zainteresuje i zawiadomi policję, że ktoś o dziwnym wyglądzie się przemieszcza po okolicy.

Dziwnym...
O ciemniejszej skórze.

Że go wyda?
Ja bym to nazwała jeszcze mocniej.

Jak?
Właśnie tak się zastanawiam. „Sprzeda" może bardziej. Ktoś widzi człowieka w lesie i dzwoni po straż albo policję. Po co to robi, jeżeli gołym okiem widać, że jest potrzebna pomoc?

Mówisz, że sprzeda, czyli że jest szmalcownikiem.
Tak to postrzegam. Staram się nie nadużywać tych zwrotów, bo skala jest jednak inna. Szmalcownicy kojarzą nam się jednoznacznie z wojną i konkretnymi działaniami.

Próbowałam zrozumieć, z czego to się bierze. Niektórzy miejscowi mają rodziny w Straży Granicznej, a Straż Graniczna była służbą, która cieszyła się ogromnym zaufaniem i szacunkiem społecznym. To byli ludzie, którzy pilnowali porządku, ale czasami też pomagali miejscowej ludności. A poza tym wujek, brat czy ciotka to swój człowiek, prawda?

To była tutaj prestiżowa praca?
Tak. Była, dobrze powiedziane, bo później się okazało, że ta straż wykonuje czynności, które już nie przynoszą jej chluby.

Później, czyli po Usnarzu?
Tak. Ale wracając do sprzedawania i szmalcowników, to myślę, że człowiek, który nawiązuje kontakt ze strażą po to, by zgłosić obecność uchodźców, może liczyć na przychylność z jej strony. A to może być jakiś rodzaj nobilitacji dla zgłaszającego. Nieprzypadkowo wydaje się okazjonalne banknoty z wizerunkiem Straży Granicznej. Myślę, że to jest jeden z argumentów motywujących ludzi: przynajmniej otrzeć się o wielkość służby, która stoi na straży polskich granic.

Ciekawe, bo oni mogą myśleć to samo co ty. Uważasz, że się zachowujesz porządnie, oni też tak o sobie myślą.
Mówisz o straży?

Nie, o ludziach, którzy wydają.
Ja sobie zdaję sprawę z tego. Zdarza mi się o tym rozmawiać na przykład w sklepie, delikatnie próbuję włączyć się do rozmowy, i jest dokładnie tak, jak mówisz.

Wiele osób uważa, że tak powinno się robić. Mało tego, są pewni, że Straż Graniczna dokłada wszelkich starań, żeby otoczyć uchodźców pełną opieką.

Dalej tak uważają?
Tak.

Mimo że już dzisiaj wszystko wiadomo.
Nie wiadomo. Skąd mają wiedzieć, z TVP? Z kłamliwych przekazów pani rzecznik SG?

Ale, Beata, jeżeli ty, mieszkając tu, masz dostęp, to oni też, tylko tam nie zaglądają.
Ciągle słyszę ten argument. Posłuchaj, jest takie miejsce, w którym bardzo często znajdowaliśmy ludzi. Nieopodal stoi dom, a do innych zabudowań są minimum dwa kilometry. W tym domu mieszka para, mają po siedemdziesiąt pięć, osiemdziesiąt lat. Kiedyś byliśmy w kilka osób w tamtej okolicy, podszedł do nas mężczyzna z tego domu i zapytał, co robimy. Powiedzieliśmy mu, że sprzątamy miejsce po pobycie uchodźców, bo rzeczywiście tym się też zajmujemy. Powiedział, że bardzo często widzi ludzi przechodzących obok. Zapytaliśmy, co wtedy robi. „No jak to co, dzwonię po SG, przecież wiadomo". Zapytaliśmy dlaczego, a on powiedział, że oni się nimi zajmą. Przy drążeniu tematu okazało się, że pan po prostu jest święcie przekonany, że wręcz wyświadcza przysługę

uchodźcom. Wtedy jedno z nas powiedziało: „No dobrze, a gdybyśmy panu powiedzieli, że my się nimi zaopiekujemy, zadzwoniłby pan do nas?". No i tu takie wahanie, taka nie do końca jednoznaczna odpowiedź, że może tak, może nie. Po dwóch dniach kilka osób poszło do tego małżeństwa z prezencikami. Czekolada, jakaś konserwa, jakieś takie drobne rzeczy. Zapytali: „Czy dostał pan kiedyś coś od straży za to, że ją pan zawiadamia?". „No nie". „A od nas pan dostanie, proszę bardzo, zadzwoni pan do nas?". „Tak".

I zadzwonił?
Zadzwoniła żona, która przygotowała trzy duże worki skarpet robionych własnoręcznie na drutach i rękawiczek z jednym palcem z wełny, z informacją, żebyśmy przyjechali, bo tym ludziom na pewno się to przyda. Oczywiście przyjechaliśmy. Więcej nie zadzwonili, ale też to miejsce straciło popularność.

Dobra historia.
Dobra historia.

Ale ma element wymiany.
No, posądź mnie o przekupstwo, no, posądź.

Nawet jakbyś powiedziała, że przekupujesz strażników, żeby ratować ludzi, to dla mnie też byłoby OK.
Ja tego nie robiłam.

Są różne sposoby na ratowanie ludzi.
To jest gigantyczny temat. Na początku mnóstwo energii wkładałam w to, żeby rozmawiać z okolicznymi mieszkańcami. Wybierałam się w miejsca bardzo blisko granicy, wchodziłam do domów albo stałam na progu, w zależności jak mnie traktowali, i starałam się dotrzeć do tych, którzy podobno byli nieprzychylni albo neutralni.

A neutralni to znaczy, że otwierali drzwi czy zamykali?
Nie mieli zdania. Uważali, że tym ludziom należy pomóc. Natomiast na pytanie: „A gdyby tak ktoś zapukał, to wpuściłaby pani do domu?", odpowiedź bardzo często brzmiała, że dałabym jeść i pić, ale do domu to nie. Uznawałam, że to jest i tak bardzo dobra postawa.

Jak ktoś nie dzwoni do straży, to już jest OK?
Tak, bo szanse uchodźców rosną. Ludzie, z którymi rozmawiałam, mogli pomóc i zostawić tych uchodźców, niech sobie robią, co chcą. Mogli nie pomóc i zostawić. Albo zadzwonić po straż. Niektórym rzeczywiście się wydawało, że ten telefon do straży jest optymalnym rozwiązaniem.

Od zawsze mieszkasz na Podlasiu?
Mieszkam tu od dwudziestu lat, ale dla niektórych nigdy nie będę „swoją". Lubię tu być, lubię tutejszą

surowość, tutejsze zróżnicowanie. Powiedz: ile jest w Polsce miejsc tak mocno osadzonych w religii, a tak naprawdę w trzech religiach?

Kościoły są pomocne w ratowaniu uchodźców?
Zależy które.

A które są?
Poszłam do katolickiego proboszcza z konkretną prośbą. Wiem, że diecezja ma swoją pralnię, więc pomyślałam, że może uda się go namówić na pranie rzeczy, które odzyskujemy z lasu, by mogły powtórnie służyć kolejnym potrzebującym.

Udało się?
Nie. Oni dbają o czystość religijną i narodową.

A Cerkiew coś robi dla uchodźców?
Nie odpędza wędrowca od swoich drzwi.

Spotkałaś się z przemocą ze strony mieszkańców w stosunku do uchodźców?
Zdarzały się grupy kibolskie.

Szli do lasu polować na ludzi?
Skrzykiwali się na swoich stronach i pisali o tym, że idą szukać ludzi. Niekoniecznie tych, którzy przekroczyli granicę, ale także tych, którzy próbują pomagać.

Czyli was?
Tak, mnie to bardzo niepokoiło, bo Hajnówkę znam od strony marszów narodowców. Od lat brałam udział w protestach przeciwko ich działalności. Hajnowskie środowisko aktywistyczne zawsze działało otwarcie, najpierw w obronie Puszczy, teraz w pomocy uchodźcom. Łatwo zidentyfikować aktywistów, więc obawiałam się o ich bezpieczeństwo. Skończyło się na kilku nieprzyjemnych incydentach.

Znaczy, że spotkaliście kiboli w lesie?
Były jakieś ganianki na leśnych parkingach. Nie brałam w tym udziału, ale wiem, że mieli kije i byli bardzo podekscytowani. Zniszczyli kilka samochodów, postraszyli kilka osób. Na szczęście nic poważniejszego. Interweniowała policja, która tym razem stała się chwilowo naszym sprzymierzeńcem. Gorzej, gdyby byli tam tylko ci z Wojsk Obrony Terytorialnej, oni są chłopcami nieobliczalnymi i trudnymi do okiełznania.

Delikatnie to wszystko nazywasz.
Pozbawieni autorytetów, anonimowi, z bronią w ręku, czyli z władzą.

Ale to, co mi takimi delikatnymi słowami mówisz, to czym było?
Ostro bywało.

A tak jeszcze bardziej wprost.
Dostalibyśmy wpierdol, jak kozie za obierki by nam dali, gdyby nie policja. Wiesz, ja czasami myślę o tym, że wygrywam wiekiem w wielu sytuacjach. Mundurowi zupełnie inaczej traktują młodych ludzi, szczególnie jeśli mają dredy i kolczyki w nosie, a zupełnie inaczej, jak przychodzi kobieta i w dodatku wyraża się…

Kulturalnie.
Delikatnie, eufemistycznie czasami, chociaż zwykle w ogóle nie wchodzę w dyskusję. Natomiast jeżeli odpowiadam, to konkretnie i spokojnie i dzięki temu wielokrotnie udało mi się uniknąć nieprzyjemnych sytuacji. Chociaż zdarzyło mi się być w niekomfortowych sytuacjach również.

Jak niekomfortowych?
Bardzo. Była noc, las, a ja stałam otoczona kordonem WOT-owców i słuchałam, co mają jeden po drugim do powiedzenia na mój temat i na temat okoliczności, w których się znaleźliśmy. Że powinniśmy im być wdzięczni, bo gdyby to była inna sytuacja, to oni już by wiedzieli, co z nami zrobić. Ta „inna sytuacja" wynikała z tego, że przyjechała też policja, więc chłopcy z WOT-u nie mogli sobie pozwolić na zbytnią swobodę działania. A bywają swobodni. Bardzo często nie wiadomo, z kim masz do czynienia, bo nie są w mundurach albo są, ale nie mają identyfikatorów i oczywiście się nie przedstawiają.

Są tajniakami?
Są tajniakami albo „zielonymi ludkami" nie do zidentyfikowania, albo akurat są po służbie, natomiast bardzo gorliwie wypełniają swoje obowiązki nawet po godzinach.

Myślisz, że oni mają jakieś bonusy za takie działania?
Nie mam pojęcia, jakie są metody finansowania służb.

Ciekawe, jak sobie radzą z nowymi zadaniami wasi sąsiedzi ze straży. Ich zadania, delikatnie rzecz ujmując, zostały lekko przeformułowane.
Powiem ci szczerze, że przestało mnie interesować, jak oni sobie z tym radzą. Zanim ruszyła intensywna pomoc dla uchodźców, wybrałam się z wizytą do szefa Straży Granicznej.

Do którego szefa?
Do lokalnego komendanta. I rozmawialiśmy o możliwości współpracy.

Wybrałaś się jako Beata?
Jako ja. Powiedziałam, że jestem zainteresowana tym, żeby ci ludzie nie umierali, żeby byli zaopiekowani.

Po pierwsze cię przyjął.
Spotkał się, a nawet wysłuchał. Za drobną rekomendacją osoby godnej zaufania. Nie było tak, że się

zgłosiłam, a pan komendant otworzył drzwi. Ale jego reakcja była dla mnie bardzo znamienna, bo on między innymi powiedział, że „byle do wiosny", bo idzie na emeryturę. „Byle do emerytury".

Patrzył ci w oczy, jak to mówił?
Nie. Powiedziałam mu, że emerytura nie zwalnia z odpowiedzialności za to, co się zrobiło. Jeszcze powiedziałam: „żeby nie było tak, że ludzie tacy jak ja będą sądzić ludzi takich jak pan, proszę się postarać". Przez chwilę wydawało mi się, że jest jakaś mała szansa, ale on się nagle otrząsnął i powiedział, że jego to w ogóle nie interesuje – i dalej o tej swojej emeryturze. A potem bywało tak, że nawet jak złapali ludzi, dla których miałam dokumenty chroniące przed wywózką, czyli interimy, to odmawiał mi jakichkolwiek informacji.

Byłaś ich pełnomocniczką?
Tak, miałam imienne pełnomocnictwa. Zrugał mnie kilkakrotnie, że w ogóle nie daję im prowadzić procesów, które są niezbędne do obsłużenia tych ludzi, bo bombarduję ich telefonami. A ja musiałam się dowiedzieć, czy oni jeszcze u nich są, czy już zostali wywiezieni. Ostatecznie przestał ode mnie odbierać telefony.

Już jest na emeryturze?
Nie.

Jak to nie, przecież już minął rok.
Może przedłużanie czasu pracy powoduje, że emeryturę ma się wyższą, tak?

Znaczy, że nauczył się w tym żyć.
Dlatego powiedziałam, że nie bardzo mnie interesuje to, jak oni sobie radzą. Wiem, że część osób jest na zwolnieniach, kilka osób się zastanawiało, czy nie zmienić zajęcia, ale rynek pracy nie jest za ciekawy. Wiadomo też, że są i jednostki wojskowe, i grupy wśród strażników, które nie robią krzywdy.

Czyli jak się zachowują w lesie?
Przyzwoicie.

Są tam wysyłani i nie robią tego co inni albo tego, czego od nich oczekują przełożeni?
Nie robią tego z lubością.

Bo są też sadyści, tak?
Tak. Zdecydowanie tak.

Nie wiemy, jak oni sobie z tym radzą, a ty jak sobie radzisz?
Na początku było ciężko, bardzo.

Co było najtrudniejsze?
Zostawianie w lesie ludzi w złym stanie. W trakcie jednej z moich pierwszych interwencji znaleźliśmy

chłopaka, który szedł z grupą, ale był w bardzo złej formie i nie dał rady dalej z nimi iść. Nie miałam żadnego pomysłu, jak mu pomóc. Zostawiłam go na noc samego. Posypałam się wtedy strasznie, a bladym świtem zaczęłam szukać z nim kontaktu. W nadziei, że go znajdę i że wymyślę, jak mu pomóc. Na szczęście pomogli mu ludzie z organizacji, która była nieco bardziej zaawansowana niż system pomocowy, w którym ja działałam. Udało im się chłopaka ujawnić, dostał ochronę prawną i znalazł się w ośrodku otwartym. A zaraz potem sama zaczęłam pełnić funkcję koordynatorki bardziej zaawansowanych działań.

Czyli?
Czyli pomoc w lesie plus logistyka zarządzania grupą wolontariuszy. Miejsca noclegowe, zaopatrzenie magazynu, koordynacja akcji. Czułam się za nich odpowiedzialna, nie wyszłam ze swojej roli matki.

Bo oni wszyscy byli od ciebie młodsi?
Większość. Działałam według matczynego schematu: jak masz wokół siebie dzieci, to nie okazuj lęku, słabości, one powinny wiedzieć, że jest OK, że sobie poradzimy. Kto, jak kto, ale matka sobie poradzi.

Znaczy, wzięłaś na siebie bardzo dużo.
Tak. A okazało się, że takie działanie nie jest łatwe. Szukałam pomocy u naszych psychologów. To był bardzo trudny czas, wychodziliśmy na kilka akcji dziennie.

Dwie godziny snu i kolejny wyjazd. Jazda na batonach energetycznych i kawie. Marzyliśmy, żeby przespać pięć godzin bez przerwy. Wtedy zdecydowałam się na pomoc psychologiczną, ale miałam pecha, bo trafiłam na dziewczynę, której w trakcie tej sesji to raczej ja pomagałam.

Pomogłaś jej?
Nie mam pojęcia, bo to było jedyne nasze spotkanie, mam nadzieję, że jej nie zaszkodziłam. Moja córka, która też bardzo aktywnie tutaj działała, słyszała część naszej rozmowy. „No matka, dałaś. Gratuluję, naprawdę. Może się zatrudnij jako terapeutka".

Było ci coraz ciężej?
Potem już się na tyle utwardziłam, żeby przyjmować zdarzenia, a nie analizować los tych ludzi. Zadaniowość – tak sobie ustaliłam, że jak trzeba coś zrobić, to mam to zrobić najlepiej, jak potrafię, bo to przyniesie efekt. Człowiek jest ważny, nie mogę pozwolić na to, żeby mu było źle.

Żeby tobie było źle?
Żeby jemu było źle. Jak by ci to wytłumaczyć. Idziesz, zima, śnieg po kolana, jeden plecak ciężki z tyłu, drugi podręczny z niezbędnymi rzeczami z przodu.

Z czym?
Dokumenty, apteczka, jakieś takie na wszelki wypadek sznurki, nożyce, bandaże, folie, skarpety zapasowe. Zdarzało się, że idziemy na akcję i nieopodal znajdujemy

ludzi, których się nie spodziewaliśmy. Więc przynajmniej na początek możesz im dać coś najpotrzebniejszego, a potem do nich wrócić. Dochodzimy do grupy, leży kobieta niedająca znaku życia. Waży ze dwa razy tyle co ja, nieprzytomna, przemoczona dokumentnie, i to nie tylko od śniegu i wody. Jestem jedyną kobietą w trzyosobowej grupie pomocowej. Inni zajmują się dziećmi, a ja nią. Nie wiem, jak to zrobiłam, ale ją przebrałam. Rozebrałam i ubrałam, od majtek po czapkę. Podniesienie jej nogi graniczyło z cudem. Jęczałam z wysiłku przy wykonywaniu poszczególnych czynności, a przy tym cały czas mówiłam do niej, starając się, żeby mi nie odpłynęła, żeby nie stracić z nią kontaktu, żeby mi po prostu nie umarła. Skupiam się na zadaniu, zdobywam więcej umiejętności nie tylko z zakresu pomocy humanitarnej i medycznej. Umiem na przykład zidentyfikować, jak bardzo grupa, do której idziemy, próbuje nas naciągnąć na zbyt aktywną pomoc.

Mówisz o sytuacjach, w których chcą od was więcej, niż możecie dać?
No pewnie, że tak.

To jest zrozumiałe, że oni chcą wszystko. Że chcieliby, żebyś ich do Berlina zawiozła.
To akurat mogę zrozumieć, ale jeśli po kilku dniach pobytu w lesie dzwonią do naszej dyspozytorni i proszą o colę light, klapki czterdzieści dwa i czterdzieści

trzy w kolorze białym albo francuski ser pleśniowy 30 deko, to nie traktujemy tego poważnie.

I co wtedy mówicie?
Że no sorki, ale wodę i jedzenie dostaniecie z całą pewnością, skarpety i buty też. Zdarzają się też przypadki odwrotne, że ludzie prosili o wodę, czekoladę, maść na stopy i niewiele więcej. Jechaliśmy do nich i okazywało się, że oni są absolutnie nieprzygotowani. Są cali przemoczeni i na pytanie, czemu nam tego nie powiedzieli, mówią, że nie sądzili, że możemy im przynieść na przykład buty. Skąd mieli wiedzieć? Buty to się w sklepie kupuje, a tacy ludzie, co biegają po lasach, skąd mają brać.

Trudniej się pomaga tym, którzy zamawiają colę i papierosy?
Papierosy noszę zawsze ze sobą i daję. Jeżeli palą, to palimy sobie po akcji, jak już jest spokojnie. Siadamy, palimy, rozmawiamy. Wydaje mi się, że jest to normalny element życia, którego ludzie palący zostali pozbawieni.

Rozmawialiśmy o tym, że działasz zadaniowo, a jaka jest cena, którą płacisz? Co się stanie, jak to się skończy?
Bardzo bym chciała, żeby to się już skończyło. Żeby ludzie, którzy przechodzą przez las, byli zaopiekowani przez nasze służby, żeby była wdrożona procedura, co należy z nimi robić.

Mówisz o marzeniu, żeby państwo stanęło na wysokości zadania, tak?
Często spotykam się z pytaniem, czego wam potrzeba ze strony państwa. Co politycy mogą dla nas zrobić? – takie pytanie mi ostatnio zadano. W zasadzie to tylko jednej rzeczy potrzebujemy z ich strony – niech zaczną przestrzegać procedur, i tyle. Tego bym od nich chciała.

I co oni na to?
No, że opozycja, że ekipa rządząca.

Bezradność?
Tak jest. Czyli to samo, co słyszymy od siedmiu lat. Nie wiem, jak się sprawa rozstrzygnie, mam pewność co do tego, że nie skończą się przejścia przez tę granicę. Otwarty został szlak, który będzie bardziej lub mniej intensywnie wykorzystywany. Wojna w Ukrainie spowoduje dodatkową migrację, bo głód w Afryce się jeszcze bardziej nasili, a co będzie dalej, to możemy sobie tylko wyobrażać. Moim zdaniem potrzebujemy tu bardzo, ale to bardzo kompetentnych osób. Na przykład dużych organizacji humanitarnych, które nieco odpuściłyby swoje procedury, żeby działać na zasadzie, znowu eufemizm, nie w pełni jawnej. Nie ma już strefy, nie ma zakazu wchodzenia do lasu, natomiast to, co robimy, nadal jest kryminalizowane. Wejście dużych organizacji humanitarnych legitymizowałoby i naszą pomoc. Opowiem ci taką historyjkę – jedna z lokalnych kobiet mówi: „Ty

wiesz, co będzie, jak oni tu przyjdą? Będą gwałcić kobiety w tramwajach". Ja mówię: „Ale tu nie ma tramwajów", a ona, że ze mną to się nie da porozmawiać.

Bezpośredni kontakt z uchodźcami zmienia poglądy ludzi, którzy są przeciwni pomaganiu?
Często tak.

Dopóki ten ktoś jest wirtualny i jest w opowieści o tramwaju, to wtedy jest straszny, a jak przychodzi do ciebie do domu i dajesz mu wodę i suche skarpety, to odbiór się zmienia?
Zmienia.

Może powinni wejść do każdego domu.
Dlaczego nie. Wejść, przywitać się, pozdrowić, uśmiechnąć.

Masz złe doświadczenia związane z zachowaniami uchodźców?
Żadnych, wręcz przeciwnie. Mnóstwo takich, kiedy czuję wręcz zażenowanie sposobem, w jaki nam dziękują, jak chcą się rewanżować. Często zdarza się, że ludzie, którzy nie jedli kilka dni, co nie jest rzadkością, zapraszali nas, byśmy razem zjedli to, co im przynieśliśmy.

A teraz często chodzisz do lasu?
Raz na tydzień, na półtora tygodnia. Na czas naszej rozmowy wyciszyłam telefon, ale ciągle się zastanawiam,

czy akurat ktoś nie poprosił o pomoc. Może nie ma kto mu pomóc? Wyrobiłam w sobie rodzaj czujności, która tak potrafi zaabsorbować umysł, że często zajmowanie czymkolwiek innym jest niemożliwe. Możesz spędzić pół dnia, siedząc i czekając na piknięcie w telefonie.

I cały czas czekasz, czy ktoś ciebie nie potrzebuje? A ty też już tego potrzebujesz?
No, dobre pytanie, bo w tej chwili to chyba w obie strony działa. Powiem ci, dlaczego tak myślę. Od momentu, kiedy interwencje w moim przypadku zrobiły się rzadsze, szukam innych możliwości działania i całkiem nieźle mi idzie na przykład pozyskiwanie funduszy, kontaktów z organizacjami czy z grupami osób, które mogą nam zrobić zakupy albo dostarczyć jakieś towary. To mi daje poczucie, że nadal jestem tutaj, robię dobrą robotę.

Jest coś takiego, co to działanie daje tobie? Coś takiego, z czego sama czerpiesz?
Tak, z całą pewnością.

Co to jest?
Daję świadectwo człowieczeństwa. Sobie je daję. To, co myślę, i to, co robię, jest spójne.

Jaką cenę za ten rodzaj działania płacą aktywiści?
Załamania. Sypią się związki. Zaniedbywane są rodziny, a przynajmniej rodziny dają odczuć, że są

zaniedbywane, pewnie niebezpodstawnie. Stany depresyjne. Początki nałogów.

Coś, co głuszy to przeżycie, tak?
Tak. Część zdecydowała się, że zrobi przerwę, żeby zająć się rodziną, a część po prostu dlatego, że nie dawała rady.

Bardzo trudna sytuacja – wycofać się.
Mają pełne zrozumienie u pozostałych.

Ale co myślisz, jak zostawiasz innych, gdy jesteś potrzebna? Jak śpisz w tygodniu osiem godzin, ciągniesz na tych nakoksowanych batonach i kawie i potem wszyscy ci mówią: „luz, to jest OK". Nie myślisz wtedy: „dobra, czyli wy dalej będziecie zasuwać, a ja się zwijam"? Uważam, że to bardzo trudny moment dla takiej osoby.
Tu wszystko jest trudne.

A dowiedziałaś się czegoś nowego o Polsce?
Nowego nie, ale przeżyłam Marsz Równości w Białymstoku. Tam była taka nowa Polska, tak ona mniej więcej wygląda. A tu w lesie przynajmniej nikt nie chciał nas zabić. Ale wiesz, jest dla mnie jednak coś nowego w postawach ludzi, w tym, że nie są w stanie łączyć normalnego etatu, od ósmej do szesnastej, z działaniem w lesie. To może się udać na bardzo krótkim dystansie. Potem masz zupełnie zawaloną głowę i do tego wyrzuty sumienia, bo siedzisz osiem godzin w pracy, która

nawet jeśli jest najbardziej potrzebna, no to jak ona się ma do tego, że ratujesz komuś życie? Więc bardzo szybko zdajesz sobie sprawę z tego, że albo-albo. Musisz wybrać, jeśli nie chcesz zawalać jednego i drugiego. Bo zaczynają się zwolnienia lekarskie, nawet naciągane, po prostu stan psychiki jest taki, że zaczynasz przeżywać horrory, zadawać sobie kretyńskie pytania, co ja robię w tej pracy, przecież powinnam być w lesie.

Byłaś na zwolnieniu lekarskim?
Tak, tak dojechałam do emerytury.

Czyli do sześćdziesiątego roku życia.
Tak, dokładnie.

Byłaś ostatnio na wakacjach?
Byłam, cztery dni.

Jak było?
Fajnie.

Naprawdę tam byłaś czy głowę miałaś na granicy?
Naprawdę tam byłam.

Sama pojechałaś czy ktoś cię wywiózł?
Wywieziono mnie.

Ktoś o ciebie zadbał? Ktoś, kto się martwił, że się wykończysz?
Tak.

STRAŻAK KRZYSIEK

Spotykamy się w domu na osiedlu leżącym wzdłuż granicy pięknego lasu. Krzysiek mieszka tu ze swoją żoną i z dziećmi. Jest późny wieczór, siedzimy w pokoju, który jest oświetlony kilkoma małymi lampkami ściennymi. Panuje miły półmrok.

Wróciłem z lasu, miałem dzieci do odebrania u rodziców. Wyjmuję telefon i pokazuję mamie, a ona do mnie: „Skąd masz te zdjęcia?". Tłumaczę, że byłem w lesie, pomagałem i to są właśnie ci ludzie. „To ty robiłeś te zdjęcia?!". Ja. Koniec rozmowy, cisza. Nie jestem z rodzicami w najlepszych stosunkach, ale to chciałem im pokazać. Zacząłem fotografować ludzi w lesie i zawsze miałem te zdjęcia przy sobie w telefonie.

Po co?
Żeby móc udowodnić, że u nich byłem. Że są prawdziwi i jak wyglądają. Żeby mi nikt nie mógł powiedzieć, że to są bzdury, że żadnych ludzi już tam nie ma.

To chodzenie do lasu jest trudne. Na początku nie do końca wiesz, na co się piszesz. Możesz sobie zaplanować, że wrócisz za dwie godziny, a może się okazać, że to cię pochłonie. I to, że masz dzieci do zawiezienia do przedszkola, że masz pracę, może tak powoli, powoli zostać pochłonięte przez ten las.

Twoja najdłuższa wyprawa do lasu.
Siedemnaście godzin. Poszliśmy do rodziny, do której się praktycznie nie dało dotrzeć. Wyruszyłem dlatego, że była informacja, że jest tam czwórka dzieci. Służby wszystko obstawiły, wędrowaliśmy do nich bardzo długo. W międzyczasie okazało się, że nie czwórka, tylko jedno dziecko, stary trik. „Zaraz się okaże, że nie ma dzieci w ogóle" – pomyślałem.

Przychodzą informacje, że są ludzie z dziećmi, a potem się okazuje, że dzieci nie ma?
Tak, a czasami urywają kontakt, ale proszą, żeby im rzeczy gdzieś tam zostawić. Wiadomo, że dziecko i kobieta to są karty przetargowe. Te dzieci prawie nigdy nie płaczą i to jest straszne. One nie płaczą, a czasem się nawet uśmiechają. Uczą się, że za taki uśmiech możesz kupić świat.

Doszliśmy w końcu, a u nich akurat było takie dziecko, które płakało. Naprawdę, darło się wniebogłosy, a byliśmy bardzo blisko szosy, tak że każdy przejeżdżający patrol by je usłyszał.

Zima, lato?
Drugi dzień świąt prawosławnych, 8 stycznia. Zachodzimy, przebieramy ich w suche ubrania. Oni wszyscy płaczą. Uciszam, mówię, dobra, spoko. A dziecko się drze najgłośniej, bo się nas po prostu boi. Trafiliśmy do nich przez przypadek, bo te współrzędne potrafią „skakać" po mapie. Widzisz, jak pin przemieszcza się wte i wewte. Czasami wszystko działa precyzyjnie, a czasami GPS wariuje. Więc po prostu na nich wpadliśmy, a kiedy się już uspokoili, zadzwoniliśmy do tłumacza. Ojciec rodziny mówi, że przekraczali w nocy granicę, była łapanka i się rozdzielili. Gdzieś w lesie jest jeszcze trójka ich dzieci. To idziemy ich szukać. Po godzinie dwadzieścia znaleźliśmy te dzieciaki i oddaliśmy matce. Sfotografowałem to spotkanie. Ona płakała bez łez, tylko bezgłośnie zaciągała powietrze. Udało nam się ogarnąć tak, żeby było ujawnienie.

Co to znaczy?
Żeby było jak najwięcej świadków tego, że już są na terenie Polski, żeby Straż Graniczna nie mogła ich wyrzucić na Białoruś.

Kto może być takim świadkiem?
Najlepiej, żeby były media i posłowie. Zabezpieczyliśmy ich bezpieczeństwo, a potem wracaliśmy przez bagna dwie i pół godziny do samochodu. Po takim czymś wracasz do domu i niby wszystko jest OK, ale właśnie po tej sytuacji tak się z ojcem pokłóciłem, że przestaliśmy się do siebie odzywać. Do dzisiaj się nie odzywamy. Padły z mojej strony mocne słowa. Z jego strony mocne słowa, typu: taka kobieta to nie jest dla mnie matka, bo która matka prowadzi dzieci przez las. „Tak? – ja mówię. – Kurwa! Ona jest dla mnie bardziej matką, niż ty ojcem jesteś".

To był czas, kiedy wchodziłem w kontrę z różnymi osobami. W pewnym momencie przestałem sobie radzić i w pracy, i tam, gdzie byłem zaangażowany w pomoc. Jak by ci to powiedzieć – byłem cały czas w gotowości.

Jak przychodził sygnał, to jechałeś?
Starałem się. Mówiłem w pracy: „Ej no, dzisiaj się już urwę, jutro to nadrobię". Ale mam zadaniową pracę i jutro nie nadrabiałem, i później znowu nie nadrabiałem. W końcu szefowie mnie zawołali i poprosili o listę rzeczy, które nie są zrobione. Była wystarczająco długa, żebym usłyszał: „Chcemy, żebyś poszedł na miesiąc bezpłatnego urlopu, żebyś to sobie poprostował, przemyślał". I to mnie dodatkowo trafiło. Ja dzisiaj wiem, że oni chcieli dobrze, ale to dla mnie była kolejna trudna sytuacja. Mnie było trudno i ze mną było trudno.

Wtedy pierwszy raz w życiu poprosiłem o pomoc psychologa i psychiatrę, żeby to jakoś naprostować, trochę się od tego oddalić. Wiem, że są ludziska, którzy to wytrzymują, ale dla mnie to było za dużo.

A teraz chodzisz do lasu?
Rzadko. W sobotę byłem i w zeszłym miesiącu raz. Weekendy sobie na to zostawiam, bo mogę później dospać. W piątek mogę. W sobotę mogę, a w niedzielę muszę trzy godziny pospać, czyli najpóźniej o drugiej muszę wrócić do domu. Na 5.50 mam nastawiony budzik, nie mogę zawalić pracy, bo zwyczajnie nie będę miał za co płacić kredytu, i tyle. Taka znieczulica już mi się chyba robi. Może naturalna.

A ile czasu minęło, zanim doszedłeś do tego kryzysowego momentu? Widzieliśmy się w grudniu 2021, teraz jest lato 2022. Wtedy chodziłeś do lasu codziennie.
Nie, nie codziennie, ale jak tylko była możliwość. Czułem się na siłach i chciałem być w lesie. Od połowy stycznia albo od połowy lutego, już nie pamiętam, półtora miesiąca byłem na tym urlopie.

I chodziłeś wtedy do lasu?
Nie. Chociaż jak się trochę lepiej poczułem, to raz byłem zdalnie.

Jak to zdalnie?

Byłem pod telefonem, akurat trafiła mi się akcja, w której ludzie zostali zatrzymani.

Aktywiści zostali zatrzymani?
Tak.

Przez służby?
Tak, a w tym trzy osoby, które bardzo dobrze znam. Sytuacja była bardzo trudna. Przestali się wzajemnie słuchać i dzwonili do mnie, żebym przyjechał i ich zabrał. A ja boję się tych służb, naprawdę. Szukałem jeszcze kogoś z zewnątrz, żeby zawiadomił media, żeby zrobił szum. Porzygałem się wtedy z napięcia. Zrozumiałem, że nie mogę tego robić.

A zanim poszedłeś na urlop, to się dobrze czułeś?
Źle się czułem. Teraz też się źle czuję. Jakbym kogoś zdradził albo jakbym był niewystarczająco dobry.

Miałeś te myśli, jak zaczynaliście? Że za taki wysiłek płaci się wysoką cenę?
Nie, no co ty! To było coś pysznego, bo ktoś mi zaufał.

Twoi pierwsi uchodźcy?
Żona wracała z pracy na rowerze i zauważyła grupę, która szła ścieżką rowerową. Pewnie ktoś ich podwiózł kawałek i porzucił przy wjeździe do miasta. Następnego dnia oglądamy zdjęcia na Facebooku, a tam

chłopak z tej grupy. Żona mówi, że nie ma wątpliwości, bo miał charakterystyczną koszulę w monstery. I w tym filmie on trzyma kilka telefonów z rozwalonymi gniazdami do ładowania. Mówi, że to Straż Graniczna zepsuła im te telefony. Kolejna sytuacja. Wyje syrena, jedziemy do pożaru lasu.

Do pożaru?
Tak, bo ja jestem w Ochotniczej Straży Pożarnej. Jedziemy wozem bojowym, na sygnale, pięć ton wody. Na miejscu czeka na nas świadek i pokazuje dym. Jedziemy od drugiej strony, nie ma dymu. Nadjeżdża drugi wóz, też na sygnale, i zaczynamy krążyć wokół tego lasu, ale nikt dymu nie widzi. Rozmawiamy przez radiotelefon z wieżą przeciwpożarową, która jest dziesięć kilometrów dalej, oni też nic nie widzą. Przychodzi wiadomość, że być może to byli uchodźcy. Wchodzimy do lasu w tych specjalnych ubraniach, w hełmach. Idę i się zastanawiam, co zrobię, jak ich spotkam, i kto się bardziej boi: ja czy oni. Przecież mogą być tak przestraszeni, że się na mnie rzucą i dostanę wpierdol. Bałem się, bo nie wiedziałem, co mnie czeka. Trochę tak, jakbym miał spotkać dzika, który broni swoich małych.

Wracamy do wozów, wracamy do bazy. I to jest dzień, w którym jeden ze strażaków mówi: „To chyba będę musiał klamkę w samochodzie wozić". „Co będziesz w samochodzie wozić?" – pytam. „Klamkę". „OK – sobie myślę – kolega teraz będzie woził broń".

A pierwsze spotkanie z uchodźcami w lesie?
Zaczekaj. Kiedyś mówię do żony: „A co byśmy zrobili, gdybyśmy znowu ich spotkali? Jedni byli przy drodze, to przyjdą drudzy. Co my z nimi zrobimy, do domu ich zabierzemy?". No niby człowiek nie ma tu pieniędzy, drogocennych rzeczy, ale nie wiadomo, czy to jest legalne. Poza tym mamy dzieci. No tak, ale okąpać się to byśmy im dali, ubrać, jakoś pomogli, zaopiekowali się. Takie miałem myśli, bo jeszcze ani razu nie widziałem rzeczywiście potrzebujących pomocy. A żona mówi: „Ty, a może ksiądz?". To jest myśl!

Myśleliście, żeby ich zaprowadzić do księdza i tam ukryć?
Pewnie, jednak do proboszcza nie pójdę, zresztą naprzeciwko plebanii jest komisariat. Ale inny ksiądz ma magazyn z ubraniami i żywnością, trzeba do niego iść. Mają bramy podnoszone plus dom matki i dziecka, na górze. Jaka miejscówa! Okąpać, nakarmić, ubrać, no super! Trzeba się z tym księdzem spotkać, nigdy wcześniej z nim nie rozmawiałem, ale wiedziałem, że robi superrzeczy. Nie jest za stary, czyli teoretycznie w miarę młody, zna języki, same zalety.

Chodzisz do kościoła?
Kiedyś chodziłem. Myślę: „Mam koleżankę, która dobrze tego księdza zna, więc umówię się przez nią". Zaszedłem do niego i w swojej głupocie zagrałem w otwarte karty, no, mówię, że chcemy pomagać. I co

ja od niego usłyszałem, od człowieka światłego, mądrego, który robi piękne rzeczy? Mówi do mnie tak: „Możesz wierzyć, możesz nie, ale czy ty wiesz, w jakich oni drogich butach idą? Jak oni są w ogóle ubrani? Ja mam pod opieką ośrodek w Wasilkowie, dla ludzi, co z Afganistanu przylecieli, to byli ci, którzy z Polakami współpracowali. Człowieku, to jest hołota, oni się tam biją o środki czystości, oni handlują tymi środkami czystości". Nachyla się i dodaje: „A ty wiesz, że taki przerzut z Syrii to kosztuje dziesięć tysięcy dolarów! A jak myślisz, kto w Syrii ma dziesięć tysięcy dolarów?

Tak, trzeba być dobrym chrześcijaninem, nakarmić tak, ale co ty myślisz, że ja ich tu wpuszczę? Ja tu mam kobiety! Trzeba pomagać, ale mądrze! Mądrze trzeba to robić, trzeba korzystać z doświadczeń. Misjonarze, którzy byli na Lesbos, opowiadali, że tam się bardzo szybko tworzą takie społeczności! Pomarańczami rzucają, zabierają sobie środki czystości, ci silniejsi handlują z tymi słabszymi"…

Wyszedłem, witki mi opadły. Wchodzę do domu, żona na mnie popatrzyła, jeszcze nic nie zdążyłem opowiedzieć, a ona: „Czyli jak ktoś cię podpierdoli, to będziesz wiedział kto?". Naprawdę witki mi opadły, a na sam koniec ten ksiądz mi powiedział: „Przepraszam, bo już muszę odprawiać mszę w kaplicy".

Straż pożarna, ksiądz – już wiedziałeś, na kogo nie możesz liczyć.

Później zauważyłem, że po trudniejszych sytuacjach stawałem się bardziej konfrontacyjny. I udało mi się odmrozić stopy, to niesamowita rzecz.

Sobie odmroziłeś stopy?
Nie, ludzie w lesie mieli odmrożone stopy. Przyszedłem i kłułem igłą na trzy milimetry, w palce, nie było grymasu bólu, nawet w śródstopiu.

Ty jesteś też ratownikiem?
Tak, ratownikiem w straży pożarnej, ale nie ratownikiem medycznym. Podnosiłem temperaturę. Miałem palnik, podgrzewałem wodę. Miałem termometr techniczny i podnosiłem od trzydziestu do trzydziestu czterech stopni przez dwie godziny. I wróciło czucie. Wrócił ból i wrócił kolor. To było akurat na granicy, że te palce jeszcze nie były odmrożone tak do końca, żeby tam popękały naczynia, ale nie miały już koloru. Mam to na zdjęciach, mam, jak odmrażam, mam, jak oni mają odmrożone te nogi.

I potem wszedłem w kontrę z ochotniczą grupą, w której działałem.

Ochotniczą strażacką?
Nie, byłem w jeszcze innej grupie ratowniczej. To jest grupa związana dosyć religijnie, ma takie motto: „Bogu na chwałę, ludziom na ratunek". Wrzucili info, że szykują się. Że trzeba pomóc, bo przygotowują

się na tysiące uchodźców z Ukrainy. No to mi żyłka pękła. Mówię: „Kurwa, a w ogóle to jakiemu bogu i jakim ludziom? Jakiemu na chwałę i jakim ludziom na ratunek, bo chyba tam trzeba dopisać gwiazdkę, że ciapatym nie". Wysłałem zdjęcia tych nóg odmrożonych. Zaczęli mi pisać, że „ej, jesteś trollem". Zaczęli wysyłać infografiki przygotowane przez któreś ministerstwo, jak poznać fejkową informację. Więc ja do nich piszę na grupie: „Słuchajcie, niektórzy byli u mnie w domu, wy wiecie, że ja istnieję". Stwierdziłem, a chuj, co mi tam. Wrzuciłem zdjęcia, jak siedzę przy tych odmrożonych nogach. „To jestem ja. Wiecie, jak wyglądam, a to są ludzie w moim lesie". Wyrzucili mnie i z grupy ratowniczej, i z forum.

Ale pytasz o pierwsze spotkanie, pewnie, że pamiętam. Popatrzyłem na Google Maps, nie trzeba być odkrywcą, ci ludzie szli ze wschodu na zachód, wybierając kompleksy leśne. Na ziemi sokólskiej są ze dwa takie pasy, z czego taki kompletny to jeden. Ma dwa kilometry szerokości, kilometrów wzdłuż ileś tam, po prostu idealny tranzyt. I zacząłem tam chodzić.

Sam?
Wieczorem kładłem dzieci, brałem plecak medyczny i po prostu chodziłem. Dzisiaj to głupio brzmi, bo wiem, że ciężko znaleźć ludzi, którzy się chowają.

To nie brzmi głupio, to brzmi jak opowieść o samarytaninie.

Później chodziłem z kolegą, bo zacząłem się bać. Jeden z sołtysów okolicznej miejscowości sfotografował się z gościem z Młodzieży Wszechpolskiej, czy z jakiejś tam innej Polski, i napisał, że „w razie czego mamy deklarację pomocy. Gdyby coś się działo niebezpiecznego, chłopaki nam pomogą". To był pierwszy sygnał, każdemu powinna się zapalić lampka, że to już gdzieś w historii się wydarzyło. I informacja, że „jak państwo sobie nie radzi, to my sobie poradzimy". Wtedy naprawdę zacząłem się bać, bo były informacje, że obok tych ludzi, którzy szukają uchodźców, są ci, którzy szukają pomagających. Poza jednym przypadkiem nic się jednak złego nie zdarzyło. Wtedy rozwalili samochody Medyków na Granicy.

Często tam chodziłeś?
Starałem się co noc, co drugą noc. Dwa razy spotkałem ludzi, nie chcieli pomocy. Chcieli, żebym po prostu odszedł. Byli strasznie przestraszeni, dzisiaj wiem, że oni po prostu czekali na kuriera.

Nie że się ciebie bali, tylko czekali na kogoś innego?
Mnie też się pewnie bali, ale czekali, żeby jak najszybciej wskoczyć do samochodu i zniknąć.

A drugi raz?
Miałem trochę czasu, wcześniej skończyłem pracę, jechałem po żonę, ale strasznie mi się zachciało siku. Stanąłem na takiej krzyżóweczce w lesie i poszedłem

pod drzewko. Rozglądam się i widzę, że znowu ktoś śmieci wywalił do lasu. Ale przyglądam się i widzę, że siedzi człowiek oparty plecami o to drzewo. Ja jestem przestraszony i on jest przestraszony. On chce uciekać, a ja chcę do samochodu, bo mam tam plecak z jedzeniem. Pokazuję mu na migi, żeby został, a ja przyniosę z samochodu jedzenie. „Zostań – mówię do niego – proszę cię, zostań, zaraz ci wszystko przyniosę". Przyniosłem plecak, postawiłem trzy metry od niego i odjechałem.

A moje pierwsze spotkanie było takie. O drugiej w nocy dzwoni telefon. Znajomy mówi, że w lesie jest chore trzyipółletnie dziecko. Umiem szybko się ogarnąć, bo jak jedziemy do pożaru, to w trzy i pół minuty jesteśmy w stanie wyjechać. Ale biegam po domu i zastanawiam się, co zabrać, co takiemu dziecku jest potrzebne. Na taki wiek to które pampersy? Potem powiedziałem żonie, żebyśmy zrobili taką listę: wiek dziecka i rozmiary, żeby w przyszłości łatwiej było się pakować. Wsiadam w samochód i gnam na złamanie karku pod Sokółkę. Październik, około zera stopni, mgła, zwierzęta na drodze, a ja pędzę, jakby jutra nie było. Podjechałem do tego znajomego, przepakowaliśmy się w jeden samochód i jedziemy na tę „pinezkę". Nie ma ich. Są czterysta metrów dalej. „Widać was z kilometra, palicie ogień" – mówię do nich. Siedzi kobieta i trzyma dziecko, czterech mężczyzn po drugiej stronie ogniska. Prawie wszystkie grupy mają problem z tym, żeby być surwiwalowcami. Ej, przytulmy się, będzie cieplej. Ej, śpijmy na łyżeczkę, będzie cieplej. Ej, ten, co będzie w środku, będzie miał najlepiej, więc zmieniajmy się. Oni mają z tym naprawdę problem. Dzisiaj bardziej ich rozumiem – to często są mieszane grupy. Dla mnie wszyscy wyglądają tak samo, a są często z innych krajów i nawet nie za bardzo umieją się między sobą dogadać. A co dopiero z kimś z zewnątrz. Wtedy też próbuję się z nimi porozumieć, oni niby po angielsku, ale bardzo słabo, i kiedy wydaje mi się, że już się nie dogadam, nagle odzywa się ta kobieta. I słyszę studia, szkołę skończoną. Mówi kilka słów, dwa zdania, ja myślę: wow! Jak pięknie mówi, jaka w ogóle jest piękna. Przede wszystkim jest inna, ale kiedy już się trochę dogadujemy, to ona znowu milknie. I to mnie rozwala. Myślę sobie: „żeby jakiś szałas ci faceci zbudowali, żeby tę kobietę przytulili!". No nie wiem, nie wiem!

A dziecko?
Okazało się, że jest po prostu odwodnione. Nie mieli wody, bo tak długo czekali na „taksę". To jest jak na lotnisku. Czekasz, czekasz, samolot się spóźnia, ale nigdzie nie pójdziesz, bo może akurat wtedy wezwą.

Moja żona miała mieszane uczucia, że ja gdzieś po nocy łażę, że to nie jest bezpieczne. Kilka dni później był 1 listopada i objeżdżaliśmy nasze groby. Podjechałem w tamto miejsce i pokazuję, o tam, sto metrów stąd, była matka z dzieckiem przy ognisku.

Wróciliśmy do domu, a ja nie mogę spać, chcę jej to wszystko opowiedzieć, ale nie wiem jak. Pokazuję zdjęcia, próbuję coś mówić, ale to jest taka historia, że sam nie mogę w nią uwierzyć.

Ale potem już się nauczyłem wierzyć w to, co widzę.

Kilka dni później byłem u ludzisków w lesie, *total black*, totalnie czarni. Pół metra od ciebie stoi, w ogóle go nie widzisz w nocy. Z Mali byli. Co to jest to Mali? Później czytasz i dochodzi do ciebie, że nic nie wiesz o świecie. Oni kiedyś byli potęgą, a ja nawet nie wiem, że w ogóle taki kraj istnieje. Jeden chory, przeziębiony, coś go boli. Okazało się, że złamany obojczyk, czy skręcony, czy wybity. Na tramalu siedział, nic innego nie mogliśmy zrobić.

Wy im przynieśliście tramal?
Tak, to już był czas, kiedy zaczęliśmy mieć jakieś leki na receptę. Dzisiaj mamy już pomagających lekarzy, którym możemy zaufać, więc jak się weźmie moją torbę, to są antybiotyki, szerokie spektrum działania, trzy razy co dwadzieścia cztery godziny albo siedem dni co dwanaście godzin. Ja, kurwa, jestem jakimś alchemikiem, rozumiesz? My się cofnęliśmy, ostro się cofnęliśmy. Mam leki z tej znienawidzonej Białorusi, bo tam te wszystkie podstawowe antybiotyki, raz, są bardzo tanie, a dwa, są bez recepty, a skład ten sam.

No dobra, tramal podany, ale stanęliśmy przed kolejnym wyborem. Co z nimi zrobić? Trzeba jakoś pomóc. Od sześciu dni są w lesie, znajomy się nimi opiekuje, karmi ich. Ja ich nie wywiozę! Strasznie się denerwuję, jak słyszę w telewizji, że znowu złapano busa i tam siedemnaście osób było ściśniętych. Jakakolwiek kolizja to jest śmierć dla połowy, młynek się z nich zrobi. Widziałem już takie wypadki. Widziałem, jaka to jest głupota! A oni siedzą w lesie i o takim transporcie marzą. Więc stajemy przed wyborem: to może do nas, do domu? Dzieci do dziadków. Rozmawiałem z żoną, że na dwie doby, więcej nie damy rady, bo muszą do przedszkola. No, dzisiaj to brzmi abstrakcyjnie, ale człowiek nie wie, jak się zachować. Rozmawiam z sąsiadem, zaufanym takim: „Słuchaj, potrzebuję, żebyś posiedział dzisiaj w nocy, jutro w nocy, czy nic się nie dzieje".

Co to znaczy, żeby posiedział?
Przy oknie, żeby po prostu poczuwał.

Czy ktoś nie idzie?
Tak, czy ktoś nie jedzie. To był już czas, kiedy koło nas był checkpoint.

Czy ktoś nie jedzie – w sensie służby?
Tak. Żeby w razie czego był czas do lasu wyprowadzić, nie wiem, za drzwi wypchnąć. Chciałem pomóc, ale bałem się i nie wiedziałem, jak to powinno być zrobione. I wtedy bieg historii zmienił pan Władysław,

mój starszy syn, lat siedem. Był akurat u dziadka, na tej samej linii zabudowań co nasza, pod lasem. Chce być policjantem, strażakiem albo wojskowym. W każdym razie miał taki lizak jak ci z drogówki. Stanął na skrzyżowaniu przy lesie i maszerował wte i wewte. I teraz uważaj. Mój syn przybiega, mówi: „Pana żołnierza spotkałem". Ja mówię: „Ale co, skąd wiesz, że to żołnierz?". „No, z długą bronią, z karabinem szedł". „Na pewno?" – pytam. „No tak". „I co mu powiedziałeś?". „No, dzień dobry". „A on co powiedział?". „No, dzień dobry, trzeba pilnować". „Trzeba, trzeba" – odpowiedział mu mój siedmioletni syn. Rozumiesz? A mieliśmy ich przyprowadzić pieszo właśnie tamtędy. Właśnie tą drogą. No to pojawił się problem, pomyślałem, bo wcześniej tu nie było patroli pieszych ani wojska z długą bronią.

Wzięliście ich w końcu do domu?
Finał był taki, że nie trafili do nas.

Jeden kolega, z którym chodziłem do lasu, pisał na swoich mediach społecznościowych, że wiele osób pomaga, że jest wiele bezpiecznych domów. „Zajebiście tam u was jest, bo u nas mało ludzi pomaga, a bezpiecznych domów jak na lekarstwo" – mówię do niego. A on, że specjalnie tak pisze, bo to zachęca ludzi do pomocy. Rozumiem intencje, rozumiem, że to sprzyja podsycaniu tego, że pomaganie jest legalne, i żeby ludzie się nie bali pomagać. Mikołaj, możesz napisać, co chcesz, będą ci opowiadać, że dużo osób pomaga, ale wierz mi, tak mówią, bo chcą, żeby tak było, i tyle. Zaraz będzie zawalista bieda. Żeby pomagać, to ludzie się muszą między sobą dogadać, mąż z żoną muszą być zgodni. I muszą mieć odchowane dzieci. Nigdy bym nie pozwolił na to, żeby mnie skuli w kajdanki i na oczach dzieci wyprowadzili z domu.

Ja mam coraz większy problem z państwowością, bo kocham ten kraj. Na moim domu wisi flaga, dzisiaj jest trochę zawinięta, bo wieje wiatr. Nie czuję, żeby mi ktoś tę flagę próbował odebrać, nadal czuję, że jest moja, nawet coraz mojsza. Jak mój syn potrzebował pomocy, to policja eskortowała nas, żeby zdążyć do szpitala. Ale ta sama władza wyjebuje ludzi za druty, a mnie w lesie rzuciła na glebę i mierzyła do mnie z długiej broni. Mówiłem do nich, że jestem Polakiem, żeby odłożyli broń. Że mam dowód w kieszeni, że na udzie mam leki, nie broń, ale leki… Wiesz, przestało mi się to wszystko kleić. Wizja podlaskiej gościnności i miłosierdzia, w które tak bardzo wierzyłem, też się rozpływa w tej rzeczywistości. Ludzie pomagają, ale ta pomoc ma swoją granicę i jest nią kolor skóry.

Było coś, co was ratowało w trudnych chwilach?
Mamy specyficzne poczucie humoru.

Jakie to jest poczucie humoru?
Taki czarny humor.

Przykład.
Idziemy w nocy do lasu, mamy zgłoszenie od grupy ludzi z Afryki. Znajdujemy ich, patrzę na koleżankę i mówię: „Czarno to widzę".

Śmieszne?
No widzisz, nie wszystkich śmieszy, niektórych oburza.

Masz poczucie, że robiłeś coś najsensowniejszego na świecie?
Miałem to poczucie, ale je straciłem, i to jest dla mnie porażka. Straciłem tę naiwność, wyklułem się z jajka i zobaczyłem, jaki naprawdę jest ten świat. Zrozumiałem, że to zło jest w stanie zawładnąć moim światem i że może tak już na zawsze zostać.

W waszym lesie giną ludzie?
Na pewno giną. Przecież są już ich groby w Kruszynianach. Na pewno wiele osób zamarzło i potopiło się na bagnach. Nie wiem, czy powinienem tam być, na tych pogrzebach. Nie jeżdżę na nie, choć pewnie powinienem, bo oni umarli tu u nas. Nie pomogłem im. Dzisiaj nie czuję się ani lepszy, ani fajniejszy, bo pomagałem. Raczej próbuję coś zrobić ze swoim życiem, by móc do niego wrócić.

Wróciłeś do pracy?
Tak, pracuję. Poszedłem zapytać, czy mam dokąd wracać. Powiedzieli, że tak, ale już nie na samodzielne

stanowisko. Jeżdżę w straży, bo w porównaniu z pomaganiem w lesie straż jest *lightowa*. Oczywiście są tak potworne sytuacje, że idzie się zesrać ze strachu. Zwłoki, pożary, wypadki, ale każda akcja kończy się: „Melduję, jestem w bazie". I koniec, nie mam już z tym kontaktu. Zamykam działanie, wracam do domu. Ale powiedz mi, dlaczego państwo tak działa, że ingeruje w różne sfery? Dzieci nienarodzone – to życie jest niby dla niego tak ważne, że polityka rodziny i tak dalej, a tu po prostu, kurwa, możesz iść do lasu i ich nazbierać jak grzybów. Dzisiaj uratowałem siedemnaście osób! Chodźcie! Cześć, jak ty się tam nazywasz, masz dwie ręce? Super, będziemy ratowali siódemkę dzieci! Elegancko, piękna sprawa, nie trzeba już ich rodzić, wychowywać, już wychowane!

W straży jest tak: wchodzę do pożaru, zawsze wchodzi dwóch chłopaków, bo się wchodzi dwójkami, i dwie kolejne osoby czekają, żeby ciebie w razie czego wyciągnąć. Wchodzisz po kobietę, która statystycznie nie przeżyje więcej niż pięć-dziesięć lat, bo jest starą babcią. Ryzykuje się tak ogromne pieniądze, taka akcja naprawdę dużo kosztuje, jest potężne ryzyko. Zrozumiałem, że dla nas nie życie jest najważniejsze, dla nas, ludzi, najważniejsze jest ratowanie. Świadomość, że ktoś mnie uratuje, to jest chyba to, co nas napędza. Świadomość, że ktoś po mnie pójdzie, dlatego ja też pójdę – i może to jest właśnie zdradliwe. Może dlatego nie idą po ludzi z lasu, bo myślą, że tamci im nie pomogą. A można pójść, na pęczki nazbierać tych dzieci, ale tego nie robią, bo te dzieci są ciapate. Bo są nie nasze. A od tego jest już tylko krok…

Kiedy tu był checkpoint, wszystkich trzepali, a później już tylko mówili: „Widzę, że dobrze wyglądacie", i ja się z tego cieszyłem, bo mnie nie trzepali. Przepuścili samochód, a później zaczynam myśleć, co się właśnie wydarzyło. Ja wyglądam dobrze, ktoś wygląda źle. Kiedyś wracaliśmy z akcji, byliśmy już poza strefą i bach! Policja nas zatrzymuje. Było nas troje, koleżanka mówi: „uciekamy". Ja jestem raczej taka cipilinda.

Kim jesteś?
Cipilinda, no wiesz, taki nie za bardzo odważny. Ale ona mówi: „uciekamy", to uciekamy, ale ci nas gonią i „stać" krzyczą. Stajemy, podchodzą, oglądają nas z bliska i do naszego kolegi, który ma trochę ciemniejszą skórę, mówią: „Polak? Proszę powiedzieć coś po polsku". A koleżanka do niego krzyczy: „Mów »Ojcze nasz«!". Takie dowcipy rodem już ty wiesz skąd.

A czego nauczyłeś się przez ten ostatni czas?
Częściej przytulam swoje dzieci. Częściej myślę, że to jest niesamowite, że możemy sobie spać w domu, że nie pada nam na głowy śnieg. Za każdym razem, gdy są chore, myślę o tych dzieciach, które są chore w lesie. Ten czas dał mi wiarę w siebie, bo umiem

dobrze nawigować. I te szczęśliwe chwile, kiedy znajdowaliśmy ludzi, podchodziłem i mówiłem: *„salam alejkum"*. A myślałem: „Znalazłem was, jesteście, pomożemy wam!". To jest taki zastrzyk energii, którego nigdzie indziej nie poczułem. Albo jak już z nimi siedzimy i pytam: „Palisz? Przyniosłem fajki". I widzisz w ich oczach: „Kocham cię". To samo jest z colą.

STRAŻNIK PIERWSZY

Dużo czasu zajęło mi namówienie na rozmowę kogokolwiek ze Straży Granicznej. Ze Strażnikiem Pierwszym korespondowałem kilka tygodni, zanim zdecydował się na spotkanie. Wysyłał mi maile z adresu, który założył specjalnie, by się ze mną kontaktować. Ustaliliśmy dzień spotkania. Godzinę podał po południu, a „pinezkę" przysłał jeszcze później. Przyjechałem samochodem do lasu pod wskazane miejsce. Zaparkowałem na brzegu małej dróżki, zgasiłem światła i dopiero wtedy strażnik wyszedł zza drzew. Rozmowę odbyliśmy w samochodzie. By być pewnym, że osoba, z którą rozmawiałem, naprawdę jest strażnikiem, pojechałem następnego dnia w okolicę strażnicy, która jest jego macierzystą placówką. Wiedziałem, że od rana ma mieć dyżur. Zobaczyłem go wsiadającego do służbowego samochodu, był w mundurze SG.

Pan myśli, że moja praca jest prosta, łatwa i przyjemna?

Myślę, że jest wręcz odwrotnie.
A co by pan zrobił na moim miejscu?

Najpierw porozmawiajmy o tym, co pan robi w tej pracy.
Pracuję w służbie mundurowej, więc wykonuję rozkazy moich dowódców.

Zgadza się pan z tymi rozkazami?
Rozkaz to rozkaz. Tak to u nas działa, my się nad tym nie zastanawiamy.

To zapytam wprost: brał pan udział w pushbackach?
Moja praca polega na strzeżeniu granic Rzeczypospolitej.

Wyrzucał pan ludzi na Białoruś?
Dbamy, by nikt nieproszony nie wszedł na nasze terytorium.

Mówi pan jak rzecznik SG.
A co by pan zrobił na moim miejscu?

Jakbym się zgodził rozmawiać, tobym rozmawiał.
To nie jest takie proste, jak się panu wydaje. Mnie już niewiele brakuje do wysługi lat, a kredyt sam się nie spłaci. Ma pan kredyt?

Nie mam.
No widzi pan, gdyby pan miał kredyt, toby mnie pan zrozumiał.

Wyrzucał pan ludzi za druty?
My mówimy: na druty.

Wyrzucał pan?
Tak.

Dzieci też?
Też.

Zimą też?
Też.

Dlaczego pan się zgodził ze mną rozmawiać?
Bo chcę, żeby pan zrozumiał, że my mamy swoje powody, żeby pracować w SG. Myśli pan, że to jest przyjemna praca? Gdybym miał jeszcze raz wybierać i wiedział, co nam przyjdzie robić, tobym się nie zdecydował. Ja mam niepracującą żonę, ten kredyt, dzieci, a pan myśli, że to wszystko jest takie proste.

Jak się wyrzuca ludzi na druty? Niech mi pan to opowie po kolei.
Nie wie pan? Jak się wyrzuca, normalnie się wyrzuca. Wiezie się do granicy i każe się przejść za druty.

I przechodzą?
Jedni przechodzą, inni nie przechodzą.

I co się wtedy robi?
Pan myśli, że ja chcę o tym rozmawiać?

Wstydzi się pan o tym opowiadać?
Był pan w wojsku?

Nie.
No to mnie pan nie zrozumie.

Zdarzyło się panu przerzucić dziecko przez concertinę?
Nie trzeba przerzucać, wystarczy przeciąć druty.

To dlaczego ludzie mówią, że przerzucacie przez druty?
Ludzie różne rzeczy mówią. Wie pan, że ja nie muszę z panem rozmawiać?

Przerzucał pan?
Kurwa, człowieku! Przerzucałem i co, zadowolony pan jest teraz?

Chciałbym zrozumieć, jak to się dzieje, że mąż, ojciec dzieciom przerzuca cudze dzieci przez druty. Gdyby pan nie miał kredytu albo gdyby pana żona miała pracę, to nie robiłby pan tego?
Brakuje mi trzech lat do wysługi lat, rozumie pan?

Czyli jeśli pana dowódca będzie dalej wydawał takie rozkazy, to będzie pan przerzucał dzieci przez druty jeszcze trzy lata?
Teraz już nie przerzucamy, bo jest mur.

Po robocie wraca pan do domu i czyta swoim dzieciom bajki na dobranoc?
A gdybym ja chciał napisać o panu książkę, to niczego by się pan nie wstydził?

Kilku rzeczy bym się wstydził.
Może każdy ma takie coś, czego się wstydzi.

Pan ma na sumieniu życie i zdrowie ludzi, bo takie są konsekwencje pana pracy. Nie chcę wierzyć, że kredyt wystarczy, by to robić. Czyta pan bajki swoim dzieciom?
Żona czyta.

Wstydzi się pan swojej pracy?
Pan uważa, że powinienem się wstydzić, ale gdyby nie tacy jak ja, to nie żyłby pan w bezpiecznym kraju.

Wierzy pan, że wyrzucanie zimą matek z dziećmi za druty powoduje, że żyjemy w bezpieczniejszym państwie?
Pan nie rozumie, jak to działa.

Jak?
Większość z nich to są muzułmanie, chciałby pan mieszkać w muzułmańskim kraju? Wie pan, jak by

to wyglądało za kilkanaście lat? Już nie bylibyśmy u siebie.

I dlatego pan rzuca dziećmi?
Żałuję, że się zgodziłem z panem spotkać. Pan wie swoje, ja wiem swoje. Niech pan zrozumie, oni nie są tu mile widziani. Zresztą większość i tak nie chce tu zostawać, nie podoba się im nasz kraj.

Dziwi się pan?
To po co tu się pchają?

Bo uciekają przed wojnami, głodem i przemocą.
Nie chcemy ich tu.

Bo jesteśmy rasistami.
Bo jesteśmy u siebie. Chyba mamy jeszcze prawo decydować o tym, kto mieszka w naszym kraju.

Rozmawia pan z dziećmi o swojej pracy?
Nie.

A z żoną?
Nie.

To z kim oprócz mnie pan rozmawia?
Z nikim.

Z kolegami w pracy?
Jeszcze kilka miesięcy temu o tym rozmawialiśmy, dzisiaj już nie.

A co pan myśli o tych, którzy odeszli ze służby, żeby nie musieć wykonywać poleceń, które pan do dzisiaj wykonuje?
Zazdroszczę im, ale muszę poczekać jeszcze trzy lata.

Co się panu śni?
Już mam dosyć tej rozmowy. Pan po prostu nie chce mnie zrozumieć, a ja jestem w takiej sytuacji, że niezależnie, co bym teraz zrobił, to i tak jestem przegrany.

MACIEJ ŻYWNO

W białostockiej kafejce wciąż ktoś zerka na byłego wojewodę i wicemarszałka. Część z szacunkiem się kłania albo macha przyjaźnie.

Pogranicze to jest naprawdę bardzo ubogi teren. Żyło się tu albo z lasu, albo ze służb. Dużo tu mieszka rodzin byłych albo aktualnych mundurowych, więc stąd zapewne ich dystans do pomagania. Państwo kryminalizuje pomoc uchodźcom, dlatego część osób uważa, że jest ona równoznaczna ze współpracą z przemytnikami. Czyli jest przestępstwem. To ewoluowało. Na początku wszyscy się zatrzymywali na poziomie pomocy w lesie. Nakarmić, przebrać, nie dać umrzeć, udzielić pierwszej pomocy. Są tacy wśród mieszkańców, którzy zabierali uchodźców do siebie, do domów. Nie brali za to pieniędzy, wręcz przeciwnie, jeszcze dokładali, żeby tylko tych ludzi wyratować z lodowatego lasu. Zależy im na tym, żeby w lesie nie zmarło żadne dziecko, nie ucierpiał człowiek.

Rozumie ich pan?
Rozumiem, bo najbliżej mi do prawa, które mówi, że ratowanie jest obowiązkiem, a nie przywilejem. Zdarzało mi się udzielać pierwszej pomocy w lesie, na bagnach. To są bardzo trudne kwestie związane z odpowiedzialnością zawodową. Ale z tyłu głowy zawsze miałem poczucie, że to, co robię, jest właśnie ratowaniem życia. Wbrew rządowej narracji uważam, że zgłaszanie służbom bardzo często prowadzi do wyrzucenia ludzi na pas graniczny, niezależnie od ich stanu zdrowia. Wyroki sądowe wskazały, że pushbacki są nielegalne. Tak nie wolno ludzi traktować.

Jak się czuje były wojewoda podlaski i były wicemarszałek województwa, gdy idzie do lasu ratować ludzi, jednocześnie wiedząc, że jego działanie jest w konflikcie z działaniem państwa?
Zacznijmy od początku. Gdy zaczął się kryzys w Usnarzu, siedziałem spokojnie. Wiedziałem, że konstrukcja i system państwa powinny zadziałać. Co więcej, wiedziałem, że na granicy ten system jest

dobrze poukładany. Przez siedem lat sam go budowałem przy wykorzystaniu środków unijnych. Robiłem to jako wojewoda, a potem wspierałem jako wicemarszałek, więc byłem święcie przekonany, że system pomocy humanitarnej i zarządzania kryzysowego będzie funkcjonował.

Gdyby miał zadziałać według schematu, który pan przygotował i przewidział, to co się powinno było wydarzyć?
Przede wszystkim granica powinna być pilnowana przez służby i powinna być szczelna. Wiem, że nie wszystkim to się podoba, ale takie jest zadanie państwa, pilnować swoich granic. Ale jeżeli przechodzą ludzie, którzy są w fatalnym stanie, to zadaniem i odpowiedzialnością państwa jest wyprowadzenie ich stamtąd w humanitarny sposób i udzielenie pomocy medycznej. Od sierpnia 2021 było mnóstwo czasu, by przygotować różnego rodzaju ośrodki, które będą gotowe ich przyjąć. Możemy dyskutować o tym, czy to powinny być obozy przejściowe, czy jakieś inne, ale nie możemy dyskutować o tym, czy człowiek może umierać w lesie. Powinny być natychmiast uruchamiane legalne procedury, które są przewidziane w takich sytuacjach. Niemcy zrobili to w fenomenalny sposób, bo dokładnie taką procedurę realizują. Nikt im nie może zarzucić braku humanitarnego podejścia, mają obozy, mają ośrodki, w jednych jest fajnie, w drugich mniej, ale uchodźcy nie narzekają,

że byli traktowani jak w Polsce. Mamy sygnały od rodzin, którym pomogliśmy, a które tam przeszły procedurę, że niektóre z nich dostały decyzję o ekstradycji do krajów pochodzenia, a inne dostały azyl. Legalna i przejrzysta sytuacja decyduje o tym. Wydaje się, że to byłoby uczciwe, a przede wszystkim ludzie nie umieraliby w lesie.

A umierają?
Na pewno. Sami nie wiemy, ilu ludziom udało się pomóc, ale też nie wiemy, ilu ludzi umarło. A ilu umarło po stronie białoruskiej, to już wolimy nie myśleć. Na pewno będziemy jeszcze długo odnajdywać w lesie zwłoki rozszarpane przez zwierzęta. Wiele osób zaginęło. Martwimy się, że mogły utonąć w bagnach, których jest dużo w pasie granicznym. W lipcu 2022 wiedzieliśmy już o około trzydziestu zgonach, a strona rządowa mówiła o kilku. W styczniu i lutym 2023 odnajdywane są kolejne ciała. Wspomnę choćby tylko o młodym lekarzu z Jemenu czy dwójce młodych ludzi przyczepionych do pontonu znalezionych na rzece. Tak umierają.

Wróćmy do tego, jak według pana powinno zadziałać państwo.
Muszę jeszcze opowiedzieć jedną rzecz: jestem strażakiem ochotnikiem. W młodości byłem harcerzem, a teraz uznałem, że póki wiek jeszcze pozwala, trzeba to zrobić, by dać dorastającym synom przykład. Ukończyłem

wszystkie niezbędne kursy i od kilkunastu lat jeżdżę do pożarów i wypadków drogowych z moją macierzystą jednostką w Jurowcach pod Białymstokiem. Zapytałem chłopaków z Michałowa, będących jednostką w strefie, czy by mnie przyjęli. Kilkakrotnie pojechałem z nimi lekkim wozem strażackim na rundę humanitarną, woziliśmy uchodźcom jedzenie. Na początku to działało, ale później już sam widok samochodu straży albo ludzi w mundurach robił swoje i nie dawało się świadczyć takiej pomocy. Niektórzy strażacy zgłaszali nasze działania Straży Granicznej, ale jak odkryli, że to jest wydawanie do pushbacków, przestali to robić.

To wydawanie budzi najgorsze skojarzenia.
Tak. Na drugim wyjeździe jeden ze strażaków powiedział, że najbardziej boi się dnia, w którym to wszystko stanie się normalne. Że to będzie nasza codzienność. Tak jak ludzie chodzą na grzyby, tak uchodźcy chodzą po lesie.

Potem już tylko zostawialiśmy rzeczy w wyznaczonych miejscach.

Takie zrzuty z pomocą humanitarną?
Tak, to się nazywało „karmniki". Te rzeczy znikały następnego dnia. Sytuacja jasno pokazywała, że chodzenie w mundurze to już problem, że ten pomysł się kończy. Wtedy zrozumiałem, że jeśli chcę dalej pomagać, nie mam co liczyć na państwo. To się akurat

zbiegło z tym, że moja żona weszła jako psychoterapeutka do Grupy Granica. Okazało się, że znam ludzi, którzy tam działają, ale obawiałem się, jak mnie przyjmą. Że przylezie im wojewoda słynący z dobrych relacji ze służbami mundurowymi.

Miał pan dobre relacje?
Bardzo dobre, ale o tym za chwilę. Był koniec września, co ciekawe, w lesie już były wtedy przymrozki, właśnie wracałem z tego Michałowa. Dostałem wiadomość, że skoro jestem blisko Zubek Białostockich, to żebym podjechał, bo w lesie jest umierający dwudziestosześcioletni Kurd. Półtorej godziny chodziłem po lesie. To samo w sobie nie było niczym strasznym, ale w strefie przygranicznej jeszcze nie wiedzieliśmy, jak uchodźcy się zachowują i jak się zachowają służby, gdy na nie wpadnę. Chodziłem w nomexie ze strażacką latarką.

Co to jest nomex?
To jest taki ochronny strój strażacki.

Bardzo odblaskowy?
Bardzo. Świeciłem się jak latarka, chodziłem i darłem mordę.

Co pan krzyczał?
„*Salam alejkum!*". I nagle widzę kątem oka, że trzy osoby uciekają przede mną w las. Gonię je, a one gnają

przed siebie. W końcu je dogoniłem. Okazało się, że to były trzy osoby z Grupy Granica, a wśród nich lekarka Paulina Bownik. Chwilę szliśmy razem, ale nie zaufały mi wtedy do końca i przy pierwszej nadarzającej się okazji zgubiły mnie na jakiś czas w lesie, ale je szybko odnalazłem. Nie uwierzyły, że gość w mundurze ma czyste intencje. Sześć godzin szukaliśmy tego chłopaka i go znaleźliśmy w ostatnim momencie. Z hipotermią, z temperaturą trzydzieści trzy stopnie. Już odpływał, tracił przytomność. Paulina podała mu kroplówkę i wtedy przyjechała karetka Ratowników na Granicy. Spotkanie karetki systemowej, która wjeżdża w środek lasu, nie po drogach, tylko po przecinkach, to było coś niesamowitego. Wnieśliśmy tego chłopaka do karetki. Miałem przyzwyczajenie z akcji strażacko-ratowniczych, że jak pojawia się karetka, to jest koniec tematu, można wracać do domu. Była już 4 rano, a ja obiecałem żonie, że wrócę o 18. Byłem zdziwiony, że nikt się nie rusza. Przysiadłem przy dziewczynie, która zgłaszała dyspozytorowi, że karetka wiezie człowieka wyjętego z lasu. I słyszę, jak ten dyspozytor każe wieźć do Gródka, nie do Białegostoku. Wiedziałem, że w Gródku jest tylko przychodnia, nie ma żadnej podstacji pogotowia. Nagle się okazało, że musimy gonić tę karetkę.

Bo zrozumieliście, że on nie uzyska pomocy?
Ja dojrzewałem do tej myśli, ale Paulina już wiedziała.

Wiedziała, że go wywalą na Białoruś?
Tak. Pod Gródkiem, w Waliłach, podjechała Straż Graniczna, która chciała tego chłopaka wyciągać z karetki. Zrobił się raban. Aktywiści krzyczeli, że nie ma takiej opcji. Po awanturze zawieźli go do szpitala wojewódzkiego w Białymstoku. I teraz uwaga. Po sześciu godzinach ten chłopak został z tego szpitala wypisany. Gwarantuję panu, że gdyby to pan albo ja w tym lesie był, tobyśmy minimum trzy dni byli na obserwacji w szpitalu. Sprawdziliby, czy zostały odzyskane wszystkie funkcje życiowe i tak dalej, bo jednak hipotermia to nie przelewki. Trzydzieści trzy stopnie, to już mogły pewne rzeczy się w człowieku pozmieniać. Chłopak po sześciu godzinach został wypisany i tylko dzięki temu, że go pilnowali w szpitalu, że zaalarmowali media, trafił do ośrodka, a nie za druty.

Jak to się odbywa? Ordynator dzwoni do Straży Granicznej?
Tak, ktoś to musi zgłaszać. Straż Graniczna pojawia się w szpitalu i okazuje się, że w wielu przypadkach przekonuje, że to jest zdrowa osoba. I co jest ciekawe, mówią, że Straż Graniczna nie zapłaci za jego hospitalizację. To jest *clou* tego wszystkiego. Bo za hospitalizację uchodźcy płaci skarb państwa za pośrednictwem Straży Granicznej.

To śmierdzi rasizmem, mówiąc wprost.
To przede wszystkim śmierdzi złamaniem wszelkich procedur ratowniczych, ale i humanitarnych.

Jedno nie wyklucza drugiego.
Trochę boję się tego określenia. Ale trudno się nie zgodzić, ma pan rację. To chyba trzeba nazywać po imieniu. Z jednej strony jest lęk przed obcym, ale faktycznie wychodzi rasistowskie podejście. Ale ze strony rządowej.

Ze strony państwa w tym przypadku.
Będę bronił służb, nie wszyscy zachowują się bezdusznie. A ci, którzy wykonują rozkazy, pękają.

Pękają, to znaczy?
Wie pan, to jest małe środowisko. My się znamy z białostockich osiedli albo ze studiów. Nie będę ukrywał, że kilka razy zdarzyło się, że jakaś służba zatrzymywała mnie w lesie. I zdziwienie: „Pan wojewoda?". Albo: „Maciek, to ty? Idź, po prostu cię nie widzieliśmy". Czasem spisali i zgłosili. Musieli.

To musi być dla nich potworna konfuzja. Znają pana z oficjalnych sytuacji, pewnie zdarzało się panu otwierać placówki, w których dzisiaj pracują.
Opowiem panu historię. W 2009 roku mieliśmy tu bardzo trudną sytuację, nasz helikopter Straży Granicznej spadł na białoruską stronę. I ja wtedy razem z tymi chłopakami ze Straży Granicznej, straży pożarnej, z policją, wojskiem i celnikami dziewięć godzin po pas w błocie tam łaziłem. Dla nich to było zaskoczenie,

że nie siedzę w placówce w Czeremsze, którą *nomen omen* rzeczywiście otwierałem. Gdyby mnie tam dzisiaj zamknęli, toby się bardzo zdziwili, bo zdjęcia z tego otwarcia wciąż tam wiszą. Uznałem, że mam trochę doświadczenia z harcerstwa, nieraz szukaliśmy zagubionych w lesie dzieciaków. Niech sobie komendant Straży Granicznej dowodzi akcją, a ja pójdę w teren, bo każda para nóg i oczu była potrzebna. Zaufaliśmy pijanemu człowiekowi, który powiedział, że słyszał i że wie, gdzie spadł helikopter. Stanąłem na pasie granicznym i nie dałem się stamtąd zdjąć. Wrzeszczałem, że są dokumenty o ratowniczej współpracy transgranicznej, *notabene* te same, które w Usnarzu rozwiązałyby problem. Białorusini szybko rozstawili worki, na nich oparli kałachy, a za plecami miałem pluton specjalny naszej Straży Granicznej. Napięcie było duże. Obok siebie miałem dwóch komendantów oddziału podlaskiego. Straż pożarna oświetliła pas graniczny, było jasno jak w dzień. I strasznie zimno, bo to była noc 1 listopada. W końcu Białorusini zgodzili się na to, żebym wszedł na ich stronę z ratownikami medycznymi. To mi zbudowało wtedy taki szacun u tych służb, że wojewoda, zamiast pod krawatem siedzieć, to uwalony w błocie się nie poddaje.

Chłopaki zginęły na miejscu. Bardzo to przeżyłem, bo latałem z nimi wcześniej, jak był okres okołopowodziowy. W każdym razie zbudowało to mocną więź z mundurowymi.

A kiedy zaczął pan regularnie chodzić do lasu?
Po tej akcji z dwudziestosześcioletnim Syryjczykiem wsiąkłem. Zgłosiłem się do jeżdżenia wszędzie, gdzie się dawało. Dogadałem się z lokalsami i mogłem wjeżdżać do strefy, która była wtedy niedostępna dla ludzi mieszkających poza nią. Pracowałem w strefie legalnie, to i wjeżdżałem.

Co to znaczy z lokalsami? Ze służbami?
Nie. Zalegalizowałem pobyt w strefie.

Był pan tam zameldowany?
Co innego. Byłem legalnie, przyjeżdżałem tam na dyżury, na dwa, trzy dni.

Wynajął pan pokój?
Tak. Jeździłem na akcje z lokalsami, bo jechałem ich wesprzeć. To, co tam robiłem jako wykwalifikowany ratownik, wymykało się wszystkim kursom medycznym, które przedtem zrobiłem. Każde wyjście do lasu to było przekraczanie kolejnych granic. Dotychczas działałem tak, że zabezpieczałem poszkodowanego do przyjazdu ratowników medycznych. W lesie było inaczej. W nocy dostaję pytanie: „Maciek, jesteś w stanie zrobić zabieg na oku?". Odpowiadałem, że „jeszcze nigdy tego nie robiłem, ale najwyraźniej czas się nauczyć", i jechałem. Szli po ciemku i chłopak dostał gałęzią w oko, krwawił. Potrzebowałem światła,

a w lesie nie możesz świecić, bo cię szybciej namierzą. Weszliśmy pod śpiwory, wyciągnąłem ciała obce, przepłukałem i opatrzyłem. Normalnie zrobiłbym tymczasowy opatrunek, bo człowiek by za godzinę wylądował w szpitalu. Ale tu jest inaczej. Nie wiem, ile ten człowiek jeszcze będzie szedł, zanim trafi do bezpiecznej służby zdrowia. Zdarzało mi się opatrywać ręce poszarpane przez psy, złamane ręce i nogę.

Pogryzione w lesie?
Przez psy białoruskich służb. Widać było po ich ciałach, co już przeszli. Mieli połamane i źle zrośnięte kończyny, co oznaczało, że siedzą w tej strefie śmierci już bardzo długo. Kiedyś spotkaliśmy grupę, która była dwanaście razy pushbackowana. Teren znali lepiej od nas. Opowiadali, ile razy i z którego wąwozu polskie służby ich wyjmowały.

Bał się pan zrobić błąd lekarski?
W lesie już nie. Takie cuda! Miałem taką zasadę, *notabene* też ratowniczą, żeby przede wszystkim zadbać o bezpieczeństwo własne i innych ratowników. A w lesie zdarzyło mi się oddać swoje buty. Trafiliśmy na syryjską grupę, która przygarnęła siedemdziesięciosześcioletniego Irakijczyka. Nie byliśmy przygotowani odzieżowo na jeszcze jedną osobę. Człowiek był w kiepskim stanie, a buty musiałem mu nożem rozcinać, bo inaczej nie dałoby się ich zdjąć, tak miał

spuchnięte nogi. Na szczęścia miał stopę o dwa numery mniejszą od mojej. Zdjąłem moje ukochane alpinusy, które przez dwadzieścia lat zdobywały ze mną wszystkie góry. Miałem niecałe dwa kilometry do samochodu, więc przeszedłem bez butów. Później dostałem zdjęcie moich butów w Luksemburgu. Z pytaniem, czy odesłać.

Czym dla pana, państwowca, jest ten ostatni czas?
Wszystko runęło.

A konkretniej?
W trakcie jednej z akcji wpadłem w pułapkę. Uchodźców złapano, a my, żeby się wydostać, musieliśmy zostawić wszystkie rzeczy, w tym mój plecak ratowniczy, którego bym w życiu nie oddał. Serce mi mówiło: stań i powiedz, że jesteś tutaj jako ratownik, niech cię zwiną. Ale żeby nie wydać osób, z którymi byłem, zostawiłem wszystko. Potem z ukrycia słyszeliśmy, jak mundurowi dzielą się łupami, bo poza moim były plecaki pełne porządnych rzeczy, które nieśliśmy, by uchodźcy mogli się przebrać w suche i ciepłe ubrania. I wie pan co? Ja bym nigdy nie uwierzył, że z państwowca stanę się partyzantem, który chowa się po lesie.

Przestał pan być państwowcem?
Nie, ale stałem się jeszcze bardziej partyzantem. Odkryłem, że mój telefon jest na podsłuchu, więc kupiłem

nowy i przesunąłem swoją działalność w inną część województwa. Działałem w strefie, na którą nie miałem już żadnego papieru, wiedziałem, że jestem nielegalny.

Powiem panu, że słyszeć od kogoś, kto był wojewodą, zdanie: „jestem nielegalny", to jest bardzo smutne.
Też bym wolał tego zdania nie wypowiadać. Niech pan posłucha, jak zacząłem działać. Byłem na kolejnej akcji w lesie, a ze mną dwie dziewczyny, które trzy tygodnie wcześniej leżały na ziemi pod lufami karabinów. Przetrzymali je w ten sposób półtorej godziny na mrozie. Nasza wspólna akcja okazała się klasyczną pułapką. Służby wypuściły fałszywą „pinezkę", a my poszliśmy jak po sznurku. Nagle wokół zamigotały światła latarek. Dziewczyny już na ziemi. Mówię: „Nie może tak być, wstajemy. Wstajemy i idziemy". One nie były zwolenniczkami ujawniania się, ale mówię: „Odpalamy latarki i idziemy". Idę, specjalnie głośno stąpam po trzeszczącym śniegu. Docieramy do samochodu, a tam stała już Straż Graniczna. Mówię: „Dzień dobry, Maciej Żywno, ratownik Grupy Granica, z dwiema ratowniczkami. Jesteśmy tutaj, bo dostaliśmy sygnał, że człowiek potrzebuje pomocy". Strażnik patrzy na mnie i mówi: „Pan wojewoda?". „No tak" – odpowiadam. Dwóch chłopaków najpierw chciało nas puścić, tylko że trzeci spękał i doniósł przełożonym. Powiedziałem, że jestem legalnie i że trzymając się litery prawa, nie będę przyjmował mandatu.

Pan jest prawnikiem?
Po dwuletniej podyplomówce prawa administracyjnego na UW jestem, a z pierwszego wykształcenia – pedagogiem opiekuńczo-wychowawczym. Trochę ich przytkało i stwierdziłem, że już nie będę się chował. Choć jest jeden wyjątek.

Jaki?
Kiedy w pobliżu jest grupa uchodźców i to mogłoby im zaszkodzić.

To brzmi jak historia z ruchu oporu.
Bo tym tak naprawdę to jest. Jak to wytłumaczyć dzieciakom, które widzą grupy uchodźców pakowane na ciężarówki? Tam są kobiety z dziećmi, atmosfera jak z wywózek w czasie drugiej wojny. Piękna przyroda, a tu nagle pojawia się helikopter. Osoby, którym przyszliśmy pomóc, padają na ziemię, a my razem z nimi. Jesteśmy przyłapani jak zwierzyna, zewsząd nadjeżdżają quady. Groza. Dotychczas takie rzeczy widziałem tylko na filmach i wolałbym, żeby tak zostało.

Spotkał pan kiedyś agresywnego uchodźcę?
Widziałem helikoptery, rosomaki i setki mundurowych polujących na ludzi, którzy nie byliby w stanie rzucić patykiem. Ani razu nie spotkałem agresywnego uchodźcy.

Co się stało z ludźmi ze Straży Granicznej, którzy cieszyli się tu wielkim szacunkiem i byli częścią tutejszego społecznego krwiobiegu? Jak to możliwe, że w tak krótkim czasie z elitarnej służby można zrobić ludzi epatujących okrucieństwem i łamiących prawo?

Jest prawda, której nikt z władz panu oficjalnie nie potwierdzi, ale wiadomo, że są całe szeregi złamanych funkcjonariuszy, którzy po tym, co ich spotkało w lesie, potrzebują pomocy psychologicznej.

Ich spotkało?
Po tym, co musieli tam robić.

Musieli?
Część do dzisiaj wierzy, że ich służba polega na chronieniu granic, a że metody się zmieniły… Widocznie tego wymaga sytuacja… Ale wiemy, że wielu uciekło na L4, część odeszła ze służby, a część się nad tym zastanawia. Szczególnie ci, którzy mają już wysługę lat.

Ci, którzy mogą już przejść na emeryturę?
Tak, zresztą widać, kogo spotykamy w lesie, prawie samych świeżaków. Duża część jest ściągnięta z placówek na innych granicach. Straż cały czas robi nabór, bo są w nieustającym niedoborze. Najwięcej uciekło kobiet. Pewnie nie dały rady połączyć roli matek z wyrzucaniem dzieci za druty. Jest część takich, którzy uwierzyli, że to nie są dzieci, ale pociski, którymi

nasz kraj zostanie roztrzaskany. Z psychologicznego punktu widzenia idealna narracja dla młodych funkcjonariuszy. „Musicie zacisnąć zęby, wiemy, że nie jest wam łatwo, ale pamiętajcie, to nie dzieci, to pociski, które rozwalą wasze domy". Można szybko awansować dzięki bezkompromisowym działaniom.

Jakie działania w tym kontekście są bezkompromisowe?
Niektórzy każą wyjmować z pakietów żywnościowych wodę i jedzenie, żeby za szybko nie biegali. Niszczyć telefony i zabierać karty SIM. Straszne to jest, ale mam nadzieję, że przyjdzie czas rozliczeń ze wszystkimi nadgorliwcami.

A mur będziemy kiedyś rozbierać?
Wątpię, takie rzeczy zostają już na stałe. No, chyba że Białoruś weszłaby do UE.

Ciekawe, czy Polska będzie jeszcze wtedy w UE.

WIKTOR

Opowiedział mi dużo „leśnych" historii. Jednak wspólnie podjęliśmy decyzję, że ich ujawnienie może być niebezpieczne dla niego oraz dla osób, z którymi współpracuje. Obydwaj mamy nadzieję, że przyjdzie czas, kiedy i on, i pozostali ratujący będą mogli publicznie mówić o tym, co w naszym imieniu i za nasze podatki robi państwo polskie.

Opowiem ci coś, co zrobiło na mnie wielkie wrażenie. Byłem u przyjaciół, którzy zdecydowali się otworzyć dom przed przybyszami. Otworzyli przed nimi główne drzwi, mimo że mogliby ich wpuścić tylnym wejściem, przez garaż. Zadbali o ich godność. Weszli jak goście, nie jak ci, na których się poluje. Siedziałem tam przydygany, bo nie wiedziałem, jak się zachować. Weszli, byli brudni i wycieńczeni. Gospodarze zaprowadzili ich do łazienki, dali im ręczniki i czyste ubrania. Wrócili po półgodzinie, witaliśmy się, wszyscy byliśmy niesłychanie podjarani. Poszliśmy do salonu, a tam stół zastawiony jak na wesele. Potrawy takie i owakie, piękne nakrycia. Gospodarze mówią: „Nie wiemy, co jecie, tu jest ryż, tu kurczak, to jest bez mięsa, a w tym półmisku są ryby". Mówię ci, normalne wesele. To była niesamowita chwila. Największe wrażenie na mnie robiło, jak oni się modlili. Miało się takie wrażenie, może kiedyś to poczułem na rekolekcjach, jak byłem mocno praktykujący, mocno wierzący. Widząc to z boku, no, jesteś przekonany i wiesz, że coś ważnego się tu odgrywa. Coś bez patosu, bez wielkich świecidełek. Nie rozumiałem, co mówią, nie rozumiałem gestykulacji, ciszy, pochylania głów. I jeszcze te dziwne ruchy, że dotykali kciuka każdym palcem w obu rękach. Wiele razy to robili. Gość po prostu przyszedł z lasu, z jakiejś obcej cywilizacji, kultury, niby nic nie może ci dać… A jednak…

MARIA PRZYSZYCHOWSKA I KAMIL SYLLER

Spotykamy się w domu Marii i Kamila. Siedzimy przy stole, a przez wielkie okno widać stado żubrów pasących się na łące. Maria co chwilę znika, bo do ich agroturystyki przyjechali pierwsi po zniesieniu strefy goście.

Widzieliście pushback?
K.S.: Nie, to się dzieje w głębokiej strefie, na samej granicy, nikt z naszych ludzi tam się nie zapuszcza. Widziałem tylko na nagraniach, które publikowali uchodźcy. Słyszeliśmy też dużo opowieści z pierwszej ręki od osób, które były wiele razy wypychane i pobite.

Pobite przez nasze służby?
K.S.: Przez białoruskie. O naszych, właśnie to jest ciekawe, nie chcieli mówić źle. Taki samozachowawczy instynkt. Na filmach było widać kopanie, szczucie psami. Przez Polaków też, tylko oczywiście to nie ta skala.

Co to znaczy?
K.S.: Bali się ich, ale wiedzieli, że my jesteśmy z Polski, że to są polskie służby, i pewnie to wpływało na to, żeby naszych nie obsmarowywać. Żołnierz im rzucił wodę przez ogrodzenie, bo tak się zdarzało, to o tym mówili i że właśnie tamci byli źli, a ci nasi, polscy, lepiej się zachowywali.

Mówisz o okrucieństwie, którego dopuszczali się Białorusini?
K.S.: Tak, od fizycznego do psychicznego. O symulowaniu egzekucji – kazali klękać paru osobom i markowali, że będzie strzał w głowę. Tak się bawili. Ludziom odwala, jak w tym eksperymencie stanfordzkim. Jak masz anonimowość i zezwolenie na to, żeby robić, co chcesz, to ci odwala, a po jakimś czasie dochodzi nuda i wściekłość, że służysz na mrozie. Ale też nie sądzę, żeby nasi byli święci. Jak powiedział kolega naszej córki, który był oddelegowany jako członek WOT-u. Mieli zakaz zabijania, a reszta to właściwie róbcie, co chcecie. No i w takich warunkach koleś z kompleksami, ze spranym mózgiem, ksenofobiczny żołnierz, który nakręca się z kolegami, może zrobić rzeczy,

których później będzie się wstydził. Choć może się mylę, może on właśnie będzie z tego dumny?

Przyjęliście kiedyś do domu ludzi z lasu?
K.S.: Pierwsza była rodzina z dwójką dzieci, trzy i pięć lat. Młodsza dziewczynka, starszy chłopak był po paru dniach biegunki.

W lesie?
K.S.: W lesie, tak. Matka ubrana jak taki wiejski facet, fatalnie wyglądała. I dwóch mężczyzn. Jej mąż i gość, o którym mówili, że jest kuzynem. Kompletnie wycieńczeni, bo te dzieci nieśli cały czas. Przemoczeni, bo przechodzili przez rzeczkę. Te nasze rzeczki nie są duże, ale jesienią to jest uciążliwe, jak musisz wejść po pas, dzieciaki nieśli, żeby się nie zamoczyły. Nie chcieliśmy ich brać do domu, bo to ciągle był ten moment, kiedy się uważało, że to jest właśnie ta granica, której nie możemy przekraczać, bo kwestie prawne nie były jasne.
M.P.: W lesie wyglądali jak obraz nędzy i rozpaczy, ale można było tylko na piechotę.

I szliście z nimi na piechotę?
M.P.: Zabraliśmy plecaki do samochodu, a Kamil miał po nich wrócić i przyprowadzić na piechotę.
K.S.: Zaczęliśmy szykować jakieś miejsce, żeby się położyli, a potem pojechałem i okazało się, że ich nie ma w tym miejscu, gdzie mieli czekać. Szukałem,

łaziłem po tym lesie, zrobiło się już ciemno. Zadzwoniłem do zaprzyjaźnionego tłumacza, który na początku nam pomógł się z nimi porozumieć, ale do niego też się nie odezwali. Szukam, szukam, nie ma ich. W końcu się poddałem i umówiłem się, że Marysia mnie po prostu zabiera i koniec. Trudno.

A mieliście ich plecaki?
K.S.: Mieliśmy ich plecaki i widzieliśmy, w jakim są stanie. To była ciężka decyzja, żeby przestać ich szukać. I właśnie w tym momencie, kiedy jechaliśmy do domu, zadzwonił tłumacz, że się zgłosili do niego, i podał mi, gdzie są. Znalazłem ich w lesie. Nieśli dzieciaki, więc trzeba było robić częste przystanki, bo byli bardzo zmęczeni. Ta kobieta się wywracała, coś miała z nogą. Wcześniej Maryś zakładała jej opatrunek. To trwało strasznie długo, nocą w lesie wszystkie drogi są takie same. Szliśmy, używając GPS-a, w końcu się udało wrócić do domu.

Zostali u nas pięć dni.

Jak to jest, jak otwierasz przed nimi swój dom?
K.S.: To był moment, który był dla Marysi nie do przeskoczenia, więc przy tych kolejnych razach to już tylko ja obsługiwałem sam początek. Chodzi o to, że oni są w strasznym stanie pod względem higieny. Tygodniami niemyci, dziecko ufajdane od wielu dni i niesamowity smród. To jedno, a drugie

jest to, że wytwarza się taka atmosfera wzajemnego napięcia. Oni wiedzą, w jakim są stanie, my też wiemy. Wszyscy udają, że jest OK, ale ten pierwszy moment jest po prostu nie do zniesienia. Selekcjonowanie ich rzeczy, wrzucanie do jakiegoś wora, okropne po prostu, i to trzeba przejść. No i jest ten element odczłowieczenia, który jest w tym momencie taki megafizyczny.

M.P.: Ja nie dałam rady.

K.S.: Wiesz, wystarczy parę godzin i ci ludzie się odbudowują. Ci dwaj, którzy jeszcze kilka godzin temu się czołgali, dostali leki przeciwbólowe od lekarzy.

M.P.: Napili się herbaty.

K.S.: Napili się, ogrzali.

M.P.: Wzięli prysznic – i po prostu inni ludzie.

K.S.: Zobaczyli, że jest bezpiecznie, że straż nie przyjechała.

M.P.: Nawet uśmiech jakiś się pojawił.

K.S.: Piękne włosy, jak to Maryś powiedziała o tej kobiecie.

M.P.: Tak.

K.S.: Bo się umyła, wysuszyła i czesała te przepiękne długie włosy. Z tego chłopa leżącego w lesie, w skuleniu, ze zwichniętą nogą, po prostu się zrobiła normalna młoda kobieta, która ma dwoje małych dzieci. I to jest taki moment, kiedy człowiek docenia to, co zrobił, bo widzi, że już jest pierwszy efekt. Wiesz, że oni ci niczego nie dadzą, takie są założenia pomagania – ale dużo daje ci to, że widzisz, że wyszli z tamtego koszmarnego stanu. I tak niedużymi środkami. Kiedyś usłyszałem panią doktor ze szpitala w Hajnówce, która mówiła, że szczotka i pasta do zębów przywracają godność. Wtedy zaopatrzyliśmy się w ogromną liczbę szczotek i past do zębów.

M.P.: Po kilku godzinach byli już ogarnięci, a ja się rozchorowałam. Coś się ze mną takiego stało, że nic nie mogłam zrobić w domu, po prostu chodziłam, jakbym miała jakiś wielki kamień na szyi. Bardzo to było dziwne, nigdy nie byłam w takim stanie. Nie wiedziałam, co z nimi dalej będzie, a najbardziej chciałam, żeby to wszystko już się skończyło. Ciągle wyglądałam przez okno, czy ktoś nie podjeżdża.

K.S.: Człowiek chce, żeby oni zniknęli i żeby to nieznośne napięcie zniknęło.

M.P.: Bo napięcie było nieznośne, naprawdę.

Sprawdzałaś przez okno, czy Straż Graniczna nie przyjeżdża?
M.P.: Tak. Czy ktoś tutaj nie zobaczy. Czy oni na pewno mają tam pozasłaniane okna. Że ktoś zobaczy, że ktoś przyjedzie, jakieś takie zupełnie irracjonalne myślenie.

K.S.: Nie irracjonalne, bo myśmy się wtedy dostali pod nadzór. Już nas brali pod but.

M.P.: Co najgorsze, to my przecież za bardzo nie ryzykowaliśmy. Nic takiego strasznego nie mogłoby nas spotkać. Najwyżej nas pociągną do sądu i trzeba będzie się tłumaczyć.

K.S.: My się denerwowaliśmy, co z nimi będzie, o to chodziło.

M.P.: No tak, co z nimi, co z dziećmi. Było oczywiste, co będzie. Był październik, to była norma, że jadą do lasu i wyrzucają ludzi. Potem, jak już nastały mrozy, to ja naprawdę myślałam, że przestaną ich wyrzucać. No to przecież niemożliwe, żeby przy minus dziesięciu wyrzucać ludzi do lasu. Ale nie mieli z tym problemu, to było dosyć szokujące. Naprawdę myślałam, że zimą to się przystopuje.

Wierzyłaś w to, że są jakieś granice?
M.P.: Tak, myślałam, że jesienią taki żołnierz mógł sobie tłumaczyć: no przecież nie wysyła na śmierć, tylko po prostu, no nie wiem, jakoś mógł to sobie racjonalizować, ale kiedy jest mróz i wiadomo, że człowiek bez ochrony przy minus dziesięciu długo nie wytrzyma. Jednego naszego gościa właśnie w Wigilię wyrzucili. Jechaliśmy do rodziny i już z drogi dowiedzieliśmy się, że go złapali, że już jest na Białorusi.

Długo był u was?
M.P.: Tydzień.

K.S.: Wiesz, przez tydzień to już się można trochę związać.

M.P.: Zakolegować się można nawet w krótszym czasie.

Powiedźcie, jak wygląda ten moment, kiedy mówicie ludziom, którym daliście schronienie, że już koniec gościny.
K.S.: Był u nas taki jeden, miał ksywę „Śpioch". Długo siedział. Już nawet opowiadałem znajomym, że szykujemy papiery adopcyjne, że będzie członkiem naszej rodziny.

M.P.: Tłumaczyłam Kamilowi: słuchaj, wychodzisz z lasu, wreszcie masz ciepło, możesz spać, ktoś ci daje jeść – i nagle masz się wynosić? Nie palisz się do tego, żeby udać się w kolejną niebezpieczną podróż, i przeciągasz ile wlezie. Też bym tak robiła.

K.S.: W pewnym momencie idzie się do nich i pyta, jakie mają dalsze plany. W przypadku „Śpiocha" to zadzwoniłem do tłumacza i poprosiłem o wsparcie. Długo wypytywał go o różne rzeczy, a potem mu powiedział: „Jesteś młody, posiedziałeś u nich, wyspałeś się, odpocząłeś, czas ruszać. Oni cię wyekwipują, dadzą ci plecak, ciepły śpiwór, pałatkę, żebyś mógł sobie zrobić namiot".

Skąd wiesz, co mu mówił?
K.S.: Rozmawiałem z nim potem. Chciałbym wierzyć, że to właśnie mu powiedział.

A co „Śpioch" na to?
K.S.: Nie za bardzo był gotowy do tego, żeby iść.

M.P.: Był grudzień, jechaliśmy na święta. Nie mógł tu sam zostać, a sprowadzać kogoś, żeby go pilnował, to było kompletnie bez sensu.

Udało się?
M.P.: Nie udało mu się dotrzeć na miejsce.

Złapali go?
M.P.: Tak, złapali. Napisał, że już nie będzie więcej próbował, że spróbuje wrócić do Mińska. Że widział w lesie martwego człowieka i że on już nie chce, nie ma sił. Ale potem dostaliśmy wiadomość, że jednak spróbował jeszcze raz i się udało. Dotarł do Berlina.

K.S.: Parę tygodni siedział w tym Mińsku.

M.P.: Wiosną się okazało, że już jest w Niemczech, że jest spoko, a w czerwcu – że przepłynął przez kanał La Manche i jest w Anglii. Pisał, że nawet w naszym lesie się tak nie bał jak na tej łódeczce.

Ale nie zawsze się tak kończy. W kwietniu chodziłam do lasu, tam były dwie rodziny z małymi dziećmi. Niedaleko, ale trzeba było się nakombinować, żeby niezauważonym dojechać. Siedzieli w takim bardzo przypałowym miejscu, łatwo ich było dostrzec. Jeździłam z jedzeniem i różnymi niezbędnymi rzeczami. Wieczorem położyłam się do łóżka i wtedy przyszła wiadomość, że wszyscy złapani.

K.S.: Jest taka gorycz, że tyle było zachodu, starań, emocji i po prostu ktoś przyjeżdża i zabiera ludzi, i w ogóle nic go nie obchodzą. A ty zostajesz z tą pomocą udzieloną, nieskuteczną, jak jakiś idiota.

M.P.: Wtedy zaczynasz się zastanawiać: a może to my ich tam sprowadziliśmy? Zobaczyli samochód?

A może nas podsłuchują i wiedzieli, że tam jesteśmy? Nie kończą się te dywagacje, co można było zrobić lepiej, żeby jednak się udało. Okropne!

K.S.: Taki efekt zmarnowanej pomocy. Ktoś powoduje, że człowiek się czuje taki obrzygany. Pomagasz, a oni cię po prostu obrzygują, wywożą i tyle. I od nowa, bo potem ten ktoś wraca, tyle że w gorszym stanie. I tak ileś razy.

Byli tacy ludzie, których widzieliście kilka razy, po kolejnych pushbackach?

K.S.: Tych samych? Akurat my nie widzieliśmy.

M.P.: Spotkałeś – pamiętasz tamtego przewodnika?

K.S.: A, to jest kolejny temat.

M.P.: Nie wiem, czy istnieją na świecie takie pieniądze, za które bym tam wróciła, żeby kolejną grupę przeprowadzać, i znowu wrócić, i znowu po kolejną grupę. Zorientowaliśmy się, że to był przewodnik chyba dopiero, jak go spotkałeś drugi raz.

K.S.: Tak. A trzeci raz go widziałem na nagraniu, jak pokazali mi go, żebym powiedział, czy to jest taki gość, co go już widziałem. Patrzę, a to *„my friend"* z dwóch razów już. Z takim zwykłym kompasikiem analogowym. Mogli mu zniszczyć komórkę, a on i tak by szedł na zachód. Nawet w nocy, bo miał ten kompasik. Pokazywał mi go z dumą. To jest kolejna odsłona pomagania, czyli co zrobić, jak widzisz przewodnika, który po prostu jest w pracy, a jest w takim samym stanie jak reszta.

M.P.: Bez butów.

K.S.: Pobity i bez butów.

M.P.: W mokrych spodniach.

K.S.: Łapy z siniakami, bo mu ktoś stanął na tych rękach wojskowym butem. I co robić wtedy, jak on jest po prostu w robocie, a ty przyniosłeś plecak z rzeczami dla ludzi? Tak naprawdę, mierząc różne kwestie, wychodzi ci jednak, że on jest lepszy niż ci nasi żołnierze, jest twoim... no, może nie sojusznikiem, ale jest po podobnej stronie. On pomaga tym ludziom przechodzić w taki sposób, żeby nie byli złapani – i ty też im pomagasz w taki sposób, żeby nie byli złapani. Ale to jest facet, który bierze kasę za to, więc czujesz wnerwienie mocne. Pierwszym razem, no OK, w porządku, jeszcze go nie znasz, ale jak go widzisz drugi raz, to już...

Nie miałeś takiej myśli, że to jest zwykły koleś, który był pushbackowany i znowu go widzisz?

K.S.: Nie, bo on mówi więcej niż pozostali, zna niemiecki. Dostałem drugą wersję zdarzeń, jak on się tam znalazł – bo mnie nie poznał. A potem, jak mi pokazywali to wideo z nim, to tam była jeszcze inna wersja jego losów, więc było oczywiste, że to przewodnik. Daje się łapać i potem przechodzi, znowu się daje łapać i przechodzi, za każde przejście dostaje kasę i tak zarabia. I pomóc czy nie, skoro on jest wprawdzie bez butów, mokry i zmarznięty, ale być może jest na przykład tak, że on się już zna z jakimiś białoruskimi strażnikami? Albo nie tylko się zna, ale i jakąś kasę im daje?

M.P.: Jak zaczynaliśmy chodzić po lasach, to nikt nie myślał o tym, żeby zwracać uwagę, czy kobiety, które tam są, nie są być może z własnej woli.

Mówisz o handlu ludźmi?
M.P.: Tak.

K.S.: To samo z dziećmi.

M.P.: To przy tym przewodniku wyszło, że nie będziemy się zastanawiać, czy dać mu tę wodę, czy nie dać.

K.S.: To nie jest nasza rola, nie mamy instrumentów, żeby to ustalić. To powinny robić polskie służby, nie my. Na jakimś forum Adam Wajrak napisał myśl, która była taka pół żartem, pół serio (odpisywał jakiemuś uchodźcożercy, który z nim mocno dyskutował o nas, że jesteśmy idiotami Łukaszenki) – że może dzięki tym, którzy pomagają w lesie, nikt z tych przybywających nie wysadzi się w metrze w Warszawie. Bo stwierdzą, że szkoda jednak by było zabić takich ludzi, którzy są OK. I że wysadzi się dopiero, jak dojedzie do Berlina. Nie cytuję dokładnie, ale taki był sens. Jak my mamy sprawdzać, kto jest kim? Ludzie opowiadają historie, które brzmią bardzo podobnie. O zamachach, w których zginęło pięćdziesiąt osób, w tym ich wujkowie, ciocie, bracia. Te opowieści brzmią wiarygodnie, ale nie wiesz, czy są prawdziwe. Mogą opowiadać, co chcą, bo tego nie sprawdzimy.

Ciekawe, co my byśmy mówili, gdybyśmy się znaleźli w takiej sytuacji?

K.S.: Nie wiem, ale nam się to wydaje takie oczywiste – a dla nich to nie jest oczywiste – że komu jak komu, ale nam powinni mówić prawdę. My ich bierzemy do domu, pomagamy im w lesie, więc powinniśmy znać pełny obraz, właściwy, rzeczywisty.

Że należy wam się usłyszenie prawdy?

K.S.: Tak, nawet dla naszego bezpieczeństwa. Wiesz, dochodzi ci niepotrzebny problem i stres, bo oni wymyślają rozmaite rzeczy. Nie na darmo są z krajów, w których powstawały historie z tysiąca i jednej nocy. Uważają, że trzeba podkręcić własną historię. Tylko że potem my możemy mieć z tego tytułu problemy. A jak nas się oszuka raz, drugi, trzeci, to nam może spaść chęć pomagania. Jak widzę po raz drugi człowieka, który po prostu nawija mi makaron na uszy i opowiada jakąś kolejną wersję swojego życia, że pracuje w Niemczech, żebyśmy go nie wieźli do straży, tylko na policję, a on im pokaże w komórce skan pewnego dokumentu...

Ile jeszcze tak wytrzymacie?

M.P.: Teraz jest chyba całkiem znośnie, bo na naszym kawałku granicy się uspokoiło.

K.S.: Teraz przechodzą na innych odcinkach.

M.P.: Chociaż nie znaczy to, że u nas się nie zacznie znowu. Ale na razie jest moment odpustu.

K.S.: Ja ciągle czuję obciążenie, że jak jest sygnał, to powinienem pojechać. Potem patrzę, że to trzydzieści kilometrów od nas, myślę: „są ludzie bliżej". Cisza, nikt się nie zgłasza, nie ma ludzi bliżej albo jest ekipa, która już była dzisiaj dwa razy. I widzę, że oni piszą, że jak wrócą z akcji, to postarają się pojechać. I przychodzi taki moment, kiedy sobie myślisz: „rzygam, ale pojadę"... I nagle ktoś się zgłasza.

Ktoś taki jak ty, kto też nie wytrzymuje.
M.P.: Tak, nie wytrzymuje, mieszka bliżej i pojedzie.

K.S.: Jeździsz miesiącami, w stresie i upodleniu, bo służby cię traktują jako takiego pachołka tych „pasożytów i krętaczy". Zużywasz się i potem jest taki moment, że trzeba by pojechać, bo inni nie dają rady, a ty nie masz siły, żeby się do tego zmusić. Nie jestem zabiedzony, niewyspany, nie wracam z akcji, nie wyjeżdżam na nową akcję, normalnie pracuję, jem i odpoczywam, ale po prostu nie mogę się zmusić, żeby tam pojechać.

Na początku też to czuliście?
K.S.: Nie.

M.P.: Na początku w ogóle się nad tym nie zastanawialiśmy.

K.S.: Ludzie mieli sami do siebie pretensje, że śpią, pamiętasz?

M.P.: Tak, spało się z telefonem przy uchu i pierwsza, druga czy któraś tam w nocy – wsiadamy, jedziemy.

K.S.: Jeszcze wyrzuty sumienia, że się kładziemy do ciepłego łóżka. Doszliśmy do takiego stanu, który zdarzał się wielu pomagającym. Poczucie winy, że masz lepiej. I wszystko, co widzisz w lesie, tylko podsyca to poczucie.

M.P.: Pamiętasz, jak wjechaliśmy w nocy na polankę, gdzie ludzie klęczeli?

K.S.: Wpadliśmy w kocioł. Jedziemy i nagle za zakrętem kilka samochodów z włączonymi światłami. Oświetlają ludzi, którzy klęczą.

M.P.: Wpadliśmy na wojenną scenę. Ludzie klęczą i mają ręce na karku, a dookoła stoją mundurowi z wycelowaną w nich bronią.

K.S.: Nie wiesz, czy ta broń jest odbezpieczona. Wygląda to strasznie. Nie wiesz, czy któremuś z tych dzielnych żołdaków zaraz coś nie odwali. Dopiero po miesiącach dowiedzieliśmy się, że tylko część z nich ma prawdziwe naboje, a reszta ślepaki.

M.P.: WOT-owcy nie dostają prawdziwych naboi.

K.S.: Zobaczyli miejscowe blachy, machnęli, żeby jechać. Przejechaliśmy, a ja mówię do Marysi, że może pozwolą nam zostawić dla tych zatrzymanych jakieś rzeczy. Mieliśmy bagażnik pełen ubrań, wody i jedzenia. Podchodzę do pograniczników, pytam, czy coś wezmą. Tylko wodę pozwolili zostawić. W każdym razie zaczęła się rozmowa. Po dwóch, trzech minutach ich tknęło, co my tu robimy. A my krążyliśmy od kilku godzin po okolicy, bo nie mogliśmy znaleźć grupy, która poprosiła o pomoc.

I co odpowiedziałeś?
K.S.: To był czas, kiedy jeszcze próbowaliśmy jakieś głupoty gadać. Jakby mnie zapytali miesiąc później, tobym powiedział, że „mam tutaj rzeczy dla uchodźców i po to przyjechałem, i mam w dupie, co zrobicie".

A wtedy co powiedziałeś?
K.S.: Że byliśmy u znajomej, która się źle poczuła, a jej męża teraz nie ma i byliśmy u niej.

A co się zmieniło przez ten miesiąc, że potem byś mówił prawdę?
K.S.: Narasta taki wkurw, nie wiem, jak to łagodniej powiedzieć.

M.P.: Ale też mamy już większą świadomość, co jest legalne, co jest nielegalne, co mogą nam zrobić.

K.S.: Masz ich dosyć. Widzisz, co robią z miejscowymi, widzisz, że to ty jesteś po tej dobrej stronie. Masz za sobą dziesiątki lektur na tematy związane z uchodźcami i pomocą humanitarną. W pewnym momencie po prostu stwierdzasz, że masz to w dupie. Jak cię wypytują, to masz ochotę po prostu z nimi na bezczela rozmawiać. Marysia była wobec nich bardzo niemiła.

M.P.: Później zaczęłam jeździć naokoło, żeby ich nie spotykać.

K.S.: Żeby nie jechać przez checkpoint.

M.P.: Bo to już było nie do zniesienia, wiedziałeś, znowu trzeba będzie się opowiadać, po co się jedzie.

A trzeba odpowiadać, po co się jedzie?
K.S.: Nie.

M.P.: No niby nie, ale jak pokazywał przykład naszych znajomych, którzy się stawiali, to wtedy cię zatrzymają i będą ci samochód trzepać dwie godziny, technicznie, i zawsze coś znajdą. Coś im burkniesz i pojedziesz albo będziesz tam sterczeć parę godzin.

K.S.: Ale o cel podróży nie mogli pytać, a pytali wszystkich.

A nie mają prawa pytać, skąd jedziesz, dokąd jedziesz?
K.S.: Nie, to jest moja prywatna sprawa, zresztą jestem poza strefą.

M.P.: Do bagażnika też nie mają prawa zaglądać, ale zaglądają.

K.S.: Mogą zapytać, poprosić i potem możesz powiedzieć im, żeby zrobili protokół z przeszukania. A potem stoisz tam godzinami, bo oni piszą ten protokół. Zaczęliśmy podchodzić do sprawy pragmatycznie, bagażnik, dobra. Ale poza strefą już nie może mnie zapytać, dokąd jadę, mogę jechać, gdzie chcę. Doszło do tego, że już nie otwierałem szyby. Podchodził do samochodu, gęba już chciała coś mówić, a ja patrzyłem na niego przez szybę z naszego niskiego samochodu. Chwilę to trwało, w końcu machał ręką, żeby jechać.

A był taki moment na początku, że to dodawało wam skrzydeł? Bo to, co teraz mówicie, jest bardzo smutne.

M.P.: Byliśmy na adrenalinie.

K.S.: Ja mogę mówić za siebie, nigdy tak nie miałem.

A sens tego działania widziałeś?

K.S.: Jak znajdujesz w lesie kobietę w hipotermii, a potem lekarz ci mówi, że jeszcze trzy godziny i byłoby po niej, to oczywiście, że widzisz sens. Albo jak przywozisz ciepłe ubrania i widzisz przemarzniętego człowieka, który nie jest w stanie złapać brzegów bluzy, już nawet nie mówię o zapięciu suwaka. Sens jest, skrzydeł nie ma. A ja tego nienawidzę.

A co was napędza?

K.S.: Bo ktoś musi.

A dlaczego inni nie muszą, a ty musisz? Dlaczego twoi sąsiedzi nie muszą?

K.S.: Pamiętasz, Maryś, kiedyś jechaliśmy przez wioskę i tak sobie o tym gadaliśmy? Pytasz, czemu my, a my się dziwiliśmy, jak to jest możliwe, że oni, sąsiedzi, mogą udawać, że nic się nie dzieje. Że sobie żyją tak jak wcześniej. Jechaliśmy przez wioskę, patrzyliśmy na domy. U nas powstał magazyn, zawisło zielone światło, jeździmy na akcje, a ludzie naokoło sobie żyją, jakby się nic nie stało. Nasze pytanie brzmiało odwrotnie niż twoje. Nie dlaczego my, tylko dlaczego oni nie?

I jaka była odpowiedź?

K.S.: To było pytanie retoryczne. To jest kwestia tego, jak oni żyją na co dzień. Myślą: „ja jestem Białorusin z pochodzenia, zgłaszam się dumnie z tym pochodzeniem w czasie spisów powszechnych, Polska OK, w porządku, dopłaty unijne biorę". Ale mają gdzieś, czy coś tam się dzieje naokoło.

M.P.: No tak, ważny jest dobrobyt rodziny. Ale to nie dotyczy tylko miejscowych, są też napływowi, tacy jak my, co też się nie ruszą. Znajoma nie ma problemu z tymi checkpointami, zatrzymuje się, miło pogada. To chyba zależy od podejścia do życia, od zainteresowania tym, co się dzieje w kraju, na świecie. A co najbardziej zrozumiałe, to to, że wiele osób boi się służb, boją się poniżenia, ale też boją się iść do lasu.

Jak myślicie, co będzie dalej?
K.S.: Zobaczymy, co będą robiły służby białoruskie, nikt tego nie wie.

M.P.: Jeśli Białorusini będą ich tu dalej pchać, to będzie więcej ofiar i coraz mniej ludzi do pomocy.

K.S.: Mniej będzie tych ludzi w lesie.

Mniej?
M.P.: Mniej?
K.S.: Tak, mniej.

Dlaczego?

K.S.: U nas już jest mniej w tej chwili. Od kiedy ten płot stanął, jest selekcja.

W innych rejonach Podlasia mówią, że nie jest mniej.
K.S.: Tak, są takie miejsca, gdzie jeszcze nie ma tego płotu.

Mówią, że dalej są, tylko bardziej poranieni.
K.S.: Tak, tylko że kiedyś na całej granicy mieliśmy kilkaset wezwań w ciągu dnia, a teraz jest sto pięćdziesiąt, dwieście tygodniowo. To są statystyki Grupy Granica.

M.P.: Białorusini podwożą ludzi z drabinami i wtedy płot czy nie płot, to się idzie.

Podstawiają drabiny i ich przerzucają?
M.P.: Dowożą ich ze szpadlami, żeby robili podkopy.

K.S.: Była mowa o podnośniku, mogą też zwalać drzewa na ten płot i używać ich jak drabin.

M.P.: No dobra, ale czy ich jest mniej, czy więcej, to i tak nie za wiele zmienia.

K.S.: Bo nas też jest mniej, więc obciążenie takie samo. Wielkiej ulgi nie ma. Jest kilka organizacji, które założyły swoje bazy i pomagają, ale pracują w zdrowszym rytmie niż my. Przyjeżdżają na, powiedzmy, dwa tygodnie, a potem powrót i regeneracja. A my wciąż na miejscu. Nie wiem, może my po prostu już tak zawsze będziemy tutaj mieli.

O to właśnie pytałem.

K.S.: W porównaniu z drogą morską to jest bezpieczny szlak.

M.P.: I w porównaniu z bałkańskim.

K.S.: Jeżeli Białorusini będą chcieli dalej zarabiać, to tak będzie. A zarobili już potworne pieniądze. Tysiące dolarów na jednej osobie i w dodatku niczym nie ryzykują, ściągają ich do siebie, podsyłają pod druty, a teraz pod ten płot.

M.P.: Im więcej pushbacków, tym więcej kasy zarabiają.

K.S.: Jeszcze ich okradają ileś tam razy, bo ludzie z lasu są kompletnie bezbronni. Białorusini mają broń, sprzedają im te rzeczy, które dopiero co im ukradli. Żyła złota. Tak to działa, głupi by nie korzystał. Białorusin, jak będzie chciał, to będzie robił to przez całe lata. Przewróci ten płot, potnie. Zrobią podkopy, uszkodzą elektrykę, będą robili jakieś szacher-macher z tymi rzekami, żeby je można było przekraczać. Ile kosztuje ponton? Jak zarobiłeś dwa czy trzy tysiące dolarów na człowieku, to cię nie stać, żeby dać mu jakiś ponton czy napompowaną dętkę? Z drugiej strony, może być tak na przykład, że zmieni się u nas rząd i otworzą przejścia graniczne. Niech to będą setki tysięcy ludzi, niech stoją w kolejkach, będzie kryzys humanitarny po białoruskiej stronie, trudno, ale nasi będą normalnie przyjmowali papiery. Tamci zrozumieją, że nie ma sensu nielegalnie przechodzić, głodować i być bitym. Będą czekali w kolejce. Unia da kasę na nowe ośrodki. Bo na płot powiedziała, że nie da, bo to nie jest polityka migracyjna. Ludzie będą chcieli zostać w Polsce, jak się im da jakieś lepsze warunki.

Przecież my potrzebujemy ludzi. Brakuje mi takiego, nawet cynicznego, ale po prostu pragmatyzmu państwowego. Jest dwieście pielęgniarek z Syrii do wzięcia, bierzemy, dajemy pensję, czemu nie. Miałem takiego dyskutanta na Fejsie. Pytam faceta: „Co zrobisz, jak wjedziesz na salę operacyjną i zobaczysz, że ma cię operować Syryjczyk?". Nie wie, co zrobi. Może dla niego akurat Syryjczyk jest taki prawie biały?

M.P.: To prawda.

Słyszałem już w swojej bańce historię znajomej, która wyszła od ginekologa, bo był czarny.
M.P.: Okropne.

Czego się nauczyliście przez ten czas?
K.S.: Tyle o sobie wiemy, ile nas sprawdzono. Z takich oczywistych rzeczy to zrozumiałem, co czuli i jakimi bohaterami byli ci, którzy ukrywali Żydów w czasie wojny. Zupełnie inaczej czytam teraz tamte relacje. Nasze przeżycia to jest ułamek tego, przez co oni przechodzili. Nam nie grozi kula w głowę. Nadal nie wiem, jak oni to robili. Niepojęte. A z takich rzeczy praktycznych to poznaliśmy na nowo ludzi, którzy

bronili Puszczy. Została zbudowana siatka, która nas kompletnie zaskoczyła.

In plus?
K.S.: Tak. Widzę, że to są osoby, które gdyby coś się działo złego, to są w stanie naprawdę dokonać czynów bohaterskich. Na co dzień o tym nie myślisz, a w pewnym momencie się okazuje, że to są te osoby. Są też takie rzeczy, które są tak po ludzku przyjemne – na przykład jest miło, jak Agnieszka Holland składa ci życzenia na urodziny.

To jest to, co zyskaliście, a czego się nauczyliście? Czego dowiedzieliście o sobie, o Polsce?
M.P.: Ja nie jestem z siebie bardzo zadowolona, bo okazało się, że nie jestem typem sanitariuszki. Ciężko mi bardzo w takim kontakcie z obcymi ludźmi i nawet, pomijam tę fizyczną kwestię, jakieś takie pielęgniarskie rzeczy, ale nawet takie, żeby z kimś gadać, to jest dla mnie bardzo trudne.

K.S.: Nauczyliśmy się, że da się żyć z zastraszaniem, że samochód straży ci stoi pod domem, że ci świecą po oknach, specjalnie błyskają, pokazując, że jesteś pod nadzorem. Albo wjeżdżają ci na posesję w nocy, a jak wychodzisz do nich, to się zmywają albo ci mówią, że nic nie robią. Nienawidzę munduru, budzi we mnie wstręt. Jak widzę kogoś w mundurze, to ta osoba budzi we mnie wstręt.

M.P.: Tak, ja mam to samo. Nie radzę sobie z mundurami.

K.S.: To jest chyba na lata, trudne do odkręcenia. Strasznie ciężkie pytanie zadałeś. Wydaje mi się, że myśmy się tak zaangażowali w to, bo też nie spodziewaliśmy się, co z tego będzie, jak to się rozwinie. Że będą obcy ludzie w domu, że będą przynosić ze sobą cierpienie i brzydki zapach, że będą rzeczy ciężkie do przeskoczenia. Nie myślisz o tym na początku.

Nie da się tego przewidzieć?
K.S.: Teoretycznie się da, jakby tak usiąść, wiesz, z kartką i wypisać za, przeciw, powymyślać sobie, co się może wydarzyć. Nigdy nie byłem specjalnie otwarty na cudzoziemców, na obcych, nawet na jakichś dalszych znajomych, a tutaj taki szok poznawczy. Jeszcze oni są tacy fizyczni, ludzie Południa. Dotykają, przytulają, jak dla mnie są za bardzo dotykalscy. Bardziej by mi pasowało, gdyby do nas przyjeżdżali na przykład fińscy uchodźcy.

Może doczekamy się fińskiej fali.
K.S.: Ja jestem po prawie i mi się kompletnie zawalił ten prawniczy świat. Zobaczyłem, do jakiego fatalnego stanu można doprowadzić kawałek państwa polskiego. Żeby tutaj był taki burdel prawny i strefa bezprawia, że wszystko zależy od tego, jaki dzień ma dany żołnierz

czy strażnik. Że się wydaje akty, które są kompletnie nielegalne, i większość społeczeństwa to kupuje. Jest uregulowane, trzymają ich za mordę i tak trzeba.

A jak to tłumaczycie dzieciom?
K.S.: A widzisz, to jest wielki problem, jak poprowadzić ośmioletnie dziecko. Jak je ustawić w tej rzeczywistości? Jak zrobić, żeby nie wydało tych ludzi? Kiedy dziecko się wyrywa po prostu, żeby opowiedzieć tajemnicę swoim rówieśnikom, z których jeden czy dwóch najbliższych kolegów to są synowie urzędniczki ze Straży Granicznej.

Pyta o to?
K.S.: Nie, już nie.
M.P.: Chyba nawet nie musi, też się najeździła po tych checkpointach i już różne widziała sytuacje.
K.S.: Nauczyła się z tego korzystać, wymykała się do pracowni, gdzie był magazyn rzeczy uchodźczych, i sobie brała batoniki.
M.P.: Powiedziała kiedyś naszej znajomej, jak nas nie było, że rodzice bardziej się zajmują uchodźcami niż nami, dziećmi.

To jest ta cena?
M.P.: To jest wielka cena.
K.S.: Dochodzi też to, że człowiek się szybciej starzeje. Tyle się wydarza, jest tyle stresów, zmęczenia

i zgorzknienia. Nie masz żadnej nadziei na to, że to się skończy. Nikt ci nie powie: "Wytrzymaj jeszcze trochę, bo zaraz będzie po wszystkim".

M.P.: Kolejne terminy się przesuwają, przyjdzie mróz, skończy się, wiosną przejdą ci wszyscy z obozów na Białorusi, to się skończy – no ale nie, nie kończy się.

K.S.: Nauczyliśmy się też asertywności. Mieliśmy aktywistycznego sylwestra i jedni drugich uczyli, żeby stawiać granice.

W waszych ustach to jest niezły tekst, żeby stawiać granice.
K.S.: Tak.

M.P.: Tak, były takie historie, kiedy czuliśmy się wykorzystani.

K.S.: Były takie historie, że trzeba było sobie je opowiadać, żeby innym pokazać, że trzeba być bardziej asertywnym.

M.P.: Jak ta słynna historia "podrzućcie nam colę i fajki". Jakbyśmy tu byli firmą taksówkarsko-kurierską.

K.S.: Jak mówimy, na czym polega nasza działalność i gdzie są granice pomocy, to zdarza się, że ludzie z lasu się rozłączają i już się potem nie zgłaszają, bo myśleli, że to będzie po prostu "taksówka".

Przyjmujecie też uchodźców z Ukrainy?
K.S.: Zaproponowałem, że jak nie mamy gości, to może byśmy... Maryś mnie obcięła od razu.

Że co, że jak nie ma gości, to...?
K.S.: Że może by Ukraińców przyjąć, mamy wolne miejsca. Ale ucięła temat, powiedziała, że my trzymamy miejsce dla „naszych" uchodźców.

M.P.: Tamtych wiele osób chce przyjąć, a „naszych", niebiałych, prawie nikt. Już z tej pomocy Ukraińcom czuliśmy się jakoś w związku z tym zwolnieni. Ja prawie w ogóle się w to nie angażowałam. Czułam, że swoją działkę odrobiłam.

K.S.: A poza tym drażniło nas to.

Że wszyscy ruszyli pomagać Ukraińcom?
K.S.: Tak, to znaczy – jeśli zwykli ludzie, to OK. Nawet był w tym jakiś rodzaj dumy narodowej, że kraj staje na wysokości zadania. Ale jak widzieliśmy tych strażników, te mundury, których tak nienawidzimy. Kolejne obrazki w telewizji. Wspaniali, łagodni strażnicy noszą ukraińskie dzieci na rękach, pomagają nosić walizki. Nie do wytrzymania. Na naszym terenie niektórzy pogranicznicy po prostu wybiegali z tych swoich samochodów na akcję, jakby ich trener przed meczem nakręcił jak piłkarzy, tyle mieli energii i agresji.

Będziecie tu dalej mieszkać?
M.P.: Przyjechaliśmy tu w 2015, żeby spokojnie żyć wśród natury.

K.S.: A teraz zdarza nam się jechać odpocząć do Warszawy. Coś jest nie tak.

STRAŻNIK DRUGI

Spotykamy się w jego domu. Nikogo poza nami nie ma, żona zabrała dzieci do swoich rodziców. W przedpokoju stoi mnóstwo dziecięcych bucików. Idziemy na piętro, rozmawiamy w małym pokoju. Po skończonej rozmowie strażnik odprowadza mnie do samochodu i zachęca, bym pojechał inną drogą niż ta, którą przyjechałem. Lepszy asfalt, mniej patroli.

Marka wam się bardzo ostatnio zepsuła.
Bardzo. Musimy się mierzyć z opinią publiczną, choć tych opinii jest na szczęście więcej niż jedna. Ludność przygraniczna jest inaczej nastawiona.

Inaczej niż kto?
Niż osoby przyjezdne. Mieszkańcy są związani ze Strażą Graniczną, w dużym stopniu wspierają nasze działania. Kiedyś były Wojska Ochrony Pogranicza, dzisiaj jest SG, ale większość jest wciąż po stronie funkcjonariuszy.

Wspierają to znaczy, że uważają, że zachowujecie się OK, czy dzwonią i mówią, gdzie widzieli uchodźców?
I jedno, i drugie. Gdyby nie uważali, że robimy dobrze, nie dzwoniliby. Zmieniło się, bo teraz zdarza się, że jednak przymykają oczy i myślą: „niech idą". Ale są osoby, które zawsze dają znać, że ktoś idzie czy że gdzieś się zatrzymał.

A pan myśli, że wy robicie dobrze czy źle?
Nie da się tak jednoznacznie określić. My mamy przełożonych, mamy rozkazy. To jest trochę inny charakter pracy. To nawet nie jest praca, to jest służba, w której jest podległość służbowa. Gdy się okazało, że do tych pushbacków nie ma do końca podstawy prawnej, zadawaliśmy pytania, ale przełożeni zapewniali, że wszystko jest załatwione i wszystko będzie zalegalizowane. No i funkcjonariusze jeździli i robili te pushbacki.

Zapewniali was, że jesteście prawnie kryci, tak?
Było pismo od komendanta do strażników, że wszystko jest OK, że prace legislacyjne trwają, że nie ma się czego obawiać. Teraz już jest zupełnie inaczej.

Czyli?
Bodajże w sierpniu 2021 był wyrok w sprawie obywateli Afganistanu. Okazało się, że zostali bezprawnie zawróceni, i ruszyła machina prawna w niebezpiecznym kierunku.

I to przyniosło jakiś efekt? Koledzy i koleżanki zaczynają myśleć, że kolejna sprawa będzie wyglądała tak samo, bo podstawa prawna jest wciąż taka sama?
O to właśnie chodzi. To był okres bez tej podstawy prawnej. A potem weszło prawo i się robiło, czy to było słuszne, czy niesłuszne.

A co decyduje o tym, co jest słuszne?
Prawo jest prawem. Zresztą był jakiś procent ludzi, którym udało się przedrzeć dalej i przez pełnomocników udawało im się uzyskać ochronę międzynarodową. A wiadomo, że wtedy prędzej czy później pojadą tam, dokąd chcą.

Czyli dokąd?
Do Europy Zachodniej.

Ale byli tacy, którzy mieli interim, a i tak zostali wyrzuceni za druty. Część z nich nawet została przywieziona przez funkcjonariuszy do placówek SG, a mimo to zostali wyrzuceni z Polski.
Mogło tak się zdarzyć. Ale potem mogli szybko znowu próbować się tu dostać.

A pan wyrzucał ludzi na Białoruś?
Ja mam to szczęście, że pracuję w komórce, która zajmuje się ich legalizacją w Polsce. Przygotowaniem dokumentów dla sądu i umieszczaniem ich w ośrodkach.

A co pan o nich myśli? Kim oni dla pana są?
Ludźmi są, niezależnie, czy mówią prawdę, czy nieprawdę. Coś spowodowało, że musieli opuścić swój kraj. A czemu tu idą? Wie pan, kiedyś byłem na wykładzie takiego pana, który spędził dużo czasu w krajach muzułmańskich. Mówił, że będzie wojna krzyżowa, ale nie taka jak kiedyś. On, będąc w Anglii, widział, jak wzrasta przyrost naturalny w tej społeczności, ile meczetów się buduje. Oni mają plan, żeby zasiedlić całą Europę, i do tego to zmierza. Pyta pan, kim oni dla mnie są. Mimo wszystko dalej są ludźmi. Jedni mają swoje tragedie rodzinne, a inni są tu po prostu za lepszym bytem.

To gdzie tu wojna religijna?
Tego nie da się rozgraniczyć.

A rozumie pan tych ludzi?
W jakim sensie?

No, czy rozumie ich pan tak po ludzku. Dlaczego tu przyjeżdżają?
Nie do końca. Rozmawiam z różnymi tłumaczami, którzy wyjechali z krajów muzułmańskich, i oni opowiadają, że tam socjal jest bardzo dobry.

W Syrii?
No, Syria rzeczywiście nie.

Afganistan?
No, też nie za bardzo, ale Irak. No, ale w sumie tam też są Kurdowie, którzy są źle traktowani, i w Turcji też.

A uchodźcy z krajów afrykańskich?
Ciężko mi powiedzieć.

Ciężko panu powiedzieć, czy ich pan rozumie?
Wie pan, to są ludzie z głębi Afryki, już bliżej równika. Nic o nich nie wiem.

A ci, którzy pracują przy pushbackach? To musi być straszna praca.
Tak, koledzy i koleżanki mówią, że najgorzej jest wywozić grupy, gdzie są kobiety i dzieci.

Najgorzej, bo co?
Bo płaczą. Ale w pewnym momencie znieczulica się pojawia i już normalnie pracują.

A jak oni sobie radzą psychicznie? Wracają do domów, a tam mają dzieci w tym samym wieku.
To jest najtrudniejsze. Znaczy, na początku było ciężkie, a potem zrobiło się codziennością.

To co się stało z ich emocjami, które mieli na początku?
One były prawdziwe?
No, były prawdziwe, no bo co innego mieli czuć? A potem jakoś to sobie układają w głowie, robią jakieś takie wypchnięcie w głowie, że kiedyś było spokojnie, a teraz przez nich mają tyle roboty.

Stąd się u nich bierze agresja?
Tak. Może jest tak jak u przełożonych, że było tyle i tyle sztuk, to tyle i tyle sztuk trzeba odstawić na Białoruś.

Sztuka – znaczy człowiek?
Tak, nieważne, czy dorosły, czy dziecko. Sztuka to sztuka.

Ciekawe, jaką cenę psychiczną będą za to płacić.
Też o tym myślę. Polska jest takim krajem, gdzie chodzenie do psychologa czy psychiatry nie jest dobrze widziane. Jeśli chodzi się do takiego doktora, znaczy, że człowiek sobie nie radzi, tak to jest interpretowane.

Powinni korzystać z takiej pomocy, ale nie korzystają?
Nie.

A pan by skorzystał?
Z takiego polecanego przez komendę oddziału SG?

Tak.
Osobiście to bym nie poszedł.

Dlaczego?
Bo ci, którzy korzystają, są od wszystkiego odsuwani, a na końcu muszą opuścić służbę. To się obraca przeciwko nim. Lekarze mają swoich przełożonych, pan rozumie?

Że tajemnica lekarska nie jest przestrzegana?
O, to to na pewno nie. Piszą raporty i tak to się kończy.

Czyli ludzie, którzy potrzebują pomocy, nie mogą z niej skorzystać. To jak sobie radzą, by móc dalej pracować, by funkcjonować w domu?
Jeśli pan pyta o alkohol, to teraz jest mniej niż kiedyś, bo interwencji jest tyle, że alkohol po prostu zniknął. Nie ma już na niego miejsca ani czasu. Jest większe napięcie i większe ryzyko.

Ryzyko czego?
Że się wjedzie do rowu pod wpływem albo ktoś ci wyciągnie broń, albo jakieś inne tego typu zdarzenie.

Nie korzystają z pomocy terapeutów, alkohol odstawili, to jak sobie radzą?
Nie wiem.

Robią straszne rzeczy, wyrzucają ludzi za druty. Uchodźcy błagają, żeby im tego nie robić, płaczą. Opowiadają po powrocie z akcji?
Raczej nie.

A jak się w komendzie mówi o tych ludziach, których wyrzucacie?
Ciapaki.

Ta praca ma taki sam sens jak przed kryzysem uchodźczym?
Ma inny wymiar. Kiedyś to był przemyt papierosów, pojedyncze osoby w skali roku. Zmienia się nasza służba. Ludzie, którzy przyjeżdżają z innych oddziałów, mówią, że trudna tu jest służba, że straszne napięcie.

Co jest dla nich najtrudniejsze?
Jedni mówią, że fajnie, wreszcie coś się dzieje: „Ciapaków za wszarz i won za druty", a drudzy uważają, że trzeba przyjrzeć się każdej sprawie.

Przyglądają się i co dalej?
Były przypadki, że ktoś mówił, że nie pojedzie.

I co koledzy myślą o takim człowieku? Że ma jaja czy że jest słaby?
Szanuje się ludzi, którzy mają własne zdanie.

W służbach mundurowych też?
Ja szanuję.

Jak pan myśli, ile to będzie trwało?
Długo.

Tak długo, że już zawsze?
Może tak być.

Lepiej jest być strażnikiem na granicy białoruskiej czy na ukraińskiej?
Tutaj mamy lżej, bo mniejszy ruch u nas jest.

Wiele osób postrzega was jako przemocowców. Jak pan sobie radzi z takim wizerunkiem?
Im dalej od granicy, tym bardziej pewnie nas tak postrzegają. Nie zastanawiam się nad tym. Jak wyjeżdżam w głąb kraju, jestem zwykłym Kowalskim.

Są teraz chętni do pracy w SG?
Jest tyle samo, ile było trzy, cztery lata temu. Tyle że teraz jest się łatwiej dostać, bo zostały obniżone kryteria naboru. Nie jest to już taka fajna praca, jak była kilkanaście lat temu, wiele rzeczy się zmieniło. Najgorsze jest to, że przyjmują do pracy ludzi, których kiedyś by nie przyjęli. Nie przeszliby przez sito.

Na czym by polegli?
Psycholog by ich nie przepuścił. A teraz zasilają nasze szeregi i będzie ich coraz więcej, bo dużo osób odchodzi. A odejście zapowiada jeszcze więcej.

Dlaczego odchodzą?
Jest silna presja społeczna i coraz gorszy stan osobowy.

Co to znaczy?
Że pracuje się z ludźmi, którzy nie powinni wykonywać tego zawodu.

A jak wygląda współpraca z wojskiem, z WOT-em, z policją?
Ja siedzę za biurkiem, więc nie mam z nimi do czynienia. Ale kolega opowiadał, że spotkał na służbie mężczyznę, którego nie chcieli przyjąć ani do policji, ani do wojska, aż wreszcie mu się udało i jest w Wocie. Pewnie były przyczyny, dla których go do tamtych służb nie przyjmowali, coś musiało być z nim nie tak.

A dzisiaj może by go już nawet do was przyjęli.
To bardzo możliwe. Są wakaty, więc żeby nie było nadgodzin, przyjmą prawie każdego.

Pracuje pan w coraz gorszym środowisku.
Tak.

A jak pan postrzega swoją służbę?
Na pewno nie jako pracę na zwykłym etacie, służymy naszej ojczyźnie. Dostajemy decyzje od przełożonych. Nie zawsze się z nimi zgadzamy, ale w każdej innej pracy ludzie też dostają polecenia od swoich przełożonych. Tak po prostu jest.

Mówi pan, że taka jest każda praca, a gdzie są granice, których by pan nie przekroczył?
Są tacy strażnicy, którzy mówią, że mogą łapać ludzi po lasach, ale nie będą ich wywozić. Raz czy drugi może się tak wydarzyć, ale u nas są rozkazy i podwładni mają je wykonywać. Ja miałem szczęście, bo gdy mówiłem swojemu przełożonemu, że mam wątpliwości, on zawsze odpowiadał: „Rób zgodnie z przepisami".

Ale przed sierpniem wykonywaliście te rozkazy?
Były zapewnienia, że wszystko zostanie zalegalizowane.

Ale okazało się, że nie.
Tak się właśnie okazało.

I co teraz mówią przełożeni?
Nabrali wody w usta, jak to się mówi.

Zostaje pan w SG?
Jeszcze trochę posiedzę.

JOANNA PAWLUŚKIEWICZ

Spotykamy się w Warszawie. Obydwoje jesteśmy zgodni, że dziwnie jest rozmawiać o tym kryzysie, popijając kawę z dala od Podlasia.

Trudne to wszystko jest dla mnie bardzo, bo z jednej strony nie chcę wyjść na oszołomkę, a z drugiej naprawdę myślę to, co myślę, i chcę to powiedzieć.

Co myślisz?
Od początku kryzysu uchodźczego wszystko zmieniło się o sto osiemdziesiąt stopni. To jest wręcz nieprawdopodobne, okazało się, że życie ludzkie jest powyżej całej

przyrody. Zniknęło myślenie, że my to też przyroda, że bez niej nas nie będzie. Okazało się, że nie mamy empatii dla własnego ekosystemu. Wszystko, co jest związane z ratowaniem życia ludzkiego, ma pierwszeństwo, a wszystko, co wywalczyliśmy od 2017 roku w Puszczy, znika. Dla mnie tragedia uchodźcza nakłada się na tragedię przyrodniczą. Zarzuciliśmy las pustymi butelkami po wodzie, powerbankami i innymi elektrośmieciami. Puszcza jest rozjeżdżona przez wielkie samochody, najczęściej nie tych, którzy ratują życie.

Umiesz to wytłumaczyć innym osobom, które pomagają w lesie?
Na początku kryzysu mieliśmy spotkanie, na którym powiedziałam, że trzeba pamiętać o Puszczy, o przyrodzie. Ktoś wstał i powiedział, że to nie czas na tę rozmowę, że to nie jest teraz *case*. Schowałam się do swojej mysiej nory, ale nie przestaję myśleć: „jak to nie czas?". Przecież Puszcza Białowieska jest naszym największym skarbem przyrodniczym. Oczywiście, że mam świadomość, jak to brzmi. Ja o ochronie Puszczy, a tu tłumy cierpiących osób idą przez las. Nie miałam nawet minuty wahania, gdy to wszystko się zaczęło, natychmiast włączyłam się w pomoc. Ale wierz mi, nie mogłam uwierzyć, że to, co jeszcze wczoraj było najważniejsze, dzisiaj się zawiesza. Przedtem uważaliśmy, że trzeba chronić każdego dzięcioła, każde drzewo, a dzisiaj nagle to wszystko już nie jest istotne.

Mam dla ciebie historię, która dobrze ilustruje to, co czuję. W listopadzie 2021 myśleliśmy, że już gorzej nie może być. Zaczynała się zima, a w lesie było z dnia na dzień coraz więcej osób w potrzebie. Totalnie nie ogarniałam tego, że nagle staliśmy się odpowiedzialni za ludzkie życie. A przecież nie mamy żadnych kompetencji, gdzie są duże NGO-sy, gdzie są ludzie, którzy się na tym znają. I na to wszystko rząd informuje, że będą budować mur. W Puszczy Białowieskiej, za którą byliśmy gotowi oddać dużo, a na pewno część z nas oddała zdrowie!

W Starym Masiewie było wielkie mrowisko, gigant stojący tam od lat. Zawsze tam było. I nagle przyjeżdża ciężarówka z materiałami budowlanymi i je rozwala. W ekosystemie każdy element jest ważny, ale żeby to jakoś po laicku wytłumaczyć, to tak, jakby ktoś, kurwa, rozjechał Morskie Oko, rozumiesz? Napisaliśmy tweeta, że sprzęt Budimexu rozjechał to mrowisko. To wywołało hardkorową falę wzmożenia nienawiści. Taką w stylu: popierdoliło was? Wielkie mocarstwa wywołują wojny, ludzie idą przez granicę, a wy się martwicie o mrowisko? Że nam kompletnie odjebało, że straciliśmy kontakt z rzeczywistością.

Co myślałaś, jak czytałaś te komentarze?
No tak, oni mają rację, odkleiliśmy się od rzeczywistości. Ale potem pomyślałam, że przecież pięć lat wcześniej TSUE wydał wyrok, który mówi, że

w Puszczy nie można ruszyć gałązki, że wszystko jest pod ochroną, że to jest nasz „zabytek".

Nie umiałam się w tym odnaleźć. Ten kryzys nabrał potwornej warstwowości, zupełnie jak ciasto Marcinek.

Bardzo podlaskie porównanie.
Tak, bo to jest podlaskie ciasto, które składa się z wielu, wielu warstw. Ciasto, śmietana, ciasto, śmietana... Tyle samo warstw jest w tym kryzysie humanitarnym i przyrodniczym. I nie cenzuruj mnie, poproszę, ale uważam, że tym pierdolonym murem zniszczyliśmy jeden z najważniejszych obiektów przyrodniczych na świecie. Wiesz, że Puszcza została wpisana na listę UNESCO w tym samym roku co wyspy Galapagos? Wyobrażasz sobie takiego newsa idącego w świat? „Dzień dobry państwu, właśnie zbudowaliśmy tam mur, którym niszczymy dziedzictwo przyrodnicze i naukowe". Cały świat by oszalał, a u nas UE, która w 2018 była taka dumna, że obroniła Puszczę, powiedziała: pfff, no i co z tego. I teraz słuchaj, wjeżdża kolejna warstwa marcinka. To, co Puszcza ma najcenniejszego, zyskuje nowy wymiar. Pomyśl, że idziesz z Syrii albo z Erytrei i lądujesz tu w trakcie rykowiska jeleni. Idziesz przez kompletną dżunglę, słyszysz ryki jakichś zwierząt, które są ci kompletnie nieznane. Nie wiesz, czy to są jakieś demony, czy lwy.

Słyszałaś takie opowieści od uchodźców?
Tak. Kiedyś dwóch chłopaków przechodziło przez rezerwat, dali nam znać, gdzie są. Ustaliliśmy, że będą dalej szli na zachód. Po dwóch godzinach piszą, że już są. Niemożliwe, żeby ten odcinek przejść w ciągu dwóch godzin. Gadam z nimi i okazuje się, że goniły ich dzikie zwierzęta, które wyglądały jak bizony. I to jest moment styku tej najdzikszej przyrody z dramatem osób. I jeszcze jeden komentarz: w głębi duszy zazdrościłam im, że byli w miejscu, w którym nigdy nie byłam, bo to jest ścisły rezerwat, zakaz wstępu i tak dalej.

Wiesz, co będzie, jak to opublikujemy w książce?
Powiedzą, że zwariowałam.

Powiedzą, że aktywiści są...
Jebnięci. Proszę bardzo, mogę mieć taką metkę. Ale zrozum, że od momentu, kiedy zaczynasz się zajmować Puszczą Białowieską, Bieszczadami czy Amazonką, to już nie ma szans, żeby się od tego odwrócić. Możesz robić inne rzeczy, ale to coś już masz w sobie. Możesz przed innymi udawać, że nie, ale nie ma odwrotu, masz i już. Nie mogę odrzucić perspektywy przyrodniczej.

Demonstracje przeciw murowi odbywały się w całej Polsce. Stawialiśmy kartonowe mury przecinające krakowski Rynek, warszawską Starówkę i w kilku innych miejscach symbolach dziedzictwa.

Co dały te akcje?
Nic. Ale to nie znaczy, że ja zmieniłam zdanie na ten temat. Uważam, że trzeba o tym mówić. Trzeba krzyczeć, że to jest kryzys humanitarno-przyrodniczy. Że przez ten mur umiera populacja rysia. Nie rozróżniam wartości życia sarny od wartości życia człowieka. Żubr jest dla mnie tak samo ważny jak człowiek. Wspólnie składamy się na ekosystem. Dlaczego jest wędrówka ludów, dlaczego jest ten kryzys? Odrzućmy to całe polityczne pieprzenie o Łukaszence, tam, gdzie go nie ma, też idą. Jest kryzys klimatyczny i będą szli, bo nie ma wody, bo nie ma jedzenia, bo wojny są z tych właśnie powodów. I to wszystko jest bardzo połączone. Niszczymy Puszczę Białowieską i inne tereny przyrodnicze, niszczymy klimat, a potem się dziwimy, że idą ludzie. A ratując ludzi idących, poprzez kupowanie tysięcy rzeczy i wydając tysiące na benzynę, chcąc nie chcąc wspieramy kapitalizm. To nie ma żadnego sensu, to błędne koło.

Czego się ostatnio nauczyłaś?
Do Puszczy zaczęłam przyjeżdżać w 2016 roku. Czułam, że to jest miejsce dla mnie. Chciałam tu w spokoju pisać scenariusze i książki, tymczasem z roku na rok pogrążam się w aktywizmie. A od Obozu dla Puszczy zaczęłam się już bardzo radykalizować. Przestałam się bać służb. Na pewno nas podsłuchują, o boże, boże, mam u nich kartotekę! No i co z tego? Zatrzymują

mnie. No i co z tego. Wszystkie moje bariery zaczęły się przesuwać. Mam głęboką pogardę dla systemu. Ale czuję sprawczość. I miłość do Puszczy. Doświadczyłam tu dużo przemocy, na przykład wtedy, kiedy w trakcie obrony Puszczy przed wycinką, w 2017 roku, byliśmy bici przez służby. Pewnie to nie jest koniec przemocy, która mnie tu czeka, ale wiem, że działam dla dobra ekosystemu, dla miejsca, które jest moim miejscem na ziemi.

Walka w obronie przyrody nigdy nie doprowadziła mnie do zapaści psychicznej. Ale pomoc uchodźcom tak. Spowodowała, że znalazłam się w głębokim kryzysie psychicznym. Któregoś dnia wróciłam z Podlasia do Warszawy i poszłam z psem na spacer. I wtedy zaczęło mnie dojeżdżać poczucie, że ja tu sobie z pieskiem chodzę, a tam znajomi zasuwają z plecakami do lasu ratować życie. Usłyszałam helikopter, który przelatywał nad miastem. I na tym podwórku, zupełnie znienacka, dostałam ataku paniki. Wydawało mi się, że zaraz zacznie się bombardowanie, że facet, który przechodził obok, zaraz wyjmie nóż i mnie nim zadźga. Zaczęłam biegać, pies mi uciekł, makabra. Wtedy zdałam sobie sprawę, że jest ze mną bardzo źle, że nie wyrabiam. Zadzwoniłam do koordynatorki z Grupy Granica i ona w piętnaście minut połączyła mnie z psychiatrką. To była wspaniała osoba, która nie zajęła się moją psychoterapią wszystkiego, tylko skupiła się na doraźnej interwencji. Więc jak pytasz, czego się ostatnio nauczyłam, to tego, że mam PTSD i czym ten syndrom jest. Zrozumiałam też, o co chodzi w tym, co mówią w samolotach, że najpierw sobie trzeba tę maskę założyć, a dopiero potem dziecku. I, paradoksalnie, dało mi to po raz kolejny przekonanie, że z tą Puszczą to bardzo dobrze wybrałam.

Częściej bywasz teraz na Podlasiu niż w Warszawie?
Tak, kupiłam tam dom, pięćset metrów od granicy.

Widać od ciebie mur?
Nie, widzę tylko piękny las.

Co będzie dalej?
Próbuję wdrażać sobie program denializmu uchodźczego.

Jak ci idzie?
Bardzo słabo, ale staram się łączyć pomaganie z tym, co dla mnie jest ważne, czyli pisaniem, robieniem leśnych szkół dla dorosłych i dzieci, robieniem warsztatów impro, spektakli i chodzeniem po lesie. Po Puszczy Białowieskiej, która jest soczewką wszystkich problemów na świecie. Ekologia i kryzys uchodźczy – wszystko mam na miejscu. Również to, że pomagając, niszczymy.

A co tu jest najtrudniejsze?
Ludzie, którzy tu działają na stałe, nie ci, którzy po dwóch tygodniach wracają się zregenerować do War-

szawy, wpadają w groźny trip. Takie poczucie, że tylko ja wiem, jak pomagać ludziom. Że ci ze wsi obok gówno wiedzą, że są głupsi, bo tylko ja wiem, jak to dobrze robić. Jak dostajesz tak wielką porcję wdzięczności od tych, których uratowałeś, to łatwo pomyśleć, że się jest bogiem. To jest bardzo groźne. Jeśli codziennie słyszysz: *„You're my angel"*, spróbuj nie zwariować. To prowadzi do poczucia wyższości i jest uzależniające. I daje niespotykane w innych dziedzinach życia poczucie sensu. Natychmiastowa gratyfikacja codziennie i bez przerwy. Co ci w życiu zapewni taki stan? Ocaliłeś dziecko, starszego pana z Jemenu, kobietę w ciąży, piętnaście osób z Iraku.

Ciekawe, co się stanie z pomagaczami, gdy z lasu znikną potrzebujący.
Gdy czuliśmy, że walka o Puszczę zaczyna przynosić efekty, że wszystko zaczyna iść w dobrym kierunku, padło pytanie: „Co będziemy robić, jak odjadą harvestery?". Wiesz, takie pytanie na fali totalnego heroizmu.

I jaka była odpowiedź?
Świetna i mądra, bo wiedzieliśmy, że zza rogu wychyliło się kombatanctwo i myśl, że nie chcę za dwadzieścia lat być jak działacze „Solidarności", którzy do końca życia będą opowiadać, jak obalali komunizm. Nienawidzę kombatanctwa. Trzeba cały czas iść do przodu, a nie tarzać się we własnym bohaterstwie.

Tego nie chcesz, ale co będzie?
Mam nadzieję, że takie wspólne doświadczenia są wspaniałą podwaliną pod społeczeństwo obywatelskie.

A jak cię odbierają znajomi, którzy nie są aktywistami?
Gdy był Obóz dla Puszczy, to czasami mnie pytali: „No co tam u was?". Najpierw odpowiadałam, że spoko, dzięki. Potem miałam etap, że dawałam bardzo długie odpowiedzi przyrodnicze o naturalnym lesie, o porostach i o strefowaniu UNESCO. Ludzie zaczynali mieć charakterystyczne ucieczki oczami w bok, więc dawałam spokój. Ja mam syndrom Puszczy, ale nie żądam, aby wszyscy go mieli.

Dostałaś od Puszczy coś poza PTSD?
Zrozumienie świata i przyrody. Wspaniałych przyjaciół i przyjaciółki. Siatkę społeczną, jakiej do tej pory nie znałam. Po prostu żyjemy sobie w mikoryzie – to współżycie korzeni z grzybami – która się nieustannie rozprzestrzenia. Społeczeństwo obywatelskie, które urodziło się na Podlasiu w Puszczy Białowieskiej, w dużym stopniu zawdzięcza to strasznym decyzjom kolejnych ministrów. Więc w sumie trochę warto za to podziękować – stworzyli coś pięknego.

MAMA AFRICA

Siedzimy we trójkę przy niskim stole, wokół nas biegają psy i próbują wyżebrać kawałek ciasta. Dom jest jak z bajki, z jednej strony widok na las, z drugiej – na niekończące się łąki.

Córka: Mama jest bardzo dobrą osobą, jak wzywają, to ona zawsze leci. Jest niezatrzymywalna. Potem do niej wydzwaniam i pytam, czy już wraca. Pilnuję jej.

Martwisz się o nią?
C.: Strasznie. Jest, jak jest, bardzo się cieszę, że pomaga, ma siłę i chęci i że to robi, bo robiłabym to samo

na jej miejscu. Chciałam parę razy nawet iść z nią do lasu, ale mówi, że jestem za młoda.

Ile masz lat?
C.: Osiemnaście.

To może mądrze ta mama mówi?
C.: To jest ta rozsądna część mamy, tak. Jak idzie do lasu, tato nie śpi, dopóki ona nie wróci. A czasami wraca o czwartej, czasami o szóstej rano. A on nie śpi. Próbujemy się dowiedzieć, gdzie mniej więcej jest, żeby w razie czego wiedzieć, gdzie była przy ostatnim kontakcie.

I to się udaje?
C.: Nie, bo mama ma tendencję do nieodbierania telefonu.

Ale nie odbiera, bo jest trudna sytuacja w lesie?
C.: Nie, ona po prostu często nie odbiera telefonu.

Kiedy mama przestanie chodzić do lasu?
C.: Nie wiem, czy to się w ogóle kiedykolwiek skończy, tam jest bardzo dużo ludzi. Są tacy, którym się wydaje, że to jest jakiś spacer, i przyjeżdżają w japonkach, i myślą, że sobie przejdą kilka kilometrów i będą w super-Europie, w pięknym świecie.

Będziesz tu mieszkać, jak będziesz dorosła?
C.: Nie, nie, nie. Kończę szkołę i wyjeżdżam za granicę. Jak najdalej od Polski.

Mama Africa: Wygląda na to, że nie wychowujemy prawdziwych patriotów. Niestety. Polska to nie jest miejsce, z którym się utożsamiam. To jest bardzo trudne i smutne, bo myślałam, że tu się zestarzeję, bo to takie cudowne miejsce na ziemi. Nie chcę jednak legitymizować tego, co się tu dzieje.

Ale chodzisz do lasu pomagać ludziom? Twoja córka mówi, że jesteś niezatrzymywalna.
M.A.: Wiesz co, to nie jest do końca tak, bo nie jestem tam tak często obecna, jak bym chciała.

Uważasz, że za rzadko chodzisz do lasu?
M.A.: Tak. Tak, sporo innych osób jedzie na każde wezwanie, mimo że mają prawo być totalnie wyczerpane.

Od kiedy pomagasz ludziom w lesie?
M.A.: Pierwszy kontakt z uchodźcami to nie było pójście do lasu, tylko deklaracja, że gdyby ktoś potrzebował schronienia, to nasz dom jest na uboczu, sąsiedzi są niewścibscy i się nie wtrącają.

Mogłabyś im powiedzieć, że zaproponowałaś schronienie uchodźcom?

M.A.: Niestety nie, bo oni są PiS-owi, mimo że są cudownymi ludźmi. Do lasu nie chodziłam, ale od Usnarza szukałam kontaktu z ludźmi albo organizacjami, które pomagają w lesie. Któregoś dnia znalazłam w mediach społecznościowych post „prawdziwych Polaków" nawołujący do tego, by iść do lasu i tłuc uchodźców i aktywistów. Udostępniłam ten post i napisałam oburzony komentarz. Po chwili odezwała się do mnie koleżanka, która w prywatnej wiadomości zwróciła mi uwagę, że niepotrzebnie podbijam im zasięgi. Przyznałam jej rację, napisałam, że jestem sfrustrowana, bo od dłuższego czasu próbuję się dostać do tych, którzy działają. Powiedziałam, że mam zasoby, którymi mogę wesprzeć taką działalność. Odpowiedziała mi bardzo szybko i krótko: „Masz Signala?". „Nie". „To załóż". Założyłam, a ona mi napisała, że przyjedzie jutro. Jutro była sobota i przyjechała. Rozmowa była krótka i rzeczowa: „Przyjmiecie siedmiu ludzi z Afryki?".

Kiedy to było?
M.A.: Jesienią 2021. W domu zaczęła się narada. Mąż stwierdził, że to jest bardzo nieodpowiedzialne zapraszać siedmiu dorosłych facetów do domu, gdzie mieszka nastoletnia córka, i w ogóle to nie jest dobry pomysł. Powinniśmy jakoś podejść do tego rozsądnie i stopniowo.

C.: Ty już wtedy wiedziałaś, że my ich weźmiemy. Już to miałaś klepnięte w głowie.

Byłaś już na to umówiona?
M.A.: No nie, nie mogłam być umówiona, bo jednak mieszkamy tutaj razem, natomiast decyzję w głowie miałam podjętą dawno.

Byłaś za?
M.A.: No tak. Potem była długa i burzliwa dyskusja, łącznie z argumentami mało *fair*. Powiedziałam, że przykro mi, ale nie ma w tej chwili w lesie pięknej aryjskiej rodziny z blond włosami i błękitnymi oczami. No i generalnie bierzemy, że tak powiem brzydko, to, co jest. Pod koniec dnia wszystkim opadły emocje i doszliśmy do wniosku, że oczywiście, że bierzemy i w ogóle się nie zastanawiamy. I wtedy się okazało, że w międzyczasie znalazło się alternatywne rozwiązanie.

Rodzinnie się dogadaliście, ale już było za późno, tak?
M.A.: Teoretycznie tak, ale rano sytuacja się powtórzyła, a my już wtedy byliśmy zdecydowani, że przyjmujemy, i ci sami ludzie dzień później do nas trafili. Było ich sześciu, nie siedmiu.

I to byli pierwsi uchodźcy, z którymi mieliście kontakt?
M.A.: Tak.

Zanim poszłaś pierwszy raz do lasu?
M.A.: Tak.

Wpuściłaś ich bocznymi drzwiami?
M.A.: Nie, przyszli od frontu. Byliśmy naprawdę przygotowani, mieliśmy na górze pakiety dla każdej osoby, ubrania, środki czystości, worki na śmieci na wyrzucenie tych rzeczy, które były z nimi w lesie. Było ustalone, że najpierw idą na górę się wszyscy kąpać, przebierać i potem dopiero schodzą na dół na kolację.

Wiesz, jak długo byli w lesie?
M.A.: Cztery tygodnie.

Sześciu facetów, którzy nie myli się od czterech tygodni.
M.A.: Sześciu, chudziutkich, malutkich – dzieciaków tak naprawdę – którzy ważyli po czterdzieści kilo. Bardzo przerażonych, dużo bardziej niż my. Od dwóch tygodni tkwili w takiej części lasu, skąd było widać drogę. Lokalni ludzie przynosili im jedzenie, ubrania, ale w pewnym momencie ich stan zaczął się szybko pogarszać. Osoba, która się nimi opiekowała, obawiała się, że za chwilę zaczną padać jak muchy.

Ktoś z aktywistów donosił im jedzenie?
M.A.: Tak. Dla tego aktywisty to była bardzo trudna sytuacja, bo nie miał żadnego pomysłu, co dalej. Było coraz zimniej, a oni w coraz gorszym stanie. Mówili, że byli już tyle razy pushbackowani i tyle przemocy doznali od służb granicznych naszych i białoruskich, że wolą umrzeć w tym miejscu. Bali się wezwać

pomoc, żeby znowu nie wylądować na drutach. Byli przestraszeni, zmęczeni i szarzy. To dla nas też było dziwne, że ich skóra wyglądała jak posypana popiołem. Wykąpali się, ale nadal byli tacy „popielaci". Ale na naszych oczach z apatycznych stawali się pogodnymi chłopakami. Cały czas byli uśmiechnięci, a ulubione słowa, które padały ciągle z ich ust, to było: *„no problem"*. O cokolwiek byś zapytał, to: *„no problem"*. O drugiej czy o trzeciej w nocy skończyliśmy tę powitalną kolację, a oni stwierdzili, że będą sprzątać. Naprawdę musieliśmy użyć stanowczego tonu, że nie będą sprzątać, że mają iść odpocząć, mają się wyspać, mają się zregenerować. Sprzątanie jest ostatnią rzeczą, która w tej chwili w ogóle kogokolwiek obchodzi. Strasznie się krępowali, że nabłocili, chodząc po schodach, i że w łazience jest brudno. Tłumaczyliśmy im, że to nie ma znaczenia. Najbardziej upominał się o sprzątanie chłopak, który, jak się później okazało, miał gruźlicę kości i cały następny rok spędził w szpitalu pod Paryżem. Całą obręcz barkową, całą rękę i nadgarstek miał w niedowładzie, więc wzywaliśmy różnych rehabilitantów, którzy go oklejali, pomagali, ale to nie mogło przynieść pożądanego efektu. I to on się najbardziej dobijał, że będzie sprzątał. Nie pozwoliliśmy sprzątać, ale i tak się potem okazało, że tymi brudnymi ciuchami przetarli podłogę w łazience. Codziennie rano czekali, aż usłyszą, że ktoś od nas wstał, i wysyłali dwójkę, która ogarniała mieszkanie.

To było z jednej strony krępujące, z drugiej strony wiedziałam jednak, że oni chcą zrobić cokolwiek, więc się nie sprzeciwiałam. Wiesz, co w tym było najśmieszniejsze? Było widać, że oni to naprawdę robią pierwszy raz w życiu.

To były moje pierwsze bezpośrednie kontakty z obcokrajowcami z tamtej części świata. Mam wrażenie, że ludzie z Afryki żyją zupełnie innym poziomem szczęścia i zupełnie inaczej doceniają różne rzeczy. Spędzaliśmy razem dużo czasu, na przykład oglądając Discovery Channel. Oni bardzo się fascynowali programami dokumentalnymi. Któryś z nich lubił filmy z Willem Smithem. Jak się zaczęła strzelanina, wzdrygnęłam się, a on mówi: „nie lubisz broni?", ja na to: „no nie, nie bardzo". „Przełączamy", a ja, że nie, przecież to jest film, oglądałam masę takich filmów. Ale i tak wróciliśmy do Discovery Channel. I oglądaliśmy programy o genetyce, o zwierzątkach.

Znaczy, że dbali o ciebie?
M.A.: Bardzo. To ci powiedzą wszyscy, którzy mają kontakt z ludźmi w lesie. Że poziom ich troski o nas jest niewyobrażalny. Kiedy spotkasz ich w lesie, to zawsze rozkładają ci coś do siedzenia. Jak zaczynają jeść, to musisz zjeść z nimi. Ta dbałość jest niesamowita, naprawdę. Bardzo się dopytywali, dlaczego my to robimy. Że jesteśmy obcymi ludźmi. Że to takie jest dziwne. Mówię im, jakbyście byli na moim miejscu,

tobyście robili dokładnie to samo. Pomyśleli, pomyśleli: „Wiesz co, podzieliliście się z nami jedzeniem. Jak w Afryce się dzielisz z kimś jedzeniem, to jesteś rodziną". Jesteśmy rodziną, i to rzeczywiście tak jest, cały czas mamy ze sobą kontakt, cały czas się informujemy, co u kogo słychać.

Bo im się udało przejść dalej?
M.A.: Szczęśliwie wszystkim dwudziestu pięciu osobom, które były tutaj, udało się przejść dalej. Wszyscy są po bezpiecznej stronie.

Uratowaliście dwadzieścia pięć osób.
M.A.: Nie, mieliśmy szczęście poznać niesamowitych ludzi, naprawdę.

Jedno nie wyklucza drugiego.
M.A.: To są strasznie duże słowa i ociekają patosem.

Daliście ludziom, którzy utknęli w lesie, szansę na godne przeczekanie tego momentu, żeby mogli dalej iść.
M.A.: Ja na to patrzę z innej perspektywy, i to nie jest kokieteria z mojej strony. To jest lek na poczucie bezradności. Wstaję rano i pierwsza rzecz, którą robię, to patrzę na termometr. Myślę o ludziach, którzy tam koczują, i o tym, jak to się źle może dla nich skończyć. Ta pomoc to jest zagłuszanie tego, co mam w głowie.

A co masz w głowie?
M.A.: Strasznie ciężko jest mi się pogodzić z tym, jak funkcjonuje ten świat. Pomagam na tyle, na ile jestem w stanie, i będę to robić do momentu, kiedy nie zwariuję. To jest jak plaster na sumienie. Żeby w miarę funkcjonować. Ale to, czego się boję chyba najbardziej, to to, że nasze życie nigdy nie wróci do stanu sprzed Usnarza.

Kim są dla ciebie ci ludzie, którym pomogłaś?
M.A.: Przyjaciółmi. Zawsze będę się zastanawiać, co u nich, jak sobie radzą. Jeśli będzie potrzeba, żeby im w jakikolwiek sposób pomóc, to na pewno się nie zawaham. Wszyscy oczywiście obiecują, że wrócą. Część z nich musi, bo zostawili Koran, żeby nie być traktowanymi na granicach jak terroryści. Ale z drugiej strony zostawiają te Korany, by po nie do nas wracać. Z niektórymi już się widziałam w Niemczech, we Włoszech. Wiem, co u nich słychać, wiem, że tam też nie jest sielankowo, ale są bezpieczni, nie zamarzają w lesie i nie są narażeni na kontakty ze zdegenerowanymi strażnikami z polskich i białoruskich służb granicznych.

To jest już rutyna tego domu, że przychodzą kolejni ludzie?
M.A.: Nie, bo każdy jest inny. Naprawdę każda osoba jest inna, każda historia jest inna.

A co jest najtrudniejsze w ukrywaniu ludzi?

M.A.: To nie jest trudne wbrew pozorom. Chyba najtrudniejszy jest sam fakt, że musisz ukrywać. Czuję ogromną potrzebę, żeby o tym mówić, żeby pokazać tych cudownych ludzi. Wiesz, kto przechodzi przez tę granicę? Mieszkał u nas doktor fizyki, muzyk, informatyk, ekonomista, student. Wielu bardzo dobrze wykształconych ludzi, którzy trafiają do naszego lasu, ale są traktowani tak naprawdę gorzej niż zwierzęta. Przy żadnej z tych dwudziestu pięciu osób nie czuliśmy się zagrożeni. Kiedyś moja córka została z nimi, bo my musieliśmy nagle pojechać do lasu. I śmialiśmy się, że już sobie wyobrażamy te nagłówki w gazetach: „Osiemnastolatka pozostawiona z uchodźcami z Afryki". I wiesz, co oni powiedzieli, kiedy zobaczyli, że my wszyscy wychodzimy? „Ty jesteś nasza mama, a twoja córka to teraz nasza *small* mama". Ale wracając do twojego pytania, to myślę, że ja akurat mam komfortową sytuację, bo mogę o tym ukrywaniu rozmawiać z rodziną i częścią przyjaciół. A trudne jest to, że od kiedy zaczęła się wojna w Ukrainie, okazało się, że są lepsi i gorsi uchodźcy. Pomaganie jednym jest fantastyczne, bohaterskie i świadczy o humanizmie, a drugie jest ścigane z urzędu.

A kto jest największym zagrożeniem w takiej sytuacji?
M.A.: Mieszkało u nas kiedyś czterech chłopaków z Syrii i akurat zbliżał się remont elewacji. Materiały zostały kupione, czekaliśmy już na to od wielu miesięcy.

Nie bardzo mogliśmy przełożyć, a na górze mieliśmy chłopaków. W normalnej sytuacji chodziliby po całym domu, a wtedy poprosiliśmy, żeby przez te trzy dni nie schodzili w ciągu dnia na dół. Robotnicy pracowali od siódmej do szesnastej, więc w tych godzinach nosiliśmy chłopakom jedzenie i prosiliśmy, żeby byli na górze. Budowlańcom powiedzieliśmy, że mamy w domu COVID i nie można wchodzić. Wiesz, co było najsmutniejsze? Przez cały dzień nie było słychać żadnego dźwięku z pokoju chłopaków. Żadnego. I wtedy wszyscy mieliśmy holokaustowe skojarzenia. To porównanie było nieuniknione. Że znowu się ukrywa ludzi, że niczego się nie nauczyliśmy, że nic się nie zmieniło. Ale z drugiej strony, to jest wielkie szczęście i zaszczyt być częścią ich życia w tym strasznym momencie.

Zawsze leży koło ciebie telefon?
M.A.: Tak.

Śpisz z nim?
M.A.: Tak.

I zawsze, jak „pinezka" przychodzi, to idziesz?
M.A.: Jak są u nas ludzie, to nie jeżdżę. Kiedyś nas zatrzymali i trzymali przez wiele godzin. Spisali mnie, mój samochód jest już spisany wielokrotnie i od tamtej pory rzeczywiście, jak są u nas ludzie, to po prostu nie chodzę do lasu. Żeby nie ryzykować.

Żeby nie przywlec tu służb?

M.A.: Tak, bo wtedy, jak nas trzymali tak długo, to był taki pomysł grupy, żeby nie przyjąć mandatu. A jak nie przyjmujemy mandatu, to idziemy do sądu. Tłumaczyłam, że ja ten mandat przyjmę, bo nie chcę być w sądzie. Boję się, że się wtedy zrobię za bardzo „widoczna". A wszyscy wiedzą, że bezpiecznych domów nie jest tak dużo, jak byśmy chcieli. Schronienie jest większą wartością niż to, że pójdę do sądu i komuś tam nawrzucam, i przez chwilę się będę czuła lepiej. Myślę, że ważniejsze jest, bym zadbała o dwudziestoczterolatka z Syrii, którego ukrywam w domu.

Był u nas taki chłopak, opowiadał, że rozumie, że strażnik go wali pięścią w twarz czy w brzuch, bo w końcu obaj są mężczyznami. Ja tego akurat nie rozumiem, ale jak już zaczęłam, to ci opowiem ciąg dalszy. „Ale jak można uderzyć człowieka pięścią w potylicę tak, że upadłem na ziemię i przez kilka minut w ogóle nic nie widziałem. Myślałem, że już nigdy nie odzyskam wzroku". Inny polski strażnik z kolei zacisnął mu bardzo mocno kajdanki, takie trytytki. Mustafa go prosił, żeby je przeciął, bo go bardzo boli. Bo mu się wrzynają tak, że nie czuje palców. Tłumaczy mu: „Co ja ci zrobiłem, jestem dobrym człowiekiem, uciekam przed wojną, nie chcę zabijać ludzi, nie chcę iść do armii, dlatego uciekłem z Syrii, proszę cię, rozetnij mi to, bo mnie to bardzo boli". No i nasz mundurowy chojrak podchodzi do niego z sekatorem i mówi: „Odciąć to ci mogę palce". To się nie powinno wydarzać, a dzieje się codziennie. W nomenklaturze Straży Granicznej oni są „byczkami" do wypchnięcia za druty. Wyobraź sobie taką sytuację: jest dwudziestostopniowy mróz, a polscy strażnicy cię łapią, śrubokrętami uszkadzają gniazda do ładowania w telefonach, to samo robią z gniazdem na kartę SIM, potem zabierają ci buty, a na koniec „byczki" za druty. Myślę, że strzał w tył głowy byłby już bardziej humanitarny.

Mieszkasz z córką, młodą, wrażliwą osobą. Gdzie jest granica między tym, żeby jej opowiadać, jaki jest świat, a chronieniem jej? Jak to robisz?
M.A.: To jest strasznie ciężkie, ona jest bardzo asertywna i w bardzo wielu przypadkach po prostu sama stawia tamę i mówi „dość".

Ale mówi „dość", bo nie chce więcej słuchać tych opowieści?
M.A.: Tak. Postawiła tamę, nie rozmawia o tym w ogóle ze swoimi przyjaciółmi. Podjęła decyzję, że chce mieć taką przestrzeń, gdzie będzie robić głupoty, będzie śpiewać piosenki, wydurniać się. I nie chce, powiedziała to wyraźnie, nie chce mówić o umieraniu. Nie chce mówić o uchodźcach, nie chce mówić o sytuacji na granicy. Bardzo dobrze rozumiem, o co pytasz, nikt z nas nie chce, żeby dzieci musiały uczestniczyć w takich wydarzeniach. Ale tak teraz jest. Gdy przychodzą do nas dziennikarze i fotoreporterzy, to

ona ich bardzo pilnuje. Patrzy, co fotografują, jeśli jest charakterystyczne i łatwe do zidentyfikowania, że to się działo u nas, to od razu im przerywa. Wiesz, że ona monitoruje media społecznościowe osób, które u nas były? Jak tylko zobaczy jakieś zdjęcie z domu, to od razu do nich dzwoni: „Jak się umawialiśmy? Już to kasuj!".

Czyli cały czas jest w napięciu i oczekiwaniu.
M.A.: Niestety tak.

Jest strażniczką waszego domu.
M.A.: Tak nie powinno być, ale rzeczywiście tak się dzieje.

Ile osób trzeba, żeby uratować jednego człowieka?
M.A.: Wiesz co, koleżanka kiedyś liczyła i wychodzi na to, że to są niewyobrażalne liczby, to nie jest nawet naście osób.

Nie jest naście, to znaczy kilkadziesiąt osób?
M.A.: Tak.

Od momentu znalezienia kogoś w lesie?
M.A.: Nie, nawet wcześniej. Weź pod uwagę numer, na który oni przesyłają wiadomości. Potem jest ekipa, która jedzie do lasu. Wcześniej są ludzie, którzy gromadzą rzeczy, i ci, którzy zarządzają magazynami.

Są ludzie, którzy gotują zupy, którzy przygotowują herbatę, którzy zostają z dziećmi tych, którzy idą do lasu. Często są zaangażowani lekarze, prawnicy, osoby, które robią interimy i tysiące innych rzeczy, jak w życiu każdego z nas.

A czego się nauczyłaś przez ten czas?
M.A.: Nauczyłam się, że służby mundurowe nie są po to, żeby nas chronić i wspierać. Naiwnie sobie myślałam, że jednak jak ktoś idzie do policji czy Straży Granicznej, to takie właśnie ma cele. A tymczasem oni stali się kierowcami wyjebkowozów, bo tak mówimy na te ich ciężarówki. Nauczyłam się gardzić ludźmi, którzy potrafią polować na grupę osób, która zimą przeszła przez rzekę. Na ludzi, którzy mają zamarznięte ubrania, tylko po to, by ich potem rozdzielić i każdego osobno w nocy przepchnąć za druty w innym miejscu.

Byłaś przy takiej akcji?
M.A.: W jedenastoosobowej grupie była dziewczyna, którą ogrzewałam własnym ciałem. Karmiłam, bo sama nie miała siły podnieść łyżki do ust. Pokazywała mi, że ją bolą nerki. I nagle zrobiło się zamieszanie. Helikoptery, samochody z termowizją, światła. Służby dostały cynk, że grupa przeszła przez granicę. I najtrudniejsza w moim życiu decyzja: czy dokończyć procedurę interimową, czy zostawać z nimi, czy

uciekać. Rzuciliśmy się do ucieczki, żeby odciągnąć uwagę służb. W biegu zrzucaliśmy plecaki. Obłęd. Niestety zostały tam zaangażowane takie środki, że ich znaleźli, a dalej ci już nie muszę tłumaczyć. Straszny mróz był wtedy, straszny. Po jakimś czasie dowiedzieliśmy się, że wszystkich wyrzucili za druty, ale tę dziewczynę zawieźli do szpitala. Popędziliśmy tam z prawnikiem, ale strażnicy się zorientowali. Wywieźli ją tylnymi drzwiami i wyrzucili na druty. Samą, kompletnie samą, w ciemnym lesie, przy dwudziestu paru stopniach mrozu. I od tamtej pory próby tłumaczenia motywacji strażników granicznych dla mnie się skończyły. Uważam, że gdyby dać im możliwość strzelania do tych ludzi, to oni by to robili. Nie ma usprawiedliwienia dla takiej sytuacji.

Dowiedziałaś się ostatnio czegoś nowego o Polsce?
M.A.: Moja opinia była nie najlepsza już od dawna, od czasów nagonki na przeróżne grupy mniejszościowe. Jednak najbardziej przykrym momentem, który zweryfikował moje myślenie o Polsce, był ruch, który się zaczął *à propos* pomocy dla Ukraińców. Z całą sympatią i poparciem dla pomagania Ukraińcom to jednocześnie większości ludzi w Polsce brewka nie pyknie, że mamy na Podlasiu już dwieście osób zaginionych. Że dzisiaj, w lipcu 2022, oficjalnie jest już prawie trzydzieści osób, które umarły. Rozmawiałam ostatnio z jednym z chłopaków, który przeszedł przez

nasz dom, a teraz już jest bezpieczny w Niemczech. Powiedziałam mu, że mam już dosyć, że też chcę stąd wyjechać. „Nie możesz stąd wyjeżdżać, ty musisz tu zostać, jak wszyscy tacy ludzie stąd wyjadą, to co będzie z tym krajem?". Ale ja mam to w dupie, naprawdę. Wszyscy mówią, że w innych krajach też się takie rzeczy dzieją. OK, ale to nie będzie mój kraj, to będzie miejsce, w którym zamieszkam, które wybrałam z różnych względów, natomiast to nie będzie moja ojczyzna. To będzie jakieś tam miejsce na ziemi, a nie miejsce, z którego pochodzę.

Tego się dowiedziałaś przez ostatni rok?
M.A.: Tak.

Czyli wtedy, kiedy najwięcej dałaś z siebie?
M.A.: Wtedy, kiedy najwięcej syfu się tutaj wylało na nas. Bardzo mną tąpnął Marsz Równości, który był w Białymstoku. To nam pokazało skalę przyzwolenia na to, co się teraz dzieje w Polsce. Na tym marszu nawet nie było tych cudnych kolorowych *drag queen*. Tam naprawdę szli ludzie z dziećmi, tam szły całe rodziny. Dwunastoletnia córka moich znajomych dostała kostką brukową w głowę, gdy szła z mamą, tatą i bratem. Nieprzebrana, niewyzywająca, nieekscentryczna. Nasz obecny marszałek województwa był osobą, która zagrzewała tych wspaniałych młodzieńców broniących chrześcijańskich wartości. Nasz

biskup wydał list, w którym pisał, że za wszelką cenę musimy bronić wartości. Kolejny proboszcz z Białegostoku już po tym, co się tam stało, dziękował.

Mówisz "nasz biskup", jesteś katoliczką?
M.A.: Zostałam wychowana jako katoliczka, ale nie mam czasu dokonać aktu apostazji. Podjęłam decyzję, że chcę to zrobić, ale nie bardzo mam kiedy, bo dużo czasu spędzam w lesie. To jest temat dyskusji z moim ojcem, bo ja mówię: "Tato, Kościół to tak naprawdę chyba jest jedna z najbardziej przestępczych organizacji na świecie, która ma najwięcej krwi na rękach". Zostałam wychowana jako katoliczka, jeździłam na oazy, grałam w scholi, ale im więcej wiem, tym bardziej mnie to chrześcijaństwo przeraża.

Nie wiem, czego ci życzyć: żebyś tu została czy żebyś wyjechała?
M.A.: Wiesz co, sama nie wiem. Nie jest też tak, że ja czuję straszną presję, żeby wyjechać. Chciałabym nie mieszkać tutaj, ale póki się dzieje to, co się dzieje, cieszę się, że tu jestem. Pamiętam, jak przyjechała do nas Ania Alboth i cała masa tych ludzi, którzy od wielu lat pracują w ruchach wokół kryzysów uchodźczych. Rozwiali moje myślenie życzeniowe, że to wszystko się niedługo skończy, że państwo będzie działać, że będziemy tych ludzi normalnie traktować i przyjmować do ośrodków. Jeszcze przez jakiś czas próbowałam

to wypierać, ale wtedy przyjechali Médecins Sans Frontières. To był październik. Pytam się, jak długo zostaną, bo myślałam, że tylko na chwilę, aż się wszystko uspokoi. A oni mi mówią, że co najmniej do grudnia. A, do grudnia. „A co wy tu będziecie robić do grudnia?" – pytam. A oni mówią, że „normalnie do tych wszystkich krajów Trzeciego Świata jedziemy z walizką pieniędzy, kupujemy leki, kupujemy ubrania, stawiamy namioty, stawiamy szpitale i robimy wszystko, co trzeba. Tutaj jesteśmy w Europie, musimy podlegać procedurom europejskim, w związku z czym nasi szefowie spotykają się z waszymi ministrami, premierami i innymi strażnikami". No i oni wszyscy mówią, że nie ma problemu, nie ma uchodźców. Nie ma takiej potrzeby, żeby pomagać. Nie dali im prawa wstępu do strefy i ostatecznie skończyło się w ten sposób, że nie dostali zielonego światła. Ich centrala w Amsterdamie podjęła decyzję, że skoro polski rząd nie potrzebuje, to nie potrzebuje. I się zwinęli.

Polska się zmieni?
M.A.: Wierzysz w to?

A ty wierzysz?
M.A.: Myślę, że nie. Staliśmy się złym krajem.

DANKA

Spotykamy się u Danki w pięknej podlaskiej chałupie usytuowanej z dala od jakichkolwiek zabudowań. Wystarczy jednak przejść kilkadziesiąt metrów, by zobaczyć w oddali fragment muru stojącego na granicy.

Tu była cisza spokój, ptaszki śpiewały, aż któregoś dnia zmieniły się dźwięki we wsi. Zamiast ptaszków słyszeliśmy dźwięki dużych pojazdów wojskowych. Jak ci helikopter wisi nad chałupą cały dzień, to wszystko się zmienia. Potem zaczęło się znajdować buty i ubrania.

W lesie?
Tak, a w nocy się słyszało, że ktoś przechodzi koło domu, słychać było szepty. A któregoś dnia przyszło na nasze

podwórko dwóch chłopaków. Mam straszny wyrzut sumienia, bo nie zdążyliśmy im pomóc. Sąsiad zadzwonił po SG, przyjechali i ich zwinęli. Nawet im kawy nie zdążyłam zrobić, tyle że dla jednego polar dałam. Wszystko działo się bardzo szybko. Byli ludzie i nie ma ludzi. Przesympatyczni byli, chwilę zdążyliśmy porozmawiać, papierosa spalili. W czterech językach potrafili mówić, a zabiedzeni byli strasznie. Wtedy stwierdziłam, że czas zacząć coś robić, ale ani się na tym znałam. Wcześniej pisałam do różnych fundacji, chciałam się dowiedzieć, jak pomagać, ale nikt mi nie odpisał. Nawet nie zdawałam sobie sprawy, że już się tyle dzieje.

To było twoje pierwsze spotkanie z uchodźcami?
Pierwsze to było, jak poszłam z psem na spacer do lasu. Ten pies jest raczej w typie owczarka niemieckiego. Zobaczyłam busy SG pełne ludzi. Stałam przy wyjeździe z lasu z psem, a oni właśnie przejeżdżali. W jednym z nich była młodziutka dziewczyna, blondynka. Strasznie mi się głupio zrobiło.

Że stoisz z psem?
Że może pomyśleć, że ja jestem ze służb, dlatego stoję z psem.

Spojrzała na ciebie?
No właśnie, spojrzała na mnie takim wzrokiem, że nie mogłam tego odwidzieć, zamurowało mnie. Potem

jak chodziłam na spacer do lasu, to brałam jedzenie do plecaka, żeby w razie czego mieć coś dla nich.

Początek jest taki, że nie wiesz, co robić?
Kompletnie nie wiem co robić.

I piszesz, prosisz o radę i nikt się nie odzywa?
Potem, tak po sąsiedzku, dowiaduję się, że gdzieś tam jest jakaś grupa, która pomaga. Widzę, że jeden kolega publikuje na Facebooku informacje o wsparciu dla uchodźców. Pomyślałam, że pojadę do niego, i tam zaczęłam pomagać przy stworzeniu magazynu. Wiesz, masa kartonów, segregowanie rzeczy: te, które się nadadzą do lasu, zostawały, a te, co nie, odsyłaliśmy do różnych miejsc, gdzie się mogły przydać. Na przykład do placówek dla biednych ludzi.

Co się nadawało do lasu?
Buty, kurtki, polary, ale tylko te ciemne. Kolorowe i jaskrawe w lesie są niebezpieczne, bo ściągają uwagę służb.

Długo tworzyłaś ten magazyn?
Kiedyś poszłam na spotkanie Grupy Granica, bo przyjechali ludzie, którzy tłumaczyli nam wszystkie prawne zagadnienia. Słuchałam i pomyślałam, że ja tego nie zapamiętam, nigdy nie będę prawnikiem. To byli ludzie, którzy już mieli do czynienia ze sprawami uchodźców,

działali w jakichś fundacjach. Ja wolałam dalej siedzieć w magazynie, niż robić rzeczy, na których się nie znam. Ale widocznie miało być inaczej, bo kiedyś zadzwonili do mnie, że brakuje kierowcy. Czy pojadę? Jak trzeba, to trzeba, pojadę. Okazało się, że jedziemy do grupy, gdzie być może jedna osoba nie żyje. Kobieta poroniła i jest przypuszczenie, że zmarła. Poza tym jest kilkoro dzieci i prawdopodobnie SG też zaraz tam będzie. „No, super" – myślę, ale jadę.

Co wtedy myślałaś?
Byłam przestraszona, nie miałam pojęcia o ratowaniu życia. Co ja mam zrobić w lesie z kobietą, która poroniła? Dzieci ogarnąć to jeszcze OK, ale jeśli naprawdę tam ktoś umarł… To była wczesna jesień, niedawno wróciłam z wakacji, hulaj dusza, *peace and love*, a tu jadę do umierających ludzi. Bałam się.

Pojechałaś?
Pojechałam, ale było zamieszanie z „pinezką". Gdy dotarliśmy w to miejsce, SG już się tam kręciła, ale uchodźców nie znaleźliśmy. Odetchnęłam i wróciłam do magazynu. Po jakimś czasie znowu do kolegi przyszła „pinezka". Tym razem trzeba było jechać do Puszczy, do sześciu mężczyzn z Afryki. Zaparkowałam samochód, ale nie wysiadamy, tylko się rozglądamy, czy kogoś nie ma w okolicy. Bo nie można tak od razu hyc – skoczyć, trzeba się rozejrzeć, żeby kogoś za sobą nie przyprowadzić.

Ruszyliśmy, ale to jest zupełnie inne chodzenie niż normalnie na spacer po lesie. Idziesz, wszystkie zwierzęce instynkty masz na sto procent włączone. Słuchasz, rozglądasz się wkoło. Jesteśmy coraz bliżej, już widać jakąś postać. Chcemy podejść, ale widzę, że to nie jest ktoś, do kogo idziemy. Zobaczyłam rower. Szybko zrozumiałam, że to jest grzybiarz, a nie nasi ludzie. Na ziemię i się wyczołgujesz z tego miejsca tak, by cię nie zauważył.

Grzybiarz jest groźny?
Może zadzwonić.

Po SG?
Tak. W końcu udało nam się dotrzeć do chłopaków. To jest niesamowity widok, wręcz nierealny. Zbliżasz się i widzisz skulone postacie, takie przyczajone. Do dzisiaj mam ich przed oczami. Żebyś widział, jak wcinali te ryby z puszek, które im przynieśliśmy. Ich historia ma dobre zakończenie, bo najpierw znaleźli bezpieczne schronienie w czyimś domu, a potem udało im się opuścić Polskę.

Wróciłaś do magazynu?
Nie. Potem to już było dużo trudnych akcji. Czasami jest tak, że się po prostu przynosi suche ubrania, jedzenie, telefon i powerbank. Chwilę z nimi posiedzisz, opatrzysz rany albo te okopowe stopy i wracasz. Ale zdarzają się takie akcje, których pewnie do

końca życia nie zapomnę. Raz szliśmy wiele godzin w deszczu przez las, a jak nie szedłeś przez taką gęstwinę, to nie zrozumiesz, jaka to jest ciężka podróż. Wszędzie pozwalane drzewa, których się nie da obejść, a jak na nie wchodzisz, to ślizgasz się jak na lodowisku. W końcu na bagnach znaleźliśmy dwóch Syryjczyków. Jeden wyglądał, jakby już miał umierać. Myślałam, że jest niepełnosprawny, twarz miał strasznie zdeformowaną, taką wykręconą. Okazało się, że to było z bólu. Drugi, jego brat, stał nad nim i płakał. To był koszmar.

Da się przygotować na coś takiego?
Człowiek taki jest, że dla niego to jest obrzydliwe, a w leśnych warunkach okazuje się, że obcemu facetowi pomagasz. Zdejmujesz śmierdzące skarpety, czyścisz mu stopy, nakładasz maść, karmisz go. Nie byłam do tego przyzwyczajona, chyba że komuś z rodziny, dziecku, to tak, ale obcemu? Nie spodziewasz się, że będziesz robić takie rzeczy. A tak było u naszych „bagniuczków".

U kogo?
Tak ich nazwaliśmy – „bagniuczki", chłopcy z bagien. Był z nami lekarz i wiesz, to było niesamowite. Dał temu chłopakowi ze trzy tramale. Okazało się, że się skręcał z bólu, bo miał wybity bark. Gdybyśmy byli bez lekarza, to może dalibyśmy mu jedną tabletkę,

a ten dał trzy. Nie minęła godzina, a chłopak zmienił się nie do poznania, twarz mu się rozprostowała, zaczął normalnie wyglądać. Po kilku dniach trafili do ośrodka otwartego Dialog w Białymstoku. Pojechałam ich tam odwiedzić i to było po prostu niesamowite. Jak wyszli, to nie poznałam ludzi, to byli inni mężczyźni. Ten, który w lesie wyglądał na niepełnosprawnego, tu wyglądał na przystojnego faceta. Obydwaj ogoleni, ubrani. To było niesamowite spotkanie, przez cały czas miałam łzy w oczach.

Masz poczucie, że uratowaliście im życie?
Akurat tu mam.

Ilu osobom uratowałaś życie?
Nie wiem. Części po prostu pomagamy, ale rzeczywiście czasami zdarzają się poważne sytuacje. Po tej akcji z „bagniukami" cały dzień przeleżałam w łóżku, wszystko mnie bolało.

Do tego się można przyzwyczaić?
No chyba się przyzwyczailiśmy.

Przyzwyczailiście się, a dalej masz łzy w oczach?
Wiesz, ale po takich ciężkich sytuacjach zdarzają się też lżejsze.

A lżejsze to są jakie?

Że zanosisz jedzenie, widzisz, że ludzie są w dobrej kondycji, wracasz do domu.

A po lżejszych znowu przychodzą cięższe?
Czasami. To już są takie gwoździe do trumny naszej odporności. Byliśmy kiedyś u czterech Jemeńczyków, którzy już wiele razy byli wyrzucani przez SG na Białoruś. Byli bardzo młodzi, chcieli mieć interimy. Przyszliśmy do nich z jedzeniem, ugotowałam wtedy zupę brokułową. Pamiętam, jak ten najmłodszy jadł zupę i zagryzał jabłkiem. Jabłko z Biedronki z taką naklejką. I nagle jak nie wyskoczą policjanci i dawaj ich łapać. Nazwaliśmy tych chłopców gepardy, bo nie uwierzyłbyś, jak szybko wyrwali stamtąd. Nawet nie zdążyli złapać plecaków, na których siedzieli. Tylko trzech miało telefony. A ja cały czas myślałam o tym, co tą brokułową jabłkiem zagryzał. Nie dość, że nie miał plecaka ani telefonu, to jeszcze rozstrój żołądka zaraz będzie miał. Policjanci złapali tylko jednego. Przywlekli go, bo nie dawał rady sam iść. W pewnym momencie zaczął mieć problemy z oddychaniem. Z chwili na chwilę było z nim coraz gorzej. Mundurowi wezwali karetkę. Chłopak pokazywał, że nie może oddychać. Koleżanka przeszukiwała jego rzeczy, bo pomyślałyśmy, że być może ma tam jakieś lekarstwa. Niczego niestety nie znalazła. W pewnym momencie usiadłam za nim i go objęłam, bo on się cały trząsł. Trzymałam go, on drżał,

a w którymś momencie nagle przestał i stał się ciężki jak głaz. Przestraszyłam się, że umarł mi w ramionach. Koleżanka wyzywała policjantów od debili, ale wszyscy byliśmy bardzo przestraszeni. I my, i oni. Po chwili okazało się, że chłopak żyje. Z jednej strony ulga, z drugiej wkurw, że ta karetka nie przyjeżdża. Pamiętam, jak ci policjanci gdzieś wydzwaniali i krzyczeli: „kurwa, on nam zaraz tu umrze!". W końcu postanowiliśmy go zanieść na drogę, żeby było bliżej, jak karetka przyjedzie. Policjanci z moją koleżanką go nieśli, a ja przytrzymywałam jednemu z nich broń, bo tak jakoś miał ją zawieszoną, że lufa wbijała się w tego chłopaka. Pamiętam, jak ci młodzi policjanci nam tłumaczyli, że są z Łodzi i żebyśmy się nie bali, bo SG się zajmuje uchodźcami i umieszcza ich w dobrych warunkach. Jeden z SG próbował nas namówić, żebyśmy zadzwonili do pozostałych chłopaków, bo przez nas zamarzną w lesie. Taką mieli strategię zwalania odpowiedzialności.

Wiedzieliście już wtedy, że od SG nic dobrego ich spotkać nie może?
Tak. W końcu przyjechała karetka. Zbadali go i powiedzieli, że nic mu nie jest. I wtedy SG wsadziła go do swojego samochodu. A ja się cały czas martwiłam o tego najmłodszego, tego od zupy i jabłka z Biedronki, bo on był kompletnie bez szans. Nie mógł nawigować, nie miał telefonu.

Wiesz, co się z nim stało?
Wiem. Po kilku godzinach marznięcia i włóczenia się po lesie wyszedł na drogę, by zatrzymać jakiś samochód, i nie uwierzysz, trafił właśnie na samochód SG, która wiozła jego kolegę. Wiesz, że jak się dowiedziałam, to się ucieszyłam?

Że nie umrze sam w lesie?
On miał czternaście-piętnaście lat, nie miał szans na przeżycie. A tak był z powrotem ze swoim kumplem. Dziwne tu mamy życie, że człowiek z czegoś takiego się cieszy, co?

Wyrzucili ich obu na Białoruś?
Złapali jeszcze jednego i chłopaki już następnego dnia dały znać, że są z powrotem na Białorusi. Następnego dnia koleżanka spotkała tych policjantów i zapytała, czy wiedzą, co się stało z chłopakami. Byli bardzo zdziwieni, kiedy im powiedziała.

Myślisz, że oni nie wiedzieli, w czym biorą udział?
Taką mają pracę i chcą wierzyć, że SG potem rozwozi ludzi do ośrodków.

I tak ostatnio wygląda twoje życie?
Tak się ułożyło.

Jak ci się z tym żyje?

Wracam do domu, a dziecko się pyta, gdzie byłam. Co mam powiedzieć? "No, gdzie ja byłam?" – myślę. "No, sprawy załatwiałam" – mówię.

Nie opowiadasz, co robisz w lesie?
Opowiadam, że pomagam uchodźcom, ale nie wchodzę w detale poszczególnych historii. Jedziemy do szkoły czy na trening, to, czy chcemy, czy nie, jesteśmy świadkami, jak mundurowi zatrzymują uchodźców.

Komentujesz to jakoś?
Pyta mnie, dlaczego tak traktują ludzi i dlaczego nie pozwalają im tu zostać. Rozmawiamy o tym, dlaczego nie chcą mieszkać w swoich krajach, co się tam dzieje. Nie umiem wytłumaczyć, dlaczego tak ich traktuje nasze państwo, ale na końcu tych rozmów dochodzimy do wniosku, że oboje lubimy uchodźców. To wszystko nie jest proste, bo w szkole jest dużo dzieci, których rodzice pracują w SG albo w wojsku. Te dzieci mówią, że ich rodzice bronią Polski przed uchodźcami.

Jak się żyje dwoma życiami naraz? O jednym mówisz, o drugim nie mówisz, ale cały czas jesteś w gotowości.
Powoli się przyzwyczajam. Na początku nie ruszałam się z domu, bo czekałam na sygnał, bo może ktoś mógłby potrzebować mojej pomocy. Wolę lato, bo lato jest bezpieczniejsze dla ludzi w lesie. Zimy nie znoszę, bo raz, że mogą zamarznąć, dwa, że po naszych

śladach mogą ich wytropić służby. Wstawałam rano i jak widziałam śnieg, to płakałam.

A czego się nauczyłaś przez ten czas?
Ostatnio mieliśmy dużą grupę. Przynieśliśmy im suche ubrania, a oni zaczęli je sobie wyrywać, bo ktoś miał jedną parę spodni, a ktoś dwie. I kiedyś nie wiedziałabym, co zrobić, a teraz biegałam i im wyrywałam, żeby nikt nie miał więcej niż reszta.

Co będzie dalej? Wciąż ludzie będą szli przez twoje podwórko?
Jak nie przez moje, to przez inne będą chodzić.

To znaczy, że już zawsze tak będzie?
Tak myślę. Kiedyś koleżanka spotkała w okolicach Kuźnicy parę młodych ludzi z Bliskiego Wschodu z plecakami. Szli po drodze, trzymali się za ręce. Byli szczęśliwi, że wreszcie dotarli do Europy. Koleżanka się za głowę złapała, podchodzi do nich i mówi, że nie mogą tak iść, bo za zakrętem jest patrol, który ich zgarnie. A oni uśmiechnięci mówią jej, żeby się nie martwiła, że idą do Sokółki, a stamtąd jadą dalej. Nie możecie, to się źle skończy, tłumaczy im koleżanka. W końcu namówiła ich, żeby szli lasem.

Miałaś w życiu kiedyś tak intensywny czas jak teraz?
Wiele lat temu wyprowadziłam się na wieś, żeby nie mieć kontaktu z ludźmi.

No to średnio ci to ostatnio wychodzi.
Rzeczywiście nie najlepiej, ale może jeszcze kiedyś wróci spokój.

Robiłaś w życiu coś, co miało taki sens jak to?
Macierzyństwo chyba miało taki sens. To jest jak walka o swoje dziecko. To jest bardzo fizyczne i instynktowne. Idziesz, słuchasz, wąchasz.

Jak pachną ludzie, których spotykasz w lesie?
Różnie, ale bardzo często dymem, ściółką leśną. To są takie różne leśne zapachy. Wilgocią też często pachną, ale nie czuję od nich nieprzyjemnego zapachu. Często to jest, nie wiem, jak ci to wytłumaczyć, to jest taki dziki zapach, taki dymem pachnący.

Las się dla ciebie zmienił, od kiedy są uchodźcy?
Jak przyszła wiosna i zaczęły w lesie kwitnąć te wszystkie piękne kwiatki, to pomyślałam, jak pięknie będą wyglądać, idąc wśród nich. A potem się zawstydziłam, że takie głupoty myślę. Jak były poziomki, to sobie myślałam: „ciekawe, czy zbierają nasze piękne poziomeczki". Dziewczyna z Afryki mówiła mi, że trafiła do naszego lasu zimą i spędziła w nim kilka miesięcy. Była bardzo zdziwiona, że nic tam nie ma do jedzenia. Jesienią widujemy ich z plecakami wypchanymi jabłkami i kukurydzą, która na ich nieszczęście jest pastewna.

Masz kontakt z ludźmi, którym pomogłaś?

M.A.: Z częścią mam. Kiedyś zaniosłam chłopakom z Syrii zupę. Tak wcinali i nie mogli się jej nachwalić, dyniowa była. Po jakimś czasie dostaję wiadomość od jednego z nich, z ośrodka w Niemczech. Napisał, że wszystko u niego w porządku, że dobrze go traktują, że jedzenie też OK, ale że moja zupa była najlepsza.

PAULINA BOWNIK

W białostockiej knajpce muzyka gra bardzo głośno, a Paulina mówi bardzo cicho. W poszukiwaniu ciszy dwa razy zmieniamy miejsce. Co chwila podchodzą osoby, które witają się z Panią Doktor. Paulina wygląda na wyczerpaną. Nasza rozmowa trwa krótko. Dwa dni później znajduję na jej Facebooku wpis przynoszący odpowiedzi na wiele pytań, które jej zadałem.

Hipotermia, odwodnienie, nieżyty żołądkowo-jelitowe, złamania, pobicia, zwichnięcia, skręcenia, ciąże, poronienia, krwotoki, krwawienia, krwiste biegunki, krwiste wymioty, wyczerpane dzieci, odwodnione, niedożywione, niedożywienie ostre, nakładające się na to przewlekłe. Osoby, którym się nie dało wytłumaczyć, żeby jadły powoli, rzucają się na jedzenie, a potem są w złym stanie. Rany od drutu kolczastego. O, tak tu z grubsza mamy.

Wsiadasz w samochód i jedziesz do lasu zszywać rany?
Zdarzało się.

Daleko masz do tego lasu?
Daleko. Czasem osiemdziesiąt kilometrów, bo ja pracuję w Bielsku Podlaskim. Często się tak zdarza, że jeżdżę prosto z dyżuru.

Ale dlaczego tych ludzi nie przywozisz do szpitala?
Dlatego, że ze szpitala grozi im pushback.

Nawet jak są w takim skrajnym stanie?
Zdarzało się, że takie osoby były wypychane z mojego szpitala, na szczęście nie było ich wiele. Mój szpital jest troszeczkę szczególnym przypadkiem, ponieważ ja tam jestem i ponieważ jest tam mój szef. On jest Kurdem z Iraku i jest dyrektorem tego szpitala. Od kilkudziesięciu lat bardzo szanowanym w swojej lokalnej społeczności. Ale zdarzało się tak, że ludzie w złym stanie zdrowia byli stamtąd zabierani i trafiali z powrotem na Białoruś.

Dlaczego z innych szpitali można zabrać, a od was nie można?

Nie powiedziałam, że nie można. Od nas też się to zdarzało, ale takich sytuacji było mało, ponieważ robimy wszystko, żeby tych ludzi nie zabierano.

Jak to wygląda? Wjeżdża policja, Straż Graniczna, ktoś wchodzi na oddział?
Na początku to było tak, że policja i straż pilnowały tych osób. Natomiast w tej chwili, w większości sytuacji, kiedy jest ktoś u nas na SOR-ze, to nie pilnują. Przyjeżdżają dopiero, kiedy lekarz da znać, że pacjent jest już w takim stanie, że można go zabierać.

Dzwonisz do Straży Granicznej i mówisz, możecie go już zabrać?
Mój szef dzwoni i mówi, że jest taka osoba na oddziale i wypis jest gotowy.

I wtedy oni przyjeżdżają i wyrzucają ją za granicę?
Z mojego szpitala w większości nie wyrzucają. Jak trzeba, to robimy konferencje prasowe pod szpitalem, organizujemy interpelacje poselskie, robimy interimy tym ludziom. Robimy wszystko, żeby ich nie wyrzucali, więc z mojego szpitala przeważnie nie wyrzucają. Natomiast w innych nie jest to wcale rzadka praktyka.

To jest kwestia poglądów lekarzy?
Obawiam się, że zależy, na kogo się trafi, nie sądzisz?

Najwyraźniej jest, jak mówisz. W twoim szpitalu to się praktycznie nie zdarza czy zdarza bardzo rzadko, a w innych się zdarza zawsze czy bardzo często. To dlaczego oni nie potrafią tak zrobić jak ty?
To już chyba pytanie do tych lekarzy, nie do mnie.

Oni tego nie robią, bo uważają, że dobrze postępują?
Polacy są wystraszeni. Polacy boją się władzy i boją się mundurów. Z reguły wystarcza, że jest jedna osoba, która się zainteresuje, i my już organizujemy opiekę, i często tym pushbackom udaje się zapobiegać. W pewnym sensie od tego jesteśmy, Grupa Granica. Takie wzięliśmy na siebie zadania. Staramy się, żeby ci ludzie nie umierali, ani na Białorusi, ani w Polsce.

A ta część leśno-medyczna, jak tam się zachowuje sterylne warunki?
No, stara się zachować taką czystość, jak tylko można. Zmieniam bardzo często igły, strzykawki, staram się utrzymywać czystość w plecaku medycznym, ale uważam, że to, że do tej pory się nic złego nie stało, ani osobie uchodźczej, ani też żadnemu z wolontariuszy, to jest cud. Że nam po drodze się nic nie stało, to jest jedna rzecz, a druga rzecz, że też nigdy się nic takiego poważnego nie stało żadnemu uchodźcy. Ja tam leczę na czuja, mam tylko słuchawkę i takie narzędzia, jakie mogę zabrać. Uszy, oczy – i to wszystko. Ale na pewno

prędzej czy później będzie taka sytuacja, że coś się stanie. Jakiś wolontariusz, idąc o północy w Puszczy, złamie nogę. Kiedyś utkniemy na bagnach. W końcu tam zrobię jakiś błąd. Nie powinno się ludzi leczyć w lesie, na polu, na polanie. Od tego są szpitale. Ludzie nie wiedzą, że ta Puszcza to jest las pierwotny. To nie jest zwykły las, tam czasami woda sięga do uda. Idzie się przez pajęczyny, wykroty. Mieliśmy kiedyś wezwanie do człowieka w hipotermii. Był odwodniony, miał problem ze starym złamaniem. Ludzie, których tam leczę, to są ludzie z rejonów wojennych. To są ludzie, którzy mają często bardzo stare urazy, które się odnawiają, zwłaszcza kończyn dolnych. Ten człowiek był na bagnach, które pewnie bym wtedy przeszła, bo już zdarzało mi się chodzić w trudnym terenie. Ale nie powinnam zakładać wenflonu, będąc cała w błocie, bo to zwiększa ryzyko infekcji. I wtedy koledzy mnie tam zanieśli, żebym była możliwie najmniej ubrudzona tym wszystkim.

Na jak długo masz jeszcze siły?
Nie mam już siły.

A kiedy to się skończy?
To się nie skończy jeszcze bardzo długo. Myślę, że jedyna szansa na to, żeby to się skończyło, jest w rękach Łukaszenki. Tak naprawdę to polskie władze nigdy tej migracji nie chciały zatrzymać, bo gdyby chciały, toby

to zrobiły inaczej. Zrobiłyby to skutecznie. Dzisiaj ci ludzie są już w centrach dużych podlaskich miast. Mamy „pinezki" z Białegostoku, mamy „pinezki" z centrum Hajnówki, z parków.

Że oni się tam dostali w te wszystkie miejsca?
Dzisiaj udzielam pomocy, już właściwie nie wiem, czy to jest jeszcze las, czy to już park w Hajnówce. Przechodzę trzysta metrów i widzę przedszkole i dzieci, które się w nim bawią. Nie wiem, jak to nazwać. Nie mogę sobie poradzić z tym, że tak się dzieje.

Uważasz, że służby są badziewiarzami czy robią tak specjalnie, żeby tym ludziom udawało się przedostawać dalej?
Trudno jest mi uwierzyć w to, że oni nie robią tego specjalnie. Może oni też są badziewiarzami, a poza tym mają w swoich szeregach ogromny problem alkoholowy.

W służbach?
Tak, były na ten temat raporty Krytyki Politycznej, badania były na ten temat, to jest jedna rzecz. Druga rzecz jest taka, że o ile białoruska Straż Graniczna jest jedną z najlepiej zorganizowanych na świecie i na przykład na granicy rosyjsko-białoruskiej mysz się nie prześlizgnie, to nasza Straż Graniczna nie jest najlepiej zorganizowana na świecie. A poza tym czasami bywają ludźmi.

Ludźmi – to znaczy, że czasami kogoś puszczą, odwrócą się?
Bardzo często. Myślę, ile razy oni mnie puszczali. Ile razy było tak, że widział mnie jakiś pogranicznik na drugim końcu pola. Ja stoję na swoim końcu, on na mnie patrzy. Ja patrzę na niego, myślę, co mam robić: „czy czmychać do lasu, czy mu pomachać?". On patrzy, a ja sobie robię kic, kic w las.

Pierwsza interwencja, do której pojechałaś?
W Usnarzu.

Dopuścili cię do uchodźców?
Pierwsza interwencja była wtedy, kiedy w Usnarzu Górnym byli uchodźcy. Ale ja w tym samym czasie zajmowałam się innymi uchodźcami, którzy przechodzili niezauważeni przez Straż Graniczną. Tam było pięciu mężczyzn, trzech z Afganistanu i dwóch z Jemenu. Byli pushbackowani dwadzieścia dwa razy. Afgańczycy to byli żołnierze, którzy walczyli ramię w ramię z Polakami. Mieli zdjęcia, mieli nieśmiertelniki. Jeden z Jemeńczyków był w bardzo ostrej reakcji depresyjnej, dygotał i był strasznie wychudzony. Ten był bodajże inżynierem, a drugi to był student, Sulejman.

Pamiętasz ich wszystkich? Tych, do których chodziłaś.
Teraz już tak trochę mi się rozmywają, ale oni wszyscy już są na Zachodzie. Z Sulejmanem mam kontakt do dziś, jest w Luksemburgu.

I do nich szłaś, bo co z nimi było?
Jeden z tych Afgańczyków – był najstarszy, jeżeli dobrze pamiętam – miał zapalenie płuc. Był słaby i nie mógł iść, trafił do szpitala. W trakcie udzielania pomocy przyjechała Straż Graniczna, a wiadomo, że jak oni są, to zaraz będzie pushback. Zaczęliśmy dzwonić po wszystkie możliwe media i media przyjechały. A kiedy są media, to jest zmiana zachowania służb o sto osiemdziesiąt stopni.

Czyli gdyby ktoś z mediów był w każdej takiej grupie...
Byłoby całkowicie inaczej. Stan wyjątkowy wprowadzono po to, by usunąć media.

A to znaczy, że to prawo, na które oni się powołują, znika, gdy są media?
Ustawa wywózkowa?

Tak.
Nie w stu procentach, ale przeważnie tak. To znaczy, że oni się jeszcze wstydzą tego, co robią. Nie wiem, jak będzie kiedyś, za kilka lat.

Będą mówili o tobie, będziesz tym listkiem figowym. Będzie tak jak ze Sprawiedliwymi kiedyś. Będą mówili, jak wszyscy Polacy ratowali.
To będzie dopiero za dwadzieścia albo czterdzieści lat, ja myślę, co będzie za pięć. Na razie odsetek psychopatów jest niewielki.

Masz na myśli służby?
Tak. Myślę, że wtedy to już co drugi taki będzie.

Zdegenerowany?
Tak.

Daje się namawiać koleżanki lekarki i kolegów lekarzy do pomagania w lesie?
Nie.

Nie próbujesz czy oni są nienamawialni?
Bardzo szybko sobie odpuściłam.

Szkoda energii?
Nie ma sensu. Ludzie wolą w nocy spać w łóżku, niż iść do lasu. Wolą dać pieniążki na organizację, na przykład na Grupę Granica. Myślę, że to też jest bardzo potrzebne i bardzo ważne, bo dzięki tym pieniądzom działamy. Dzięki temu mam cały garaż wypakowany sprzętem medycznym.

Inni mogliby dawać pieniądze, a ci mogliby służyć pomocą medyczną.
Wiesz co, to jest cholernie obciążające psychicznie. Tu byli Medycy na Granicy, naprawdę niesamowici. Superzorganizowani, mieli fantastyczne leki, sprzęt i fantastyczne wszystko. Kuba Sieczko – nie chciałabym mówić za niego, ale myślę, że bardzo dużą cenę

zapłacił za to, żeby to wszystko zorganizować. To jest historia kryminalizowania naszej działalności, i to po prostu się skończyło.

Jak się skończyło?
Żołnierze spuścili powietrze z opon ich ambulansu, a ich samochody zostały zniszczone, więc zakończyli dyżury przed czasem. Rozumiem, że nie każdy będzie chciał iść na wojnę z państwem polskim. Ale widzę ostatnio nowy trend. Bardzo dużo osób bierze uchodźców do domów. Mam wrażenie, że to się znormalizowało. Są w Hajnówce, są w Bielsku, oni są tuż koło nas. Znam takie osoby, które deklarowały, że zawsze będą na PiS głosować, i to właśnie one chowały tych ludzi w domach. Chowały dzieci, całe rodziny, myślę, że wcale tego nie chciały. Myślę, że to nie było ich marzenie, ale robiły to, bo teraz już nie do końca da się mieszkać na Podlasiu, *stricte* na tym prawdziwym Podlasiu, czyli tam gdzie są te wioski, i nie wiedzieć tego, że ich wywożą.

Polska się zmienia? Polska chce pomagać i chronić przed wywózkami?
Były na ten temat badania robione. Polacy w sześćdziesięciu procentach popierają pushbacki i wprowadzenie strefy stanu wyjątkowego jako metody radzenia sobie z kryzysem migracyjnym. Czyli czterdzieści procent jest przeciwko, a część z tych czterdziestu procent jest, jak widać, gotowa do pomocy.

Zdarzyło ci się wzywać pogotowie?
Raz wezwałam. Był człowiek w hipotermii i odwodniony. To była hipotermia drugiego stopnia, jego temperatura po ogrzaniu wynosiła trzydzieści dwa stopnie. Nie miałam jeszcze takiego sprzętu jak teraz i nie byłam w stanie założyć mu wkłucia. Bałam się, że umrze.

Wpuszczasz płyn, który ma wyższą temperaturę, tak?
Tak, leczenie jest bardzo proste. Często to są młodzi, zdrowi ludzie, a czasami tacy, którzy mają choroby przewlekłe. Dlatego jadą. Żeby się leczyć albo dlatego, żeby leczyć dzieci. Gdy są młodzi i zdrowi, wystarczy podać pięćset mililitrów soli albo glukozy, ale w tamtym przypadku się nie dało. Zadzwoniłam po Medyków na Granicy, bo ten pacjent wymagał szpitala. Lekarka od nich znalazła na kciuku jedyną niezapadniętą żyłę, w którą dawało się wkłuć, i założyła wenflon.

Wezwałaś Medyków na Granicy, a nie karetkę pogotowia.
Ściśle rzecz biorąc, tak.

Wezwanie karetki jest jednoznaczne z tym, że go uratują, a potem wywalą?
Jest duże ryzyko tego. Postępowanie służb było takie, że było widać, że wywalą.

Skąd się tam wzięły służby?

Medycy na Granicy zadzwonili do dyspozytora głównego pogotowia ratunkowego i dyspozytor wysłał karetkę, swoją, podczas gdy Medycy na Granicy mają swoją karetkę. Kazał przełożyć tego człowieka, co było całkowicie nieuzasadnione, i tak czekali czterdzieści minut. Pacjent w głębokiej hipotermii czekał na straż.

A co się wydarzyło, gdy straż przyjechała?
Karetka ruszyła przed siebie, prawie dwieście na godzinę. Chcieli nas zgubić, ale my się nie daliśmy zgubić.

Chcieli go w takim stanie gdzieś wystawić za druty?
Myślę, że tak. W końcu odpuścili i dotarliśmy do szpitala wojewódzkiego w Białymstoku. On już był w trochę lepszej formie, już mu te płyny skapały.

Chciałam mu podać papiery, żeby mógł złożyć wniosek o azyl, ale nie chcieli mnie już tam wpuścić. Ale i tak weszłam.

Co im odpowiadasz, jak oni do ciebie mówią: „Pani doktor, pani nie wejdzie"?
Wiesz co, to nie był mój szpital. Podejrzewam, że nie wiedzieli, kim ja jestem.

Straż Graniczna nie chciała cię do niego wpuścić?
Ubrana po cywilnemu strażniczka wezwała policję. Wyprowadzili mnie siłą z tego SOR-u. Wtedy wyjęłam telefon i zaczęłam dzwonić po media.

Masz taki żelazny zestaw, po który dzwonisz?
Mamy nasz zespół medialny, mamy kanał medialny i tam wrzucamy takie informacje. I zgadnij, co wtedy zrobili policjanci.

Jak zaczęłaś dzwonić?
Tak, zgadnij, co zrobili.

Wycofali się?
Zaprowadzili mnie do tego pacjenta, żebym mogła dać mu papiery. Tak działają media. Wystarczyła sama groźba, bo jeszcze nikt z prasy tam nie zdążył przyjechać. Potem chcieli dać mi mandat za to, że ich nie posłuchałam. Ja tego mandatu nie przyjęłam. Przyszło wezwanie do zapłacenia mandatu z powodu wybryku nieobyczajnego. Nie wiem, czy wiesz, co to jest wybryk nieobyczajny.

Nie wiem.
No więc wybryk nieobyczajny to jest pojęcie z kodeksu wykroczeń. Wybryk nieobyczajny to jest na przykład oddawanie moczu publicznie, współżycie publicznie, obnażanie się i tego typu sytuacje.

Zostałaś skandalistką.
Będę to wnukom pokazywać. Mandatu nie przyjęłam. Potem była sprawa w sądzie i została ona umorzona.

Miałaś kiedyś taką myśl, że może lepiej, żeby ten człowiek umarł, niż żeby go w takim stanie wyrzucali?
Do tej pory osoby, którym pomagałam, szybko się odczmuchiwały.

Co robiły?
Odczmuchiwały. Żargon medyczny. Wychodziły na prostą. Zdarza się, że osoby, które są w naprawdę złym stanie, często są zabierane do domów.

Do jakich domów?
Do domów, po prostu ktoś ich chowa.

Aktywiści ich chowają?
Zwykli ludzie ich chowają.

Mieszkańcy Podlasia?
Tak, bardzo często. Wiesz co, ja myślę, że to jest dobra wiadomość, bo szczerze mówiąc, bałam się bojówek, które będą tych uchodźców tępić.

Ile osób dziennie przekracza tę granicę?
Wbrew temu, co mówi Straż Graniczna, myślę, że to są setki ludzi dziennie. Kiedyś jednego dnia widziałam w lesie około pięćdziesięciu osób. Tego samego dnia rzeczniczka Straży Granicznej powiedziała, że dzisiaj były trzy nielegalne przekroczenia granicy.

Ciekawe, czy oni to wszystko wiedzą.
Pytasz, czy są ślepi i głusi? Posłuchaj, w poniedziałek 20 czerwca sprawdzaliśmy dojazd do jednego miejsca, żeby następni mogli dotrzeć z zaopatrzeniem. Udzielaliśmy pomocy i to trwało pięć, sześć godzin. Grupa była w złym stanie, a czterysta metrów dalej stali żołnierze pod krzyżem. To było w poniedziałek. We wtorek druga grupa przychodzi, żołnierze dalej stoją pod krzyżem. W środę znowu przychodzi grupa pomocowa, inna. Żołnierze cały czas tam stoją. Więc ja nie wierzę, żeby oni byli, aż tak ślepi, aż tak głusi.

To jest samowolka mundurowych czy taka jest odgórna polityka?
Trudno mi powiedzieć, to już chyba trzeba by zapytać kogoś ze straży. Ja mam wrażenie, że dają taki odgórny rozkaz. Moje wrażenie może być mylne.

Rozkaz, żeby odwracać głowy?
Żeby mnie nie gnębić. Nie pamiętam, kiedy ostatnio rozmawiałam z mundurowym. Może w styczniu. I nawet jak już z kimś rozmawiałam, to wystarczyło, że spojrzał na mój dowód, i natychmiast odpuszczał. Nie mam nawet jednego mandatu za wjazd w strefę, a zatrzymywali mnie tam kilkakrotnie. W porównaniu z tym, jak traktowali innych aktywistów, dla mnie byli uprzedzająco grzeczni.

Dlaczego tak jest, co na nich działa?
Może działa ten straszak, że jestem jednak osobą mówiącą głośno, znaną medialnie. Być może to działa. Nasza władza ma inną strategię, oni bardzo dobrze umieją napuszczać jednych ludzi na drugich i robią to w bardzo wyrafinowany sposób. Taką strategię na mnie wybrali. Rzeczniczka SG oskarżyła mnie, że zostawiłam dziecko samo w lesie. A to nie była prawda, bo nie zostawiłam jej.

Jakie dziecko?
Dwunastoletnią dziewczynkę, do której szliśmy 20 czerwca. W Światowy Dzień Uchodźcy. Miała odmrożenia…

20 czerwca miała odmrożenia?
Tak, bo od stycznia była w lesie. To były stare odmrożenia, tyle razy była wyrzucana. Została rozdzielona z rodzicami, została z grupą przyjaciół rodziców. Pokażę ci zaraz zdjęcie jej stopy. Tym paluchem nie mogła ruszać. Prawdopodobnie to było stare złamanie, którym nikt w lesie nie umiał się zająć. Nie ma palców. Pewnie odpadły z odmrożenia, bo też nie wydaje mi się, żeby ktoś je w tym lesie amputował.

Wpis Pauliny Bownik na jej publicznym koncie na Facebooku dwa dni po naszym spotkaniu

Początek sierpnia 2021.

Żyję tak, jak żyć chcę. Mam dobrą pracę, świeżo upieczony awans i podwyżkę, superszefową, wychowuję syna i robię to dobrze. Tak poukładałam życie, że nie widuję go tylko między jednym dyżurem a drugim, nie jestem lekarską matką widmem, jestem MATKĄ.

Jest dobrze.

Połowa sierpnia 2021. Państwo polskie więzi i torturuje grupę 32 Afgańczyków i Afganek. Kłamie. Kiedy stoję 15 metrów od kobiet w obozowisku, polska publiczna tv twierdzi, że to sami mężczyźni, że to nie są Afgańczycy, że nie są na terenie Polski. Kłamstwa są szyte bardzo grubymi nićmi i dziecinnie proste do podważenia. Podajemy opinii publicznej na tacy zdjęcia satelitarne obozowiska z zaznaczoną polsko-białoruską granicą, zdjęcia kobiet z obozowiska, paszporty całej grupy, które wysłał nam brat jednego z uwięzionych. Padł rozkaz – nie wpuszczać lekarza. Prawników wolno. Dwóch posłów wolno. Nie wolno podać leków, podpasek dla kobiet i za nic, za cholerę nie wpuszczać lekarza. A dlaczego? A bo tak. A kto zabrania? Zielone ludziki w maskach, bez identyfikatorów, bez nazwisk, bez stopnia.

Zaczyna się bezprawie.

Stoję w kordonie polskich żołnierzy. Trzymam w rękach broń niemasowego rażenia – karton z lekami. Jestem dwieście metrów od obozowiska, tuż przy granicy. Widzę grupę kilkunastu Białorusinów z karabinami, którzy pędzą przed sobą setkę ludzi. Uchodźców. Część skrajnie wychudzonych. Część z małymi dziećmi na rękach. Część trzeba podtrzymywać, żeby mogli iść. Białorusini krzyczą: „Dawaj! Dawaj, bystraj! Bystraj, bystraj, dawaj!".

Pierwszy pushback, który pamiętam. Wyjątkowo obrzydliwy. Rodzina z Jurowlan. Dziesięć osób, dwoje dorosłych, jedna zgarbiona staruszka o lasce, reszta dzieci, z których najstarsze miało może dziesięć lat, a może nawet nie.

Dlaczego nie możemy dać im jeść?, pyta aktywista. Bo mogą się zatruć, odpowiada bezimienny zbir w kominiarce, z karabinem u boku i grubym paluchem na spuście.

Październik 2021. Mnóstwo wezwań o pomoc. Uczę się medycyny leśnej, kompletuję sprzęt, organizuję życie pod nagłe i nieprzewidziane wyjazdy do ludzi w skrajnie złym stanie. Pierwszy i ostatni raz wzywam karetkę do człowieka tak wyziębionego i odwodnionego, że nie mogę założyć mu wkłucia. Tysiące ludzi przekraczają granicę. Wielu z nich ląduje w szpitalu, żeby potem znów znaleźć się w lesie. Tylko w październiku szpital w Hajnówce hospitalizuje 143 osoby uchodźcze.

Maj 2022. Pani, zlituje się pani. Znalazłem ludzi w polu, zabrałem do siebie, głodni byli. Nie zadzwonię na strażnicę, bo ich na Białoruś wywalą, a oni pobici oboje, i matka, i ojciec... Jeść im dałem, a teraz wszyscy rzygają. Podłogę mi zniszczą, pani, a ja drewnianą mam. Pomóż pani, co dać tym dzieciakom, żeby ich ganiać przestało? One już nawet stać nie mogą, te dzieci, takie słabe, a takie ładne, ale jak ja gadać mam z nimi, jak oni tylko bolo, bolo i tyle? Przyjedź, pani, pomóż. Tylko nie mów nikomu, pani, proszę, sama przyjedź, bo ja się boję, że straż się dowie. Doktor, ja błagam.

Tylko nie mów nikomu.

Czerwiec 2022. Płot. Zbliżam się do granicy wydolności, odporności. Drugie w ciągu pół roku zapalenie płuc. Szpital. Wiem, że muszę wyjechać i przypomnieć sobie, jak się odpoczywa, jak się wyłącza telefon, jak się żyje w stanie innym niż In Case Of Emergency. Znajduję w lesie dziecko, dziewczynkę, wypychana na Białoruś od stycznia, rozdzielona z rodzicami przez polskie służby mundurowe. Rzecznik SG wypuszcza fałszywą informację, że zostawiłam ją samą w lesie. Choć to bzdura, przyjmuje się. Powtarza to duży portal informacyjny, a nawet jedna z organizacji wchodzących w skład Grupy Granica. Choć wszystkie źródła – poza panią rzecznik – prostują, mleko się rozlało. Wiem, że SG nie będzie mnie dręczyć i prześladować, jeździć za mną, dawać mandaty czy w inny sposób uprzykrzać życie. Będzie mnie dyskredytować, bo to o wiele sprytniejsza strategia.

Lipiec 2022. Coś się kończy, coś się zaczyna. Grupa Granica się zmienia. Mali ludzie rzucają długie cienie. Aktywiści próbują zbierać szczątki zniszczonego aktywizmem życia. Dzieci, prace, rodziny, zdrowie fizyczne i psychiczne. To wszystko ucierpiało, bo polski żołnierz ogłuchł i zaniewidział, kiedy trzy kolejne grupy zaopatrywały dziewczynkę i jej przyjaciół w leśne niezbędniki. Żołnierze stali, nomen omen, pod krzyżem. Na rozstaju dróg.

Uchodźców jest coraz więcej. Udzielam pomocy trzysta metrów od centrum dużego (jak na Podlasie) miasta. Leczę grupę śmiertelnie przerażonych młodych studentów z Konga. Jeden z nich ma uszkodzony staw kolanowy, bez ruchomości czynnej. Nie może chodzić. W polskim lesie to oznacza śmierć. Ale przecież my nie jesteśmy w lesie. Jesteśmy bardziej w parku. Idę góra pięć minut od grupy i widzę plac zabaw, bawiące się dzieci, pijanych mężczyzn na przystanku autobusowym, folklor Podlasia. Coś we mnie pęka. Łatwiej mi znieść interwencje na środku bagien, gdzie trzeba mnie zanosić na barana, niż cierpienie, które chodzi tymi samymi co ja ulicami, kompletnie niezauważone.

Chcę, żebyście wiedzieli, że uchodźcy są wśród nas, i o ile Łukaszenka nie postanowi inaczej – to się nie zmieni. Chcę, żebyście wiedzieli, że kiedy pani rzecznik stwierdziła: „mieliśmy tylko trzy nielegalne przekroczenia granicy!", Grupa Granica odebrała pięćdziesiąt wezwań o pomoc. Chcę, żebyście wiedzieli, że ci ludzie cierpią. Chcę, żebyście wiedzieli, że to od dawna głównie chrześcijanie, mnóstwo kobiet w ciąży, dzieci, rodzin. Chcę, żebyście wiedzieli, że ten odsetek psychopatów w mundurach, którzy nie odwracają głowy, wyrzuca na Białoruś te rodziny, kobiety, dzieci, ciężarne, pobitych, chorych, wycieńczonych mężczyzn, bardzo często jeszcze nastolatki. Chcę, żebyście wiedzieli, że na Białorusi tych ludzi się bije, kobiety i dziewczynki gwałci, a psychopaci w mundurach mają zwyczaj się temu przyglądać, stojąc po swojej stronie ogrodzenia. Chcę, żebyście wiedzieli, że ci ludzie mają polską flagę na ramieniu i polskie godło na czapce. Chcę, żebyście wiedzieli, że Grupa Granica udzieliła pomocy jedenastu tysiącom ludzi, że najczęściej wolontariuszki to młode, atrakcyjne kobiety i nigdy żadna z nas nie była przez uchodźcę zagrożona. Ani jedna aktywistka i ani jedna podlaska krowa w ciągu tego roku nie została zgwałcona. W każdym razie nie przez uchodźcę.

Robię sobie kilka tygodni przerwy. Muszę odpocząć przed nauką do egzaminu i nabrać perspektywy. Nie wiem, czy wrócę na polsko-białoruską granicę. Ale jeśli nie wrócę, to niech wam się dzisiaj nie śni nic innego.

ASIA I MAREK JACELOWIE

Siedzimy na tarasie ich domu i wspólnie jemy śniadanie. Co jakiś czas milkniemy, żeby dzieci nie słyszały naszej rozmowy.

Czym był dla was ostatni rok?
A.J.: Horrorem.
M.J.: Horrorem.
A.J.: Dramatem.
M.J.: Mrokiem.
A.J.: Nie wiem, jak to nazwać. Końcem świata.

Macie poczucie, że to był koniec świata?
A.J.: Koniec naszego świata, w każdym razie mojego. Po tym, co przeżyłam, już nigdy nie będę tym samym człowiekiem. Więc jest to koniec jakiegoś świata.

Co przeżyłaś?
A.J.: Oboje przeżyliśmy, a tak naprawdę widzieliśmy rzeczy, które wrzynają się w człowieka. Myślałam, że mam dużą wyobraźnię, ale tego bym nigdy nie wymyśliła.

M.J.: Najgorsza jest ta niemoc. Chciałbyś pomóc, a możesz zanieść jedzenie, suche ubrania i musisz powiedzieć: „no dobra, to wy tu na nas poczekajcie, wrócimy jutro".

A.J.: Nigdy nie myślałam, że zobaczę ludzi płaczących z radości na widok butelki z wodą. I te pytania, na które nie umieliśmy znaleźć odpowiedzi. Dlaczego Polacy ich tak traktują? Dlaczego nie pozwalają im przedostać się do Niemiec, gdzie mogą legalnie przebywać? Dlaczego wyrzucają ich z powrotem na Białoruś?

M.J.: Białoruscy pogranicznicy szczują ich psami i przypalają.

Przypalają?
M.J.: Poznaliśmy Egipcjanina, który miał całą twarz poprzypalaną.

Czym?

A.J.: Papierosami.

M.J.: Nigdy nie byłem świadkiem brutalnych sytuacji z pogranicznikami, ale widziałem konsekwencje.

A.J.: Koleżanka opowiadała, że siedzieli z uchodźcami w lesie i nagle pojawili się strażnicy. Darli się potwornie: „kurwa, dawać tych ciapatych!". Podbiegli i zorientowali się, że tam nie sami ciapaci siedzą, i od razu zmienili ton. Ale widać, jak ich traktują, gdy nie ma świadków.

A jak prosisz pograniczników, by nie wywozili tych ludzi, bo to im grozi śmiercią, to słyszysz, że wiozą ich na swoją placówkę. Że zaraz ich ogrzeją, dadzą herbaty. A potem ładowali ich na swoje samochody i wywozili w stronę lasu.

M.J.: Uciekali nam.

Widzieliście, że nie jadą na placówkę?
M.J.: Tak i próbowaliśmy ich gonić, ale wjeżdżali w strefę. A nas już nie przepuszczali przez checkpoint.

A placówka straży jest gdzie indziej?
M.J.: Tak. Wystarczyło zobaczyć, jak szybko ruszali, żeby zrozumieć, że chcą nas zgubić. Oni potrafili zapieprzać po tych leśnych drogach sto sześćdziesiąt kilometrów na godzinę.

A.J.: Człowiek traci poczucie bezpieczeństwa. Prawo okazuje się fasadą. Można je w każdej chwili zmienić pod aktualne potrzeby. Myślisz, że któregoś dnia możesz się znaleźć w grupie niepożądanych osób. Przecież część tych osób, których nie wywalili na Białoruś, przebywa teraz w więzieniach, bo inaczej tych obozów nie da się nazwać.

Mówisz o strzeżonych ośrodkach dla cudzoziemców?
A.J.: Tak. Niektórzy twierdzili, że wolą umrzeć w lesie, niż żeby ich złapali i tam wsadzili na długie miesiące. W trakcie tych leśnych interwencji myślałam, że gdyby mi ktoś pół roku wcześniej powiedział, że będę coś takiego przeżywać, to na pewno bym nie uwierzyła. Czasami czułam się jak w filmie. Czołgałam się w krzakach, ukrywałam się przed helikopterami, a czasami rzucałam gębą w bagno, żeby mnie straż nie zauważyła. Myślałam sobie, co tu się dzieje. Przecież ja jestem matką trójki dzieci. Spokojną osobą prowadzącą agroturystykę, a zachowuję się jak komandos. Nie mam ani partyzanckich, ani medycznych kompetencji, a mimo to idę, bo wiem, że tam ludzie mogą umrzeć. Ostatnie szkolenie medyczne przeszłam w podstawówce, nic już z tego nie pamiętam.

Straszne było poczucie bezsilności wobec tego, co się działo.

M.J.: Najgorsza była niepewność, bo nie wiedzieliśmy, co się z tymi ludźmi dalej stanie. A czuliśmy się za nich odpowiedzialni.

A.J.: I dlatego się wycofaliśmy z pomocy.

M.J.: Nie radziliśmy sobie ze stresem.

A.J.: Wyobraź sobie taką sytuację: idziesz do lasu i zastajesz tam starszego pana.

M.J.: Marynarza z Aleppo.

A.J.: Gościa, który jest kimś, ma konkretne umiejętności, a zastajesz go leżącego w lesie przy dziesięciu stopniach. Jest cały mokry, nie może wstać, ale błaga, żeby nie wzywać karetki.

M.J.: Bo wie, że wtedy go wyrzucą z powrotem na Białoruś.

A.J.: Jest z nim trzech chłopaków, a ty wiesz, że ten dziadek nigdzie dalej nie pójdzie. Wiesz, że oni go zostawią, i błagasz, żeby ci dali znać, jeśli to zrobią. Następnego dnia napisali esemesa, że poszli bez niego.

Potworny dylemat mieli.

A.J.: Ale jaki to jest w ogóle dylemat? Przecież ten gość powinien dostać pomoc, powinien pojechać do szpitala. Powinien zostać wyleczony i wypuszczony. Powinien wyjść, bo jest, kurczę, wolnym człowiekiem, nie?

M.J.: To jest absurd, że ludzi się stawia przed takimi dylematami.

A.J.: Po tej historii musiałam się wycofać z pomagania. Trzy dni ukrywaliśmy tego gościa przed służbami w lesie.

Codziennie do niego przychodziliście?
A.J.: Tak. Karmiliśmy go, sprowadziliśmy lekarkę, która oceniła prawdopodobieństwo pushbacku na duże, ale mówiła, że on potrzebuje pomocy.

Że dla służb był za mało chory, by go wieźć do szpitala?
A.J.: Nie był w stanie chodzić, nie był się w stanie nawet załatwić, ale ona wiedziała, co zrobią służby. I miała rację.
M.J.: Codziennie go całego przebieraliśmy, bo się zanieczyszczał.
A.J.: Prawie nie jadł, bo nie był w stanie przełykać. Bolał go brzuch, bo pił wodę z bagna i ona go zatruła. Gdy jego stan się bardzo pogorszył, wezwaliśmy karetkę. Wtedy już była dużo większa szansa, że go nie wywalą.

Dzieci wiedziały, że jeździcie pomagać ludziom w lesie?
A.J.: A co, mają nie wiedzieć? Przecież słyszą wszystko, są z nami bardzo blisko.
M.J.: Dzieci robiły magazyn dla uchodźców.

Swój?
M.J.: Nie, nasz.

Myślałem, że miały taką zabawę.
A.J.: No miały.
M.J.: Zabawy to one miały różne.

A.J.: Robiły z lego przerzuty uchodźców. To jest straszne, w czym nasze dzieci się tu ostatnio wychowują.

Czym się zajmowały w waszym magazynie?
M.J.: Pieczę nad batonami proteinowymi trzymała najmłodsza córka.

A.J.: Ludzie nam przysyłali paczki i trzeba było to wszystko posegregować. Dzieci wiedziały, że to są rzeczy dla uchodźców i że nie wolno nic z tego zjeść.

M.J.: Jak słyszały, że nam coś piknęło w telefonie, to od razu pytały, co pakować.

Dzieci spotkały się kiedyś z uchodźcami?
A.J.: Uchodźcy mieszkali u nas w domu. Widziały, że niosę śniadanie dla gości, ale one dobrze rozróżniały gości agroturystyki od gości, którzy zapukali do naszych drzwi, prosząc o pomoc.

Czym dla dzieci było to doświadczenie?
A.J.: Od tamtego czasu panicznie boją się policji, straży, w ogóle wszystkich służb. Przez długi czas miały fobię. Gdy jechaliśmy samochodem, to wciąż się za siebie oglądały. Pamiętały czas, kiedy służby ciągle za nami jeździły. Wieziesz dzieci na basen, a za tobą jedzie straż. Nie mówiliśmy tego na głos, ale mamy mądre dzieci, które potrafią połączyć kropki. Widziały, że ja cały czas zerkam w lusterko.

Wyczuwały napięcie?
A.J.: Pod dom podjeżdżały nam samochody strażników. Robili kółko wkoło domu. Trochę poświecili, a gdy wychodziliśmy, to odjeżdżali bez słowa.

M.J.: Przyjeżdżali nas zastraszać. Po tym jak naziole napadli na agroturystykę naszych znajomych, czara się przelała. Wtedy u nich mieszkali Medycy na Granicy i właśnie tam rozwalili im samochody. Wtedy założyliśmy u siebie monitoring, żeby obczajać, kto nas ogląda.

Nie wrócicie już do lasu?
A.J.: Nie twierdzę, że nie wrócę, ale na razie musieliśmy wrócić do naszych dzieci. Musimy znowu przez chwilę pożyć bez nieustannego oczekiwania na piknięcie w telefonie.

M.J.: Piknie, to lecisz do kibla, a dopiero potem reszta.

Dlaczego najpierw do kibla?
M.J.: To jest taki stres, że tak właśnie reaguje organizm. Potem lecisz do magazynu i pakujesz, co akurat tam będzie potrzebne, i jedziesz do lasu.

Czego się nauczyliście przez ten czas?
A.J.: Że życie jest chujowe. Nie wiem, jak to inaczej nazwać.

M.J.: Że Straż Graniczna jest przejebana. Kiedyś ich chwaliliśmy, że są spoko, kulturalni. Wszystko odbywało się w dobrej atmosferze.

A.J.: Ja zawsze mówiłam, że to jest taka lepsza policja.

M.J.: Nawet jak zrobiłem małe wykroczenie, to: „Spokojnie, panie Marku, proszę jechać, ale na przyszłość proszę być uważniejszym". Teraz dali im uprawnienia, jakie dotychczas miała tylko policja. Mogą wlepiać mandaty, mierzyć prędkość.

A.J.: Wiesz, jak na to spojrzeć, to też nauczyliśmy się pozytywnych rzeczy, na przykład udzielania pierwszej pomocy. Wiem, co to jest hipotermia.

M.J.: Albo jak przenieść sześćdziesiąt kilo na plecach.

Ile?

M.J.: Sześćdziesiąt.

Niosłeś sześćdziesiąt kilo na plecach?

M.J.: Jak idziesz do dwunastu osób, ładujesz pięć zgrzewek wody plus jeszcze jakieś dodatkowe rzeczy, to tyle z grubsza wychodzi.

A.J.: Zdarzało się, że cały dzień nic nie jadłam, bo od kiedy wyszłam do lasu, to już nie było na to czasu. Trzęsłam się tak, że bałam się dalej iść. A w plecaku miałam pełno jedzenia, ale nie śmiałam nawet tego skubnąć, bo niosłam dla ludzi, którzy nie jedli od wielu dni. Myślałam sobie, że dam im to jedzenie i wrócę do domu, bo przecież tam mam cały zastawiony jedzeniem stół. Ale z jednej akcji przerzucaliśmy się bezpośrednio na drugą, nie było kiedy jeść.

Im mniej się kręciłeś, tym lepiej. Nauczyliśmy się, jak oszukiwać służby.

M.J.: Bardzo skutecznie.

A.J.: Nauczyliśmy się też dużo o różnych egzotycznych krajach, którymi się w ogóle nie interesowałam wcześniej.

Zaczęłaś czytać o tym, skąd oni przychodzą?
A.J.: Zaczęłam czytać, żeby wiedzieć, co tam się dzieje, i interesować się tym, dlaczego oni stamtąd uciekają. Żeby mieć argumenty w rozmowach typu: „Mają swój kraj, to niech w nim siedzą". I jak już trochę poczytałam, to zaczęłam się wstydzić za swój kraj, za swoich współobywateli, za rząd. I to jeszcze bardziej siada na psychice. Zaczęłam myśleć, że świat jest okrutny, a ja nie mam na niego żadnego wpływu. A potem już było blisko do myśli, po co sprowadziłam na taki świat trójkę dzieci. Zaczęłam się zastanawiać, dokąd się wyprowadzić, żeby dzieci były bezpieczne.

M.J.: A my się już raz wyprowadzaliśmy, żeby tu przyjechać z miasta. Wiesz, że dzięki temu, co tu się teraz dzieje, to poznaliśmy wiele osób, których w normalnych warunkach byśmy nie poznali.

Ten kryzys was zbliżył?
A.J.: Tak.

Wspólne działanie?
M.J.: Signal nas połączył tak naprawdę.

A.J.: Razem chodziliśmy na akcje, ale i na sprzątanie lasu, by nie pozostawały obozowiska po uchodźcach.

A czego się ostatnio dowiedzieliście o Polsce?
M.J.: Że Polacy chętnie uczestniczą w zbiórkach pieniędzy, ale z przyjeżdżaniem i chodzeniem do lasu to już jest gorzej.

A.J.: Że Polacy najchętniej sprzeciwiają się wirtualnie, z bezpiecznej pozycji, od siebie z domu. Turyści odwrócili się od Podlasia, ale jak dałam ogłoszenie, że potrzebujemy rzeczy dla uchodźców, to zablokowaliśmy białostocki oddział InPostu. Kurierzy do nas codziennie dzwonili, żebyśmy przyjeżdżali odbierać te paczki.

M.J.: Potem to już do nas przyjeżdżali i wywalali nam kosmiczne ilości tego towaru.

Sensowne rzeczy wam ludzie przysyłali?
A.J.: Pół na pół.

M.J.: Dużo było bezsensownych.

A.J.: Zrobiliśmy listę potrzebnych rzeczy. Jeden facet kupił nam pięćdziesiąt zajebistej jakości termosów.

M.J.: Zadzwoniła kobieta i powiedziała, żeby jej wysłać link do tego, co nam dokładnie potrzeba, i kupiła wojskowych spodni za siedem tysięcy. Idealnych, bo niewidocznych w lesie.

A.J.: Ale przysyłali nam też garnitury, stringi, piżamki i rajtuzki. Ludzie sobie czyścili szafy.

M.J.: Popakowaliśmy te rzeczy i odesłaliśmy do Warszawy, do teatru. Im się to bardziej przyda.

Wysłaliście do teatru?
M.J.: Tak, całą pakę ubrań z lat siedemdziesiątych.

A.J.: Jesteśmy pieprznięci, bo zamiast po prostu do kosza, to za kogoś odwalaliśmy pracę. Segregowaliśmy: co wyrzucamy, bo nawet bezdomni na to nie spojrzą, co do fundacji dla bezdomnych, co do teatru, bo oni chcą na kostiumy, a potem załatwialiśmy jeszcze transport.

M.J.: Trzy miesiące pieprzenia się z tymi paczkami.

A.J.: Na późniejszym etapie to już wolontariusze się tym zajmowali.

M.J.: I nasze dzieci.

A.J.: Coraz częściej mam takie poczucie, że już nie chcę się z tym kryć. Do cholery, nic złego nie robimy, wręcz przeciwnie – robimy zajebiste rzeczy, ratujemy ludziom życie! Nosimy ludziom jedzenie, pomoc i otuchę.

M.J.: Tu nie ma dyskusji o tym, czy to ma sens, czy nie. Ma i już.

A.J.: Wiesz, że pomagasz, a po nich widać, że to ma najgłębszy sens. Gościliśmy w domu kilku chłopaków i jeden z nich powiedział, że jak będzie miał syna, to go nazwie Marek. I to jest wzruszające. A z drugiej strony, jak ich tu masz, to zasłaniasz okna, żeby nikt ich nie zobaczył. Powiedz mi, czy to jest normalne?

M.J.: A potem widzisz, jak się przez Skype'a łączą z wujkami.

A.J.: I ten wujek nam macha przez telefon.

M.J.: I wygląda jak Saddam Husajn.

A.J.: Mieszkało u nas kiedyś dwóch chłopaków, którzy byli torturowani przez Białorusinów. Codziennie dawałam im śniadanie, obiad i kolację. Któregoś dnia pytają, dlaczego im pomagamy. „Jak to, dlaczego? Nie potrafimy się odwrócić, kiedy potrzebujecie pomocy. Nie chcemy, żebyście spali w lesie. Chcemy, żebyście byli bezpieczni. Wstyd mi za mój kraj i chcę wam to w taki sposób wynagrodzić". I wtedy zaczyna się ta rozmowa, dlaczego Polacy ich tak traktują. Dlaczego muszą się ukrywać.

I co im wtedy odpowiadacie?
A.J.: Ja mówię, że Polacy są rasistami. Kiedyś myślałam, że tylko Łódź jest rasistowska.

Łódź?
A.J.: Tak, bo ja stamtąd pochodzę, wiem, co tam ludzie myślą o innych. Później poznałam Białystok i okolice.

I czego się dowiedziałaś?
A.J.: Tego samego.

To może ty już nigdzie nie jedź, bo ci będzie przykro.
A.J.: W Warszawie idziesz po ulicy, widzisz multum narodowości i jakoś nic się nie dzieje.

Popytaj ludzi na ulicy, co o tym myślą, to pogadamy o Warszawie.

M.J.: Wiesz, co ja myślę, jak w Warszawie widzę czarnego faceta grającego w centrum miasta na bębnie? Myślę, że muszę go natychmiast zaciągnąć w krzaki i schować.

A.J.: Wiesz, jak nam się wszystko w głowach teraz poprzestawiało. Pojechaliśmy z dziećmi w słowackie góry. Idziemy sobie szlakiem turystycznym i jest przepięknie. Zatrzymaliśmy się, żeby zjeść kanapki i wypić herbatę. Rozglądam się i widzę, że z daleka nadchodzi siedmiu ciemnych facetów.

M.J.: Na bank Syryjczycy.

A.J.: I włącza się mój nowy odruch. Po pierwsze, zapytać, czego potrzebują, po drugie, pomóc się schować.

M.J.: A oni siadają, wyjmują kanapki i pomidory, zadowoleni gadają sobie jak gdyby nigdy nic.

A.J.: Nie mogłam od nich oderwać wzroku. Identyczni jak ci w lesie, tylko nie mieli tego napięcia na twarzach. Boże, oni sobie jedzą kanapkę z pomidorem i w ogóle nie muszą uciekać. To jest takie straszne, że ja tak o tym myślę.

M.J.: Wiele rzeczy jest teraz dziwnych. Miejscowi uważają, że tym uchodźcom tak naprawdę nic nie potrzeba, bo mają iPhone'y.

A.J.: Gdyby mieli Nokię 3310, to byliby wiarygodnymi uchodźcami.

M.J.: I jeszcze niektórzy mają markowe buty albo kurtkę Gucci. To dopiero jest używanie.

A.J.: Ludzie chcieliby, żeby oni z tego lasu wychodzili jak obdartusy, a nie w podróbkach adidasów czy Gucciego.

Kiedy to się skończy?
M.J.: Tego nie wiem, ale na pewno napiję się wtedy alkoholu.

A.J.: Ci z nas, którzy wzięli udział w tym pomaganiu, zapłacą wielką cenę. Nikt z nas nie pozostanie tym samym człowiekiem, to są przeżycia jak na wojnie. Do Marka mierzyli już tutaj z karabinu.

Strażnicy graniczni?
M.J.: Tak, zamaskowani imbecyle pomyśleli, że jestem przemytnikiem.

W lesie?
M.J.: Wracałem z koleżanką i kilkoma osobami z akcji. Wychodzimy z lasu i widzę, że na parkingu kręcą się tajniacy. Ustaliliśmy, że tylko my dwoje wychodzimy, a reszta zostaje w lesie z tym miliardem plecaków z zupą i całą resztą. Powiemy, że byliśmy na spacerze, a ponieważ blachy w samochodach mieliśmy lokalne, to luz, jesteśmy u siebie. Ona wsiada do swojego samochodu, ja do swojego i się zaczyna. „Wypierdalać z fury!". Rzucili mnie na glebę i przystawili broń do

pleców. Mówią, że jestem podejrzany o przemyt ludzi. Słyszę, jak do niej krzyczą: „Wypierdalaj, suko!". I rzucają ją na glebę. Mówię do nich: „Panowie, jestem Polakiem, tu jest mój dowód osobisty". Chyba się skapowali, że się pomylili, ale dalej się drą. „Kurwa, kurwa, kurwa!". Brnęli i nie przestawali nas straszyć. Ona się wściekła i zaczęła krzyczeć. Dostała strasznej korby i darła się na nich potwornie. Powiedzieli, że mamy czekać, aż przyjedzie Straż Graniczna, to już się nami zajmą i że im się będziemy tłumaczyć.

Przyjechali?
M.J.: Przyjechali mundurowi strażnicy, poprosili o dowody osobiste. Zapytali, co tu robiliśmy. Powiedzieliśmy, że spacerowaliśmy. Koniec przedstawienia, puścili nas. Niestety, znaleźli tych, którym pomagaliśmy.

A.J.: Wiesz, co to robi z głową?

M.J.: Wracasz do domu i zaczyna się rozkmina, czy to aby nie przez ciebie ich namierzyli. Może trzeba było zostawić samochody gdzie indziej. Co źle zrobiliśmy?

A.J.: Na początku nie zwracali uwagi na miejscowe samochody, ale później już zaczęli.

M.J.: Potem nauczyliśmy się to inaczej robić. Jechał samochód, wyrzucał spadochroniarzy z plecakami i jechał dalej.

A.J.: Pytałeś, czego się nauczyliśmy. Nauczyliśmy się taktyki działania w czasie pokoju w państwie demokratycznym.

M.J.: W tym samym czasie ktoś idzie z dziećmi po zakupy do sklepu, a ty się tarzasz po lesie, żeby cię służby nie znalazły.

A.J.: Pytałeś, co się wydarzyło tu u nas ostatnio. Kiedyś uwielbiałam jeździć na rynek do Hajnówki, tam przyjeżdżają rolnicy i sprzedają normalnie wyhodowane warzywa. Zawsze staraliśmy się wspierać lokalnych producentów. Te panie mnie uwielbiały, bo robiłam duże zakupy, żeby wyżywić gości, którzy przyjeżdżali do naszej agroturystyki. Miło było z nimi, dużo śmiechu, można było wymienić plotki. Potem przestałam jeździć, bo turyści do nas nie przyjeżdżali przez tę strefę. Kiedy sezon z powrotem ruszył, to już nie chciało mi się tam jechać, bo wiedziałam, że ci ludzie są zwykłymi rasistami.

Słyszałaś, jak to mówią?
A.J.: Żona takiego dziadka, od którego Marek uczył się pszczelarstwa.

M.J.: Czołowy rasista.

A.J.: „Brudasy! Mur do prądu podłączyć!". Nie chciało mi się tego słuchać.

M.J.: Były plotki na rynku, że wozimy Arabów.

A.J.: „Mąż podobno woził Arabów i strzelała do niego policja". Nawet ci się nie chce tego dementować. Kiedyś tam chodziłam wesoła i uśmiechnięta, a teraz przyjeżdżam, robię zakupy i myślę, żeby się wszyscy ode mnie odpierdolili. Ale robię te zakupy, bo chcę mieć zdrową żywność. Nie chcę kupować w Biedrze. Powoli to mija, dzisiaj byłam i było trochę lepiej, ale…

Ale teraz już jest wszystko jasne.
M.J.: Tak, już wiemy, co mają w sercach.
A.J.: To jest jak z zakupami. Jak chcesz *fair* kupić, nie chcesz kupić od Rosjan, nie chcesz kupić od koncernu, nie chcesz kupić od PiS-u, to ci nic nie zostaje.

To ci zostają rasiści.
A.J.: Nie chcesz kupić od rasistów.
M.J.: To umierasz z głodu.
A.J.: Myślę, że wzięcie udziału w tym wszystkim odmieniło nasze życie na gorsze. Oczywiście możemy być z siebie dumni, że nie zachowaliśmy się jak ostatnie chuje, ale wychodzimy z tego z bardzo ciężkim bagażem.

A sięgnęliście kiedyś po pomoc psychologiczną?
A.J.: Ja kiedyś próbowałam, ale bardzo szybko powiedziałam, że zasięg mi siada i muszę się rozłączyć. Czułam, że nie dam rady o tym mówić.

KAMILA

Siedzimy na parterze blisko kominka w domku pod lasem.
Pijemy kawę, ale często wychodzimy na zewnątrz,
bo Kamila ostatnio wróciła do palenia papierosów.
Dzieci wchodzą i wychodzą.
Jej mąż prawie cały czas pali na tarasie.

A ty chodzisz do lasu?
Chodzę, ale nigdzie daleko, bo mam dom, dzieci, pracę. Jak idziesz do lasu, to myślisz, że wrócisz za godzinę czy dwie, a wracasz po dziesięciu. Raz mi się zdarzyło spóźnić po dziecko do szkoły i postanowiłam, że to się więcej nie zdarzy.

Do którego lasu chodzisz?
A tutaj, bliziutko domu. I zasięg jest, i do domu blisko, a i ludziom pomóc można. Jak to się wszystko zaczęło, to nasze wioskowe babki prosiły, żeby im nie opowiadać, jaka jest sytuacja w lesie. Mówiły, że im się od tego smutno robi.

Nie chciały, żebyś im humor psuła.
Tak, bo ludzie chcą żyć lekko, łatwo i przyjemnie. Chcą być uśmiechnięci, więc lepiej nie wiedzieć.

A co mówią o uchodźcach?
Na początku mówili, że będą nas rabować i gwałcić. Że po to przyszli. Teraz już nie ma mowy o rabowaniu i gwałceniu, bo się okazało, że ci ludzie nie zbliżają się do naszych domów. Sporadycznie pukają i proszą o wodę.

I ludzie im dają wodę?
Raczej dają. Ale są tacy, co dają, a potem dzwonią po SG.

Dlaczego oni dzwonią, a ty nie?
Ja jestem miejscowa, tak jak oni, ale przez jakiś czas mieszkałam w Białymstoku. Część osób, które ostatnio zaangażowały się w pomoc, miała kontakt z ludźmi z innych krajów. Z ludźmi mówiącymi innymi językami. Oni się nie boją ludzi.

Opowiedz mi o tym wychodzeniu do pobliskiego lasu.

Z mojego okna sporo widać. Czasami po prostu sobie patrzę i jak widzę, że ktoś idzie, to wychodzę. Większość z nich idzie tymi samymi ścieżkami, a ja akurat mieszkam w dobrym miejscu.

Niektórzy powiedzieliby, że to jest złe miejsce.
A ja mówię, że to jest bardzo dobre miejsce. Chodzę sobie na spacery i jak kogoś spotkam, to zabieram do domu. I oni u mnie śpią i jedzą, śpią i jedzą, śpią i jedzą.

Jesteś ich aniołem.
Nie mogę na to patrzeć. Słuchaj, latamy w kosmos, mamy smartfony, a w europejskim lesie ktoś musi się ukrywać jak w czasie drugiej wojny. Tam się ukrywają ludzie, którzy się boją ludzi, bo nasi mundurowi wywożą ich za granicę. Idę tam pomóc, a jak mnie widzą, to uciekają ile sił w nogach, bo się boją Polaków. Muszę za nimi biec i krzyczeć, że chcę pomóc. Jedno dobre to to, że oni mniej się boją kobiet, a tu prawie wyłącznie kobiety pomagają. Mam tu taką starą babcię, która codziennie rowerem robi objazd po swojej okolicy. Jak kogoś znajduje, to im po „swojomu" tłumaczy, żeby czekali, a ona im przywiezie jedzenie. Potem wraca do domu, nastawia kartofle, czeka, aż się ugotują, i im tym rowerem wiezie garnek kartofli z powrotem do lasu.

Często ich spotyka?

Średnio co trzy dni. Tak tu jest. Jedna stodoła pomaga, druga wydaje. Jedna chowa, druga pali.

Ale do domu ta babcia nie weźmie?
Nie, bo się boi. Ja biorę i mówię: „Możesz u mnie odpocząć, możesz przespać dwie, trzy noce". To nie jest nielegalne, mogę do swojego domu zaprosić, kogo chcę, i nie mam obowiązku pytać o legalność jego pobytu w Polsce. Wiem, że prawo uważa, że on jest nielegalny, ale trzeba to sobie jakoś wyważyć. Ja mam w dupie ich legalność, która jest ważniejsza od dobra i życia tego człowieka. Ledwo żywi ludzie po kilku pushbackach opowiadali mi, jak to wygląda. Wychodzą z lasu, podchodzą do pierwszej chałupy, żeby poprosić o wodę, i od razu widzą, czy uciekać, czy zostać. Jeden mi opowiadał, że w końcu w czwartym domu otworzyły się drzwi i baba go wciągnęła do środka.

Większość ludzi w mojej wsi wie, o co chodzi w polityce państwa. Najszybciej się połapały starsze kobiety, większość wie o wywózkach. Mężczyźni raczej wierzą w najeźdźstwo i pod sklepem kibicują mundurowym. Częstują ich podlaskim bimbrem i dziękują za ochronę granic.

Wszyscy w twoim domu wiedzą, że ci mieszkańcy są uchodźcami?
Tak. Mąż miał opory, ale machnął ręką, bo ciągle mu gadałam, że nie pójdzie do nieba. Wszyscy są skupieni

na tym, jak im pomóc, bo bywa, że ci ludzie ostatnie trzydzieści dni spędzili w lesie.

Boją się, że ich wydasz?
Na początku na pewno.

Wychodzą na podwórko?
Siedzą w jednym pokoju, najwyżej idą do łazienki. Ja tu prowadzę normalne życie. Przychodzą sąsiedzi, koledzy do dzieci, robimy imprezy, urodziny, więc ze względów bezpieczeństwa tak mamy ustalone.

Gadacie sobie?
Tak, ale dopiero po dwóch dniach, bo wtedy odzyskują siły, a czasami nawet humor.

O czym rozmawiacie?
Poza ich leśnymi historiami to mają wiele ciekawych rzeczy do opowiedzenia. Dzięki nim dowiedziałam się, jak funkcjonuje Trzeci Świat, bo wcześniej się w to zbytnio nie zagłębiałam. To są normalni ludzie, mają swoje radości, smutki i marzenia. Lubię z nimi siedzieć, jak mam wolny wieczór.

Ukrywasz ludzi i ratujesz im życie.
Nie nazwałabym tego tak. Dom im na chwilę daję i tyle.

Ale musisz ich ukryć przed sąsiadami.
Muszę ich ukryć przed całym światem. Czasami dzwonią do mnie stare babki i mówią: „pani przyjdzie, bo znalazłam go na grzybach". Przychodzę, zabieram i tyle. Tu trwa teraz wielkie polowanie. Biali polują na czarnych. Tak ja to odbieram. Tropią ich i ścigają, mają wojsko, służby, helikoptery i wszystko, co chcesz. A potem pod sklepem opowiadają.

Ci z SG?
Tak. Takie gadki przy piwie. „A ja go goniłem chyba ze dwa kilometry, ale spierdalał. Ja złapałem dzisiaj sześciu, a ja czterech". Na początku tak nie było. Uchodźcy opowiadali, że jak ich mundurowi łapali, to mówili, że im przykro, że muszą ich wywalać. Podobno niektórzy płakali, dawali kanapki, ale potem już im ta kultura minęła i ich tłuką. To wszystko powoduje, że ludzie boją się brać ich do domu. Słyszałam historię o dziadku, który spotkał człowieka w lesie, ale nie wiedział, co z nim zrobić. Kazał mu czekać do zmroku i zabrał go do domu, a potem rano odwiózł z powrotem na to samo miejsce. A wieczorem wrócił i znowu go zabrał.

Ile czasu będziesz to sanatorium prowadzić?
Ile będzie trzeba, ja nie mam z tym kłopotu. To nie jest dla mnie uciążliwe. Mogę normalnie funkcjonować, do pracy chodzić i zajmować się rodziną. W moim

odczuciu to żadne bohaterstwo. Niczym nie ryzykuję i nic mnie to nie kosztuje. Na dodatkowy posiłek dzięki bogu mam.

Bałaś się ich kiedyś?
Tak, zanim ich spotkałam. A potem już nie. Oni są chudsi ode mnie, są jak z obrazków z Holokaustu. Chudzi, zarośnięci i twarze mają takie ściągnięte. Są wybiedzeni i wystraszeni. Nie wiem, jak ci to opowiedzieć. Nigdy już nie zapomnę tych oczu. Jak wystraszone zwierzę, które nie wie, co ma zrobić. Jak zobaczysz takich ludzi, to zrozumiesz, że tu się nie ma czego bać. Rozmawiałam z chłopakiem, który był pushbackowany piętnaście razy. Opowiadał mi, że za którymś razem, jak go Białorusini dorwali, to spuścili na niego wyszkolonego psa. Rzucał się, ale nie gryzł, tylko rozszarpywał ubranie i zdejmował je warstwa po warstwie. Świetnie wyszkolony pies. Co chwilę go odwoływali i od nowa szczuli. Gdy chłopak już był w samych slipkach, umierali ze śmiechu i kazali mu iść do innych uchodźców. Mówili, że tamci dadzą mu ubranie. Ludzie, którzy przeszli przez Białoruś, opowiadają straszne historie. Kobiety, które przez dziewięć miesięcy własnym ciałem płacą za życie. Za jedzenie, za wodę, za łóżko. Za życie po prostu. Niemal każda historia jest ciężka. To jest jak film – od roku nie muszę chodzić do kina.

A jak to jest z twoimi dziećmi, które chodzą do szkoły? Wiedzą, że nic nie mogą powiedzieć?
Wiedzą i nic nie mówią. Na początku kryzysu jeden kolega z klasy, syn pogranicznika, zaproponował zabawę w strażników i uchodźców. Jedni mieli uciekać, inni mieli ich gonić. Dzisiaj się już u nas o tym nie rozmawia. Z grubsza wiadomo, kto co myśli, ale nie rozmawiamy.

Dlaczego?
Żeby móc obok siebie żyć. Kiedyś próbowałam z jedną sąsiadką porozmawiać. Powiedziała mi, że zaczęła zamykać budynek gospodarczy na kłódkę, bo mogliby tam wejść i coś ukraść. „Co ty tam masz w tym budynku gospodarczym, co oni mogliby chcieć ukraść?" – pytam. A ona mi mówi: „No, na przykład kosiarkę". „I co, pojechaliby tą twoją kosiarką do Berlina?".

Dziwna ta umowa o niegadaniu o tym.
Bo my wszyscy wierzymy, że to się skończy i trzeba będzie ze sobą jakoś żyć. Dlatego ludzie się cieszą, że jest mur. Myślą, że on coś zatrzyma. Nic nie zatrzyma. Tylko więcej złamań i poważnych kontuzji przez niego jest i tyle.

Czego się ostatnio dowiedziałaś o Polsce?
Poważnie się zastanawiam, czy to jest kraj dla moich dzieci.

A czego się ostatnio nauczyłaś?
Przede wszystkim odświeżyłam znajomość języka angielskiego. Można powiedzieć, że umiejętność obsługi własnego telefonu również znacznie wzrosła, biegle zmieniam alfabety i języki komunikacji. Mam dużo nowych przyjaciół, myślę, że takich do grobowej deski.

A jakichś przyjaciół straciłaś?
Najwidoczniej nie byli moimi przyjaciółmi.

Ale przedtem myślałaś, że byli.
Nie mam czasu na przyjaciół, którzy twierdzą, że nie ma kryzysu uchodźczego, a ludzie z lasu przyjechali po socjal i że będą nam blokować kolejki w NFZ, jak ich Polska przyjmie. Nie umiem brać udziału w spotkaniach towarzyskich, w trakcie których opowiadamy sobie o nowych sukienkach i paznokciach. W dupie mam takie rozmowy. Generalnie przez tę sytuację wycofałam się z życia towarzyskiego, mąż też mniej wychodzi.

Dlaczego pomagasz tym wszystkim ludziom?
Bo mogę. Mam wolny pokój, który służył mi kiedyś za składzik, więc dlaczego tego nie wykorzystać. A jak to się skończy, to znajdę sobie następnych do pomagania. Może zaangażuję się w pomoc Ukrainie, ale jeszcze nie wiem. Odkryłam w tym wielki sens. Dotychczas żyłam dla siebie, dla swojej rodziny, a teraz po prostu czuję się zrealizowana, że robię coś więcej

niż doglądanie mojego gospodarstwa, że mogę komuś dać jeść wtedy, kiedy tego naprawdę potrzebuje.

Jesteś w kontakcie z ludźmi, których gościłaś?
Tak, choć oni często tracą telefony i kontakt się urywa, ale jestem w kontakcie z ich matkami. Bo matka zawsze czeka na wiadomości i ma ten sam numer telefonu. Mam kontakt z dziewczyną, która była u mnie na początku tego kryzysu. Mówi, że ciągle jej się śni szum naszego lasu.

Pewnie masz sąsiadów, którzy są w SG i tak jak ty mają dzieci. Jak oni sobie radzą z tym, że wyrzucają dzieci za druty?
Znam dwie takie pary. Jedni się właśnie rozwodzą, a u drugich żona rozmyśla nad rozwodem.

Wiesz, co się dzieje z tymi mężczyznami?
Nie radzą sobie psychicznie. Wracają do domu i nic nie mówią, a ciężko jest mieć relację z kimś, kto nie mówi na żaden temat. Bywają agresywni w stosunku do żon i dzieci, a przedtem tak się nie zachowywali. Próbują uciekać na zwolnienia, ale ile możesz być na zwolnieniu.

Lubisz ten las, który widać przez twoje okno?
Kiedyś tam chodziłam, cieszyłam się tym, że widać, jak się zmieniają pory roku. Lubiłam oddychać tym fajnym leśnym powietrzem. A dzisiaj chodzę i się rozglądam, czy ktoś się nie rusza w krzakach.

ANDRZEJ

Spotykamy się na dworze, w bliskiej okolicy jego domu. Andrzej mówi ściszonym tonem i często się rozgląda wokół.

Mama wyszła z pieskiem na spacer do lasu i znalazła rodzinę. Byli w lesie już kilkanaście dni, przyprowadziła ich do domu. Przenocowaliśmy ich, umyli się, zjedli, ale nie wiedzieliśmy, jak możemy im pomóc.

To byli twoi pierwsi uchodźcy?
Tak. Skontaktowałem się z fundacją Ocalenie. Opowiedziałem, jaka jest sytuacja, ale nie mogli do nas przyjechać, bo tu była strefa. Ten trzykilometrowy

pas strefy to od początku była bzdura. Są miejsca, gdzie ten pas miał osiem i więcej kilometrów, bo tworzyli go, wyodrębniając obszary geodezyjne, a nie według odległości od granicy. Każdy obszar geodezyjny, który stykał się z granicą, automatycznie należał do strefy.

Ludzie z fundacji nie przyjechali?
Przyjechali. Pomogli wypełnić pełnomocnictwa oraz oświadczenia, że proszą o ochronę w Polsce. Takie dokumenty są wypełniane w kilku językach, aby nikt nie miał wątpliwości. To było już poza strefą objętą zakazem przebywania, było kilka osób z fundacji, media, w tym zagraniczne, wezwano SG. Wówczas wszystkim się wydawało, że ci ludzie nie mają wyjścia i po przekazaniu SG będą bezpiecznie oczekiwać na dalsze procedury.

Wyprowadziłeś ich poza strefę?
Pokazałem, dokąd mają dojść. To nie była wielka wycieczka, góra kilometr. Tam czekali na nich aktywiści z fundacji i media. Jak już było to całe zamieszanie, to podjechałem samochodem, żeby czuwać nad przebiegiem. Gdy SG skończyła wszystkie procedury, zaczęli ładować ich na ciężarówkę. Wracałem do swojego samochodu i wtedy usłyszałem rozmowę kierowcy i strażnika, który mówił, że ma pojechać prosto i od razu skręcić w prawo. Znam ten teren i wiem, że do

strażnicy SG nie jedzie się w prawo. Zapaliła mi się czerwona lampka, bo zrozumiałem, że wiozą ich do granicy. Pobiegłem do samochodu i ruszyłem za nimi. Ledwo ich dogoniłem, bo ruszyli z kopyta. Na checkpoincie zostałem zatrzymany, a oni pojechali dalej. O szóstej rano następnego dnia potwierdzili „pinezką", że zostali wyrzuceni. Mieli pretensje, nie rozumieli, dlaczego tak się stało. Pytali, czemu ich wydaliśmy.

A ty co myślałeś?
Myślałem, że to pomyłka. Przecież to była rodzina z dziećmi, jeśli dobrze pamiętam, sześcioletni chłopak i ośmioletnia dziewczynka. Miałem nadzieję, że jak o sprawie zrobi się głośno, to ktoś naprawi ten błąd i umożliwi im wydostanie się z pułapki, jaką już wówczas było pogranicze polsko-białoruskie. Zawiadomiłem media. Przekazałem wszystkie informacje. Wiedziałem, że są przecież nagrania telewizyjne. Inni również mogą potwierdzić, że ci ludzie tu byli. Wierzyłem, że w końcu ktoś się puknie w głowę, że uznają, że przesadzili. Nic takiego się nie wydarzyło. Wtedy zacząłem rozumieć, co tu się naprawdę dzieje, że jestem świadkiem bezprawia. Gdy zobaczyłem zdjęcia, które przesłali mi z Białorusi, ostatecznie się upewniłem, że muszę coś w tej sprawie zacząć robić.

Co było na tych zdjęciach?
Siedzieli przy ognisku, a wokoło takich ognisk były dziesiątki. To się działo zaraz koło nas, a my nic o tym nie wiedzieliśmy. Na tym pasie granicznym między naszą granicą a ich sistemą, która wciąż istnieje. Był październik 2021, więc muru jeszcze nie było. Zrozumiałem, że Białorusini ich stamtąd nie wypuszczają. Zostali uwięzieni w pułapce pogranicza, między wojskiem i służbami obu państw. Stali się zakładnikami i brutalnie wykorzystuje się ich jako „żywą amunicję".

Miałeś z nimi później kontakt?
Ktoś z ich rodziny z Iraku do mnie napisał z pytaniem, czy jeśli będą próbowali ponownie, to teraz już im pomożemy. Padło pytanie o to, dlaczego ich zdradziliśmy. Oskarżał nas o to, że jesteśmy okropni.

Da się z czegoś takiego wytłumaczyć?
Wysłałem linki do materiałów dziennikarskich i tłumaczyłem, co się stało. Wydaje mi się, że gdy je zobaczył, zrozumiał.

Stałeś się wiarygodny?
Wiarygodniejszy. Później wysłał mi ich lokalizację w lesie po naszej stronie. Pojechałem tam, ale ich nie znalazłem. Minął kolejny tydzień, znowu dostałem od ich wujka „pinezkę", tym razem ze środka

miasteczka. Myślałem, że coś jest nie tak, że GPS wariuje. Poprosiłem, by wysłał ją raz jeszcze. Wysłał i znowu środek miasteczka. Stoję w tym miejscu, a po nich ani śladu. Dopiero po chwili zobaczyłem porzucone plecaki, kopie dokumentów, czyli na sto procent tu byli.

Dlaczego porzucili te rzeczy?
Jestem pewien, że pojechali dalej.

Ale dlaczego bez rzeczy?
Zanim wsiądą do samochodu, muszą się przebrać w czyste ciuchy i nie mieć ze sobą dokumentów ani żadnych śladów wędrowania po lesie. Mają wyglądać jak turyści, nie uchodźcy. Słyszałem od uchodźców, że przewoźnicy mają swoje zasady. Każą im natychmiast wsiadać do auta i wyrzucają zbędne rzeczy, w tym plecaki. Mówią, że kierowcy bywają różni. Często brutalni, dla nich najważniejsze są pieniądze. Zdarzało się, że migranci byli oszukiwani. Słyszałem o przypadku wyrzucenia ludzi gdzieś po drodze, w innym lesie, już bez żadnych osobistych rzeczy.

Odezwali się jeszcze?
Po kolejnych dwóch dniach przyszła informacja, że są już w Niemczech. Byli bezpieczni, ale u nas w lesie

nadal pełno było ludzi, którzy też chcieli się stąd wydostać.

Co było najtrudniejsze?
Oni wszyscy chcieli, żeby im pomóc z transportem. Mówiliśmy, że tego nie możemy zrobić.

Rozumiałeś ich?
Pewnie, że rozumiałem, ale to było bardzo trudne. Niektórzy próbowali wręczać pieniądze.

Co im mówiłeś?
Że nie mogę tego zrobić, bo pójdę do więzienia. To wystarczało, żeby zakończyć dyskusję.

Myślisz, że w tym pasie granicznym umierają ludzie?
Spotkałem chłopaka, który opowiadał, że jego mama tam umarła. Czyli pewnie umarło dużo więcej ludzi.

Wychowałeś się tutaj, pewnie masz znajomych w SG.
Nie tak, że się jakoś super znamy, ale wiem, kto tam pracuje. Rozpoznaję ich niezależnie od tego, czy są w maskach, czy bez. Mnie wystarczy spojrzeć na oczy i wiem, czy znam gościa. Na przykład bardzo dobrze wiem, kto w tej pierwszej sytuacji, o której ci opowiadałem, rozmawiał z mediami i zapewniał, że SG zawiezie ich na placówkę i o nich zadba.

Był zamaskowany?
Tak, ale oczu ani głosu nie zmienisz. Od razu wiedziałem, kto to jest.

Jak to się stało, że z prestiżowej służby SG stała się narzędziem łamania prawa?
To akurat nie było skomplikowane. Przysłali posiłki z innych placówek i wymieszali patrole, tak żeby mieć pewność, że będą się wzajemnie pilnować i wypełniać rozkazy, które podobno nie są wydawane pisemnie. Trzeba zrozumieć, iż decydenci z SG mają pełną świadomość, że ich działania na granicy nie są do końca legalne. To nie są przecież głupi ludzie i mają odpowiednie wykształcenie. Wiem, że w zdecydowanej większości przypadków, gdy nie było świadków, zatrzymanych ludzi wyrzuca się na drugą stronę niezwłocznie, bez śladu. Czyli nie wypełniając żadnych dokumentów, które mogłyby w przyszłości komuś zaszkodzić. Dlatego podawane przez SG w mediach dane dotyczące dokonanych zatrzymań można wsadzić między bajki. Sytuacja na granicy jest zdecydowanie gorsza niż oficjalne komunikaty. Ludzi jest mnóstwo, w tym kobiety z dziećmi, osoby starsze, niepełnosprawne, chore.

Widziałeś pushback?
Wiele razy widziałem, jak pakują ludzi na ciężarówki, a raz widziałem nieudaną próbę pushbacku. Krążyłem

po lesie pięćdziesiąt metrów od granicy, gdy przyjechała ciężarówka. Żołnierze zamaskowani, a SG bez masek. Podeszli do mnie i mieliśmy krótką wymianę zdań na temat tego, czy mogę tu przebywać. Ja twierdziłem, że mogę, bo jestem mieszkańcem strefy. Oni, że nie mogę, bo nie jestem w bezpośredniej okolicy mojego domu. Poprosiłem o stosowny paragraf i tak się zakończyła rozmowa. Ciężarówka była zaplandeczona i nie wydobywał się z niej żaden dźwięk. Nagle po białoruskiej stronie zaczęły szczekać psy i było słychać dźwięk dużego samochodu. Nasi szybko się zwinęli, mimo że byli ustawieni do wyładunku. Tak to się odbywa. Jedna strona próbuje przepchnąć uchodźców, gdy druga nie widzi. Nasi mają w lesie narozstawianych fotopułapek, więc wiedzą, którędy idą uchodźcy, ale też wiedzą, gdzie białoruskie służby rzadko bywają. Szukają takich miejsc, żeby w komfortowy sposób pozbyć się uchodźców.

Komfortowy?
Komfortowy dla służb. Bez świadków. Kiedyś Białorusini udostępnią nagrania, jak Polacy wyrzucają uchodźców. Muszą mieć masę takich nagrań.
   Mam dla ciebie jeszcze jedną historię o pushbacku. Było bardzo zimno, spotkaliśmy w lesie grupę młodych ludzi. Pary z małymi dziećmi, troje niemowląt tam było. Matki je karmiły piersią. Jak to zobaczyliśmy, to ręce nam opadły, bo mieliśmy ze sobą tylko

mały plecak, nie byliśmy przygotowani na tak wielką grupę. Wiedzieliśmy, co zrobi z nimi SG, jak ich złapie. Wytłumaczyliśmy im, że tu nie jest bezpiecznie. Wiedzieliśmy, że są idealnie na szlaku patroli SG. Wymieniliśmy się numerami telefonów i wróciliśmy do siebie. Podjęliśmy później kilka prób kontaktu, ale niestety były nieudane. Wysłali nam jakąś lokalizację, pojechaliśmy, ale już ich tam nie było. Wróciliśmy na leśny parking, gdzie zostawiliśmy samochód. Było tam sporo postronnych ludzi, głównie młodzież bawiąca się w niedzielne popołudnie. Gdy już siedziałem w samochodzie, zauważyłem, że z lasu wyjeżdża konwój. Podjechali bliżej parkingu, zobaczyłem zakłopotaną minę funkcjonariusza SG. Ruszyliśmy za nimi, bo byliśmy pewni, że na wojskowej ciężarówce kogoś właśnie wiozą. Tak było zawsze, gdy wojskowy star bez rejestracji był eskortowany przez SG. Dosyć szybko się zorientowali, że ktoś za nimi jedzie, więc pojechali na placówkę SG. Samochód schowaliśmy i podeszliśmy, żeby obserwować. Zaparkowali ciężarówkę w taki sposób, jakby mieli przygotowywać się do wyładunku, ale nic się nie działo. Wzbudziliśmy zainteresowanie. Podszedł do nas oficer i zapytał, dlaczego kręcimy się przy płocie. Stoimy sobie, w końcu miejsce publiczne, tak? Dobrze, tylko nic nie nagrywajcie, powiedział. I tego będę żałował do końca życia, tego, że nie nagrałem. Wtedy jeszcze nie miałem świadomości, że mogę nagrywać, bo zakazy nie dotyczą placówek SG. Na parkingu zaczął się ruch, otworzyli bagażnik eskortującego samochodu i pakowali do niego długą broń oraz concertinę, drut żyletkowy. Widać, że część strażników kończy zmianę i jedzie do domu, a na ich miejsce przyjeżdżają nowi. Z boku stały jakieś kobiety, które radośnie sobie rozmawiały i paliły papierosy, a że ten parking naprawdę nie jest duży, to widzieliśmy wszystko jak na scenie. W którymś momencie postanowili nam uniemożliwić przyglądanie się i zaczęli świecić halogenem po oczach. Przenieśliśmy się w krzaki i dalej obserwowaliśmy. Cisza się zrobiła i nagle zaczynamy słyszeć płacz niemowląt. A wiadomo, jak niemowlaki płaczą, prawda? Płacz wydobywał się właśnie z tej wojskowej ciężarówki. Zamieszanie się zrobiło, wyszedł oficer, kazał włączyć silnik i trzymać na wysokich obrotach, żeby zagłuszyć płacz dzieci. Żałuję, że tego nie nagrałem, i chyba nikt tego nie nagrał, a wystarczyłaby jedna osoba. Wystarczyłoby, że jedno z nas wyciągnie telefon i nagra. Niestety, tak się nie wydarzyło. Już nie mieliśmy wątpliwości, kto jest na tej ciężarówce. Zrozumieliśmy, że oni na tę strażnicę przyjechali tylko po to, żeby zgubić ogon. Szybko się wszyscy zapakowali i pojechali.

Długo stali na tym parkingu?
Niecałą godzinę. Pojechałem za nimi, nawet udało mi się przejechać checkpoint, bo myśleli, że należę do

konwoju. Ale siedemset metrów przed granicą zrozumiałem, że już nie ma odwrotu, że zostaną wyrzuceni. Dostaliśmy później wiadomość, że są na Białorusi. A potem widzisz w telewizji tę rzeczniczkę prasową SG, która opowiada bzdury. Propaganda nie ma nic wspólnego z rzeczywistością, bo oni traktują tych ludzi gorzej niż zwierzęta.

Czego się ostatnio nauczyłeś?
Chyba pokory wobec życia. Zobaczyłem, że nie ma co narzekać, bo są ludzie, którzy mają dużo gorzej. Przez dwa tygodnie gościliśmy w domu młodego chłopaka z Syrii, z kraju, w którym od dziesięciu lat toczy się wojna. Zrozumiałem, jak to wygląda z jego perspektywy, że tak naprawdę nikt ich nie chce. Świat się kurczy, wszędzie blisko, ale nie mają dokąd uciekać. Poza tym przez ostatni czas uodporniłem się na pewne rzeczy. Od kiedy zaczęła się wojna w Ukrainie, zostaliśmy tutaj sami. Oczywiście są wolontariusze, którzy przyjeżdżają pomagać uchodźcom, ale chwilę posiedzą i wracają do siebie, a my jesteśmy tu na stałe. Bardzo mnie to przeciążyło psychicznie. Siedzisz w lesie z rodziną. Są dzieci, jest matka, jest ojciec. I ten ojciec płacze, że nie wie już, co ma robić, bo byli już dwanaście razy pushbackowani. Taki obrazek ryje banię. Też nie wiesz, co robić.

Uodporniłeś się na to?

Nie przyzwyczaiłem się do tego, ale nauczyłem się, że niektóre rzeczy mogę dla nich zrobić, a niektórych nie.

Jak za pierwszym razem mówili: "zabierz nas stąd", to byłeś bezradny, a dzisiaj co mówisz, gdy proszą o transport?
Mam swój schemat. Wiem, że zaraz o to poproszą, i wiem, co im odpowiem. Ale to i tak nie jest łatwe, bo widzisz, że czasami od tego zależy ich życie.

Jaką cenę za to płacisz?
Miałem już objawy stresu pourazowego, bałem się chodzić do lasu. Nie chciałem widzieć agresji służb, nie chciałem słuchać ich kłamstw. Próbowałem się z nimi prywatnie spotykać i tłumaczyć, że nie robię tego przeciwko nim, że mam kontakt z mediami i widzę, co się dzieje. Tłumaczyłem, że nie muszą tego robić. Mówiłem, że rozumiem, że muszą wypełniać rozkazy...

Rozumiesz?
Nie, nie rozumiem. Oni zostali zindoktrynowani, do łbów im bzdur nawbijali. Pamiętasz historię o dzieciach z Michałowa? W trakcie obrad sesji rady miasta komendant czy wicekomendant straży mówił, że nie ma serca wyrzucać tych dzieci. A za chwilę mówił już, że trzeba wziąć pod uwagę, że te dzieci się wynajmuje, żeby u nas wzbudzać litość. Że specjalnie zdejmuje się im buciki. Jak oficer SG może powiedzieć coś takiego? Przecież jest prawo, które mówi, że jeśli osoba

niepełnoletnia pozostaje bez opieki, to jest obowiązek udzielenia pomocy.

Dużo dzieci spotkałeś w lesie?
Kiedyś spotkałem grupę dwunasto-, trzynastoletnich dziewczynek, z którymi był jakiś postronny człowiek.

Postronny?
Mówił, że jest ich wujkiem, ale nie kleiło się to wcale.

Miałeś myśl, że trafiłeś na handlarza ludźmi?
Miałem.

I co zrobiłeś?
Nic nie zrobiliśmy, bo teoretycznie powinno się wezwać SG, ale wiedzieliśmy, jak ona działa i co się stanie.

A gdybyś spotkał taką grupę przed kryzysem uchodźczym, to co byś zrobił?
Chwili bym się nie zastanawiał, zadzwoniłbym po SG.

Wróćmy jeszcze do tego, jak sobie radziłeś, gdy poczułeś przeciążenie psychiczne.
Przestałem chodzić do lasu i zachorowałem na COVID, więc miałem spokój. To była moja przerwa, ale dużą pomoc uzyskałem również od Medyków na Granicy. Często rozmawialiśmy. Oni też strasznie to wszystko przeżywali, podobnie jak dziennikarze,

których brałem ze sobą do lasu. Kiedyś jedna z zagranicznych dziennikarek, młoda dziewczyna świetnie rozmawiająca po polsku, ze łzami w oczach mówiła mi, że widziała już różne rzeczy w swojej pracy, ale tego, co się dzieje na polskim pograniczu w Puszczy Białowieskiej, w kraju należącym do UE, nie potrafi zrozumieć.

W twojej okolicy dużo osób pomaga uchodźcom?
Góra pięć.

A reszta jest neutralna czy dzwoni po SG?
Większość dzwoni, ale są i tacy, którzy w wolny od pracy dzień idą do lasu tropić ludzi tylko po to, żeby ich zakablować. Na dziewiątą do kościoła, a potem na polowanie do lasu. Niektórzy tak żyją, kultywują najgorsze polskie tradycje.

A o Polsce dowiedziałeś się czegoś nowego ostatnio?
Strasznie nietolerancyjny kraj zacofanych ludzi. Przed Ukraińcami serca i ramiona otwarte, a Bliski Wschód to już dla nich sami terroryści. Nic nie czytają. Nie wiedzą, z jakich krajów są ci uchodźcy ani co się w tych krajach dzieje. A ja w lesie spotykam fajnych, wykształconych ludzi. Można odnieść wrażenie, że są bardziej cywilizowani niż my.

Uważasz, że nie trzeba pomagać Ukraińcom?

Bardzo dobrze, że im pomagamy. Jestem za, ale nie mogę zrozumieć, dlaczego nie możemy pomagać ludziom, którzy nie są tak biali jak my i Ukraińcy. Kawałek stąd jest plac zabaw, tam przychodzą ukraińskie kobiety, żeby ich dzieci miały normalne chwile w życiu. One się tam bawią, a ja w tym czasie chodzę potajemnie na drugą stronę wsi, żeby zanieść chłopakowi z Jemenu jedzenie. Zbudowałem mu w lesie szałas, leży w nim od dwóch tygodni. W tym momencie nie mogę go zabrać do siebie. A jest tak niebezpiecznie, że nikt inny mu nie pomoże. Jest chory na białaczkę, pokazywał mi swoje leki. Płacze i mówi, że chce tylko podreperować swoje zdrowie, bo w ojczyźnie nie ma na to szans. Uważam, że trzeba pomagać Ukraińcom, ale nie wolno przestać być człowiekiem dla innych ludzi.

Kiedy według ciebie to się skończy?
Ta opowieść się tak prędko nie skończy.

BARBARA KUZUB-SAMOSIUK

Barbara jest szefową Ośrodka Kultury w Czeremsze, rozmawiamy w jej biurze. Za drzwiami słychać, jak kolejne grupy dzieci przychodzą na zajęcia i z nich wychodzą. Co chwila otwierają się drzwi do jej gabinetu, widać, że panują tu bardzo serdeczne stosunki.

Od urodzenia mieszkam w Czeremsze, a w ośrodku kultury pracuję trzydzieści pięć lat. Ludzie przechodzili przez zieloną granicę od zawsze. Tylko dawniej były inne procedury. Nie było pushbacków, nie było tego okrucieństwa. Dawniej każda złapana osoba była przewożona na placówkę SG i zostawała tam do czasu wyjaśnienia sytuacji. Po weryfikacji dokumentów była podejmowana decyzja, co z taką osobą się stanie.

A jak jest teraz?
W 2020 roku zamknięto przejście graniczne z Białorusią w Połowcach. W 2021 roku, gdy zaczął się kryzys uchodźczy, powstało tam Centrum Rejestracji Cudzoziemców.

Co to znaczy?
W CRC przebywali czasowo uchodźcy, których Straż Graniczna złapała w lesie, a komendant, kierując się jakimś swoim wewnętrznym kodem, postanawiał ich zostawiać, a nie pushbackować. Nikt z tych, których komendant Adam Jarosz zostawiał w CRC, nie został wyrzucony na Białoruś. Po wstępnej procedurze byli umieszczani w ośrodkach. Myślę, że przez CRC przewinęło się około tysiąca osób.

Jaki był ten kod komendanta?
Podobno zostawali ci, którzy poprosili o azyl czy też ochronę międzynarodową lub byli z państw zagrożonych. Z opowieści uchodźców wiemy, że wielokrotnie były takie sytuacje, że ludzie prosili SG o ochronę czy też o azyl, a jednak byli wywalani za druty. Niektórzy trafiali do CRC po kilkunastu pushbackach. Innym udało się w porę załatwić interim w Europejskim

Trybunale Praw Człowieka i wtedy SG nie miała wyjścia, te osoby musiały pozostać w Polsce. Od jesieni 2022 roku w CRC prawie nie ma już ludzi. Jeśli są, to pojawiają się tam tylko na krótki czas.

Widziałaś z bliska, jak funkcjonuje CRC?
Od października 2021 po wcześniejszym dogadaniu się z komendantem zaczęłam tam udzielać regularnej pomocy. Robiłam zbiórki jedzenia, ubrań, środków czystości, zabawek, pościeli, koców, śpiworów i to wszystko woziłam do CRC. Prowadziłyśmy tam też wspólnie z dziewczynami raz w tygodniu zajęcia edukacyjne. Po jakimś czasie wójt zakupił do CRC łóżka. Komendant wymyślił, żeby zrobić czytelnię. Szybko udało mi się przy pomocy wielu ludzi ściągnąć praktycznie z całego świata mnóstwo książek po arabsku, kurdyjsku, angielsku. Powstała czytelnia. Warunki w CRC były dość spartańskie. Osoby spały w dużych pomieszczeniach. Na początku na materacach, potem pojawiły się łóżka, ale było ciepło, była stołówka, pralnia, prysznice.

Da się uciec z tego CRC?
No co ty! To jest dawne przejście graniczne, wymyślone tak, żeby takie historie nie mogły się wydarzyć. Ale jest plac, gdzie mogą wyjść na papierosa. Widziałam tam dzieciaki grające w piłkę. Gdy jeszcze była strefa, komendant wydał zgodę na wyrabianie papierów dla osób, które razem ze mną prowadziły tam różne zajęcia.

Przyjeżdżaliście prowadzić zajęcia i dalej woziliście ubrania?
Tak.

Skąd były te ubrania?
Ogłaszałam zbiórki, które rozlewały się po całej Polsce. Ludzie do mnie dzwonili, że mają busa pełnego ubrań i jedzenia, a ja załatwiałam u komendanta przepustki. Na checkpointach tylko mówili, że to dla uchodźców w CRC w Połowcach, i OK, jechało do celu. Na miejscu mieli oddzielne magazyny na ubrania, oddzielne na spożywkę i jeszcze oddzielne na środki czystości.

SG to dystrybuowała na miejscu czy ty?
Oni. Jak przywozili osoby z granicy, to dawali im najpierw pakiet ze środkami czystości, czyli ręcznik, żel pod prysznic, szampon, grzebień. Później były pomieszczenia do przebrania się, zostawiali mokre ubrania i dostawali suche i czyste. Myli się i szli do gabinetu lekarza, gdzie były robione testy na COVID oraz był sprawdzany ich stan zdrowia. Może mylę kolejność, bywałam tam raz w tygodniu, czasami częściej.

To niesłychane, bo cała ta struktura się opierała na rzeczach, które wy przywoziliście.
Oni też coś tam kupowali, ale w większości na tych rzeczach, które my przywoziliśmy. Samorząd też coś dorzucał. Swego czasu gmina dała ogłoszenia,

że zbiera ubrania dla uchodźców. Wygospodarowałam pomieszczenia na magazyn, bo tyle było tych rzeczy.

A tym, których wyrzucali za druty, też pozwalali się wykąpać i zjeść w CRC?
Wykąpać się raczej nie, ale zjeść, dostać suche ubranie pewnie tak. Choć czy ze wszystkimi tak było, to nie wiem. Wiem tylko, że przekazałam SG ponad dwieście pięćdziesiąt gotowych pakietów żywnościowych dla osób pushbackowanych. Oprócz jedzenia były tam też grzejki, koce termiczne. SG dostawała pakiety z parafii i od samorządów. Sami też kupowali jedzenie. Pewnie nie wszyscy uchodźcy dostawali, ale taki pakiet mógł uratować człowiekowi życie. Przekazywałam też ubrania do użytku w lesie: ciepłe kurtki, buty, spodnie, bluzy. Sam komendant dzwonił do mnie z prośbą o dowiezienie ubrań i butów.

Dla osób, które mają być pushbackowane?
Dla jednych i drugich. Kiedyś nawet robiliśmy wspólnie z komendantem szybką akcję dostarczenia ubrań na północ, w okolice rzeki Świsłocz. Było dużo osób po przejściu rzeki. W stanie krytycznym, mokrych, zmarzniętych, a nie było w co ich przebierać.
   Kiedyś poszłam do komendanta, żeby wpuścił ludzi, którzy rozbili taki malutki namiocik tuż za drutami. To był koniec marca, a oni siedzieli na ziemi

i palili ognisko. 1 kwietnia spadło dużo śniegu i komendant ich stamtąd zabrał.

Poprosiłaś komendanta, żeby zabrał ludzi zza drutów, a on tak po prostu po nich poszedł i zabrał?
Tam było siedmioro dzieci i pięcioro dorosłych. Dwie rodziny i samotny mężczyzna. Siedzieli na końcu wsi Bobrówka. Posterunek wojskowy, concertina i zaraz oni. Dowoziłyśmy im pampersy, gorące zupy i różne potrzebne rzeczy. Żołnierze przerzucali to wszystko przez druty. Nawet jeden z żołnierzy z tego posterunku przysłał mi SMS-em całą listę potrzebnych rzeczy, kiedy byłam w sklepie. Dowiedział się, co im trzeba, i dosłał mi listę. Następnego dnia poprosił, żebym się już z nim nie kontaktowała w sprawie przywiezienia jedzenia. Pomoc przez druty już nie była możliwa. To było po rozpoczęciu wojny w Ukrainie. W Gminnym Ośrodku Kultury w Czeremsze mieszkało dwanaścioro dzieci i dziesięć kobiet z Ukrainy. Sami ich przywieźliśmy z granicy, a komendant bez problemu wydawał zezwolenia na pobyt, a wtedy jeszcze byliśmy w strefie. Poszłam do komendanta i poprosiłam, żeby mi wytłumaczył różnicę między jednymi a drugimi dziećmi. Dlaczego jedne zamarzają w namiocie, a o inne dbamy. Dwie historie w tym samym czasie. Jedni topią śnieg, żeby zagotować herbatę, drudzy mają trzy ciepłe posiłki dziennie,

dach nad głową i chodzą na zajęcia. Powiedziałam mu, żeby mi wytłumaczył, jak mam to sobie w głowie poukładać. „Jednego dnia pozwalasz podać im jedzenie, a następnego nie. O co chodzi? Kiedyś cię podam do sądu za straty moralne".

Co ci odpowiedział?
Nie róbmy drugiego Usnarza.

O dzieciach nic nie mówił?
Mówił, że nielegalnie przeszły przez granicę. „Ty o tym decydujesz – mówię mu – ty. Co mają zrobić?".

Oni już byli po polskiej stronie?
Według mnie tak, bo tam od białoruskiego słupka do naszego słupka jest osiem metrów, a pośrodku stoi jeszcze jeden słupek. Oni właśnie przy nim byli, ale od naszej strony, czyli na polskiej ziemi. Komendant mówił, że nie może ich zabrać, bo są po białoruskiej stronie. Według mnie to nie była prawda. Najpierw byłam u niego z wójtem i prosiliśmy, żeby zabrał tę rodzinę, ale nie pomogło. Jak spadł ten śnieg, to po południu podjechali, przecięli concertinę i ich zabrali.

Jak to się stało?
Komendant zadzwonił do podlaskiego generała SG Jakubaszka i go przekonał.

Czyli wszystko wydarzyło się jawnie?
Tak, a stamtąd zawieźli ich do CRC. Potem spotkałam ich w SOC-u w Białymstoku, kiedy wspólnie z SG organizowaliśmy Dzień Uchodźcy, warsztaty, koncert, poczęstunek. Powiem ci coś, ja nie chcę wybielać tego naszego komendanta Adama Jarosza, ale miałam z nim kiedyś taką rozmowę:

– Mam nadzieję, że mówisz tym swoim, że coś dobrego zrobiłem, bo cały czas mówicie, że mam krew na rękach – powiedział.

– Mówię prawdę, co robisz dobrego, a co złego. To jest twoje sumienie, to ty kiedyś będziesz musiał podsumować, co zrobiłeś dobrze, a co źle.

Niestety, mnie za to spotyka hejt, bo wiele osób uważa, że z SG współpracują kolaboranci. A ja uważam, że pomaganie ma jedno imię i jedną twarz. Liczy się sam fakt pomagania, a może nawet czasami ratowania życia.

Działanie pomocowe stało się twoim głównym zajęciem?
Bez przesady. Jestem dyrektorką domu kultury, organizuję festiwale, spektakle, prowadzę działania edukacyjne, uczę muzyki. Mam zespół Czeremszyna, który normalnie koncertuje. Nie było łatwo to przemodelować i dalej nie jest łatwo to wszystko połączyć, ale chyba nie mam innego wyjścia. Mieszkam tu, gdzie mieszkam.

Życzysz uchodźcom życia w Polsce?
Poza Polską żyje kilkanaście milionów Polaków i jakoś nam pozwolili pracować w tych Belgiach, Niemczech i Amerykach. A my co na to? Nienawidzimy Żydów, nienawidzimy ciapatych, nienawidzimy islamu. Ciekawe, że ta Belgia czy Niemcy nie boją się, że polscy katole zaleją ich kraje, że im mentalnie wszystko poprzestawiają. Gdziekolwiek spojrzysz, każda rodzina ma kogoś za granicą. Jak nie wujek, to ciocia albo brat pracuje za granicą, ale do nas to już nikt nie może przyjechać. Przedziwni jesteśmy.

Nauczymy się być bardziej otwarci?
Chyba się raczej nie nauczymy. Chciałabym, żeby Polacy byli otwartym narodem, ale to długa droga.

Co jest teraz najtrudniejsze?
Jedną rzecz źle robimy tu na Podlasiu. To jest ta wielka złość i poczucie wielkiego nieszczęścia, które tu mamy. A ja myślę, że mimo wszystko tych ludzi spotyka wielkie szczęście, że tutaj dotarli. Z tej perspektywy ta historia wygląda zupełnie inaczej. Zobacz, udało im się przejechać kawał drogi z Syrii, z Jemenu, z Konga czy z Senegalu. Byli pushbackowani dziesięć, a może i dwadzieścia razy, ale wreszcie się udało. I my im pomożemy. Oczywiście, wielu z nich umarło w czasie tej drogi, z tym trzeba sobie poradzić. Jeśli

sobie nie poradzimy, nie będziemy mogli pomagać następnym. To, że tutaj mieszkamy, to nie jest tragedia. Dzięki nam ludzie w drodze spełnią swoje marzenia o lepszym, bezpieczniejszym życiu. Zupełnie tak jak kilkanaście milionów Polaków mieszkających poza Polską.

JOANNA SARNECKA

W białowieskiej restauracji Fanaberia siedzą głównie przyjezdni, entuzjaści Puszczy i żubrów. Jest gwarnie, ale nie szukamy innego miejsca, nie ma na to czasu. Bardzo długo próbowaliśmy się umówić, wreszcie się udało. Joanna ma wolną chwilę, a ja mam nadzieję, że przez najbliższe dwie godziny nikt jej nigdzie nie wezwie.

Opowiedz, co się dzieje z ludźmi, którym udaje się przejść granicę.
Część zostaje przez polskie służby wyrzucona z powrotem na Białoruś, ale to już wiesz. Część szczęśliwie dociera tam, gdzie chciała, czyli do swoich rodzin

i znajomych w Europie Zachodniej, a część ląduje w ośrodkach dla cudzoziemców.

Jak to się dzieje, że tam trafiają?
Po złapaniu są zabierani na posterunek SG i zapada decyzja o umieszczeniu w ośrodku.

Dlaczego część jest pushbackowana, a część ma prawo do pobytu w ośrodku?
Nie umiem ci odpowiedzieć na to pytanie. To jest jak wyliczanka – na kogo padnie, na tego bęc. To zależy od humoru komendanta czy innej osoby, która akurat w danym momencie może podjąć takie decyzje. Wiem, że są różnice między posterunkami SG, co wydaje się dowodem na to, że decyduje człowiek, nie przepisy. W tle jest pewnie jakaś polityka migracyjna, ale ciężko ją dojrzeć. Dlaczego wyrzucamy Syryjczyków, Afgańczyków i Jemeńczyków, którzy uciekają przed wojną i naprawdę nie mają dokąd wrócić. Ale czasami ich przyjmujemy, bo Polska deklaruje zrozumienie dla trudnej sytuacji w ich kraju pochodzenia.

Ale mimo to bardzo często są wyrzucani z powrotem na Białoruś.
Tak, jest pushback albo przyjmowany jest wniosek azylowy, a po nim miesiące albo nawet lata spędzone w SOC-u.

Przez co muszą przejść?
Może zacznę od najszczęśliwszych przypadków. Połamany Syryjczyk...

Tak wygląda najszczęśliwsza historia?
...z otwartym zadrutowanym złamaniem ląduje w otwartym ośrodku. I, wierz mi, to jest najlepszy z możliwych scenariuszy. To nie jest najfajniejsze miejsce na świecie, ale można z niego wychodzić, człowiek zachowuje wolność. Są ludzie, którzy myślą: zostanę w pierwszym europejskim kraju, do którego dotrę. I lądują najpierw na wiele miesięcy w strzeżonym ośrodku, a potem na przykład w ośrodku w Białej Podlaskiej, na końcu świata. Miejsce wygląda jak więzienie, nic tam nie ma. Obok jest strzeżony ośrodek dla cudzoziemców, więc wszędzie są druty kolczaste. Ogólnie sytuacja niesprzyjająca integracji. Tu nie znajdą ani pracy, ani nadziei. Niektórzy sami opuszczają to miejsce i próbują na własną rękę jechać dalej, na Zachód. Biała Podlaska spełniała funkcję ośrodka recepcyjnego, dzisiaj ośrodkiem recepcyjnym jest Dębak. Potem ludzie są przewożeni do Bezwoli, niedaleko Lublina. Czasem lądują tam ludzie z różnymi przypadłościami, chorobami przewlekłymi, w zaawansowanym wieku. A tam znowu nie ma nic.

Bezwola też jest ośrodkiem otwartym?
Tak, ale tam nie ma nawet lekarza. Jest jak czyściec. Ludzie tam wegetują, czekając na koniec procedury.

Co mają zapewnione?
Trzy posiłki dziennie i dach nad głową. Jest tam teraz młody mężczyzna, który opuścił swój kraj tuż przed ukończeniem studiów. Kiedyś mnie zapytał: „A pani myśli, że ja kiedyś skończę studia?". Chciał skończyć studia, zostać, pracować w swoim zawodzie w Polsce. Ale siedzi tam, gdzie nic się nie dzieje, bo taki jest plan, żeby się nie działo. Świat ma o nich zapomnieć, taki jest polski pomysł na integrację.

To jest świadoma polityka polskiego rządu?
Gdyby ta polityka była inna, nie wywoziliby ludzi na koniec świata, tylko dawaliby szansę na zbliżenie ze społeczeństwem.

Nie ma pracowników społecznych, którzy zajmują się aktywizacją?
Jest ośrodek niedaleko Białej Podlaskiej, w którym są rodziny z dziećmi. Tam jest szkoła. Podobnie w Dębaku. To jest pod Warszawą, więc dociera tam więcej organizacji pomocowych, więcej się dzieje. Ale w Białej Podlaskiej nie ma nic. Niby jest to ośrodek recepcyjny, ale ludzie spędzają tam kilka miesięcy, w trakcie których w ich życiu nie dzieje się nic. Niedawno poznałam tam kobietę z Somalii, która z córką dotarła do Polski przez las na granicy białoruskiej. Jej mąż mieszka w Szwecji, jest szwedzkim obywatelem. Tam też pracuje. Nie mogła prosto z Somalii do niego

pojechać, więc musiała przeżyć ten koszmar. Spędziła siedem miesięcy w SOC-u, ale w końcu się udało i pojechały. On nie widział swojej córki dziewięć lat, wszystko przygotował na ich przyjazd. Zaczęli normalnie żyć. A po trzech miesiącach „deportacja dublińska". I obie znowu znalazły się w Polsce.

Ta deportacja musiała się wydarzyć?
Gdyby Polska powiedziała, że nie jest zainteresowana powrotem tej kobiety i jej córki, toby się nie wydarzyła, gdyby Szwecja też nie chciała się ich pozbyć, nie byłoby tej deportacji. W końcu mamy europejskie prawo łączenia rodzin. Co się z nim stało? Dlaczego nie działa?

I gdzie one teraz są?
Nadal są w Polsce, ale wciąż starają się o legalny wyjazd do Szwecji. Dziewczynka wreszcie poszła do szkoły. Uruchomiliśmy prawnika w Szwecji, w Polsce pomaga im Stowarzyszenie Interwencji Prawnej, żeby ta rodzina mogła się połączyć. Ale wiadomo, że to jeszcze trochę potrwa. Mąż tej pani ma pracę, nie chcą zawisnąć na socjalu. Chcą być razem i żyć bezpiecznie.

Wróćmy do posterunku SG i połamanego Syryjczyka.
Syryjczyk, choć nie każdy – i nie wiemy, od czego to zależy – może się znaleźć w szpitalu i jest nadzieja, że

potem trafi do ośrodka otwartego. Afgańczycy też podobno mają szansę, ale nigdy nie spotkałam się z takim przypadkiem. Wszyscy inni idą prosto do SOC-ów. Ale, jak już ustaliliśmy, nie ma reguły. Jestem teraz w kontakcie z dwoma mężczyznami z Syrii. Zostali wyciągnięci z bagien. Starszy pan był w strasznym stanie. Od trzech miesięcy siedzą w SOC-u w Przemyślu. Niby algorytm powinien ich wysłać do ośrodka otwartego, ale sam widzisz. Wszyscy wiedzą, co się dzieje w Syrii, nawet funkcjonariusze SG wiedzą. Nic to nie zmienia. Wsadzili tych dwóch mężczyzn do ośrodka, gdzie pilnują ich ludzie w mundurach, gdzie jest bardzo zła atmosfera.

Jakie są warunki w SOC-ach?
To są więzienia, nawet gdyby miały złote klamki, to nadal będą więzienia. Panuje tam więzienny reżim, strażnicy, mundury, karanie. W Przemyślu atmosfera jest fatalna. Tam też mają areszt. Nie wiemy, ile osób w nim przebywa. Trafiają do niego osoby na przykład dlatego, że „są krnąbrne". Bez sądu, bez żadnej procedury można przesiedzieć w areszcie i pół roku. Gdy tam przychodzę odwiedzać ludzi, którym staram się pomóc, raz mnie przeszukują, innym razem nikt nie zwraca na mnie uwagi.

W tym samym ośrodku?
Tak. Czasami myślę, że to jest taka prowokacja, by sprawdzić, czy nie będę próbowała czegoś przeszmuglować.

W SOC-ach są dzieci?
W zasadzie tylko w Kętrzynie i Białej Podlaskiej.

A dostęp do internetu?
Bardzo ograniczony. Jest zakaz posiadania smartfonów, można używać tylko Nokii 105 albo 205, bo one nie mają kamer. Poza tym telefon jest często konfiskowany jako kara. Są tam stacjonarne komputery, do których dostęp jest też racjonowany. Najgorzej było w Wędrzynie. To taki SOC, który był w bezpośrednim sąsiedztwie poligonu wojskowego. Na szczęście już go zamknęli. To było straszne miejsce. Przepełnione dwudziestoosobowe cele, okropne warunki, brud, smród i ciągłe wybuchy na poligonie. Do takiego miejsca nasze państwo wysyłało straumatyzowanych wojną ludzi.

Na miejscu też doświadczali przemocy?
W Przemyślu w użyciu bywa paralizator. Jeden z uchodźców tak został potraktowany paralizatorem, że nie było pewności, czy wciąż żyje. Został odwieziony do szpitala. W Przemyślu przebywa iracki poeta Ali, który jest już w bardzo złym stanie. W swoim kraju był torturowany, ma zaświadczenie o PTSD. Zastanawiam się, co z nim będzie, gdy wyjdzie. Wypuszczanie z ośrodków to jest kolejny temat. Zdarza się, że wystawiają ich wieczorem za bramę. Bez kasy, bez niczego i – radź sobie.

Nie uprzedzają?
Jak SG decyduje, że człowiek ma iść do SOC-u, to ląduje tam na trzy miesiące. Następnie SG składa wniosek do sądu rejonowego o przedłużenie o kolejne trzy miesiące i w 99,9 procent sąd to przyklepuje. I tak będą robić, aż się skończy przepisowa liczba dni. A ta przepisowa liczba dni też jest niejasna, do dzisiaj tego nie rozgryzłam. Ostatnio już byliśmy pewni, że jeden z chłopaków wyjdzie. Umawialiśmy się z nim na imprezę, po czym okazało się, że dostał kolejne trzy miesiące.

Siedzą i nie wiedzą, ile to jeszcze potrwa?
Wiesz, morderca, idąc do więzienia, wie, kiedy się skończy jego kara, nawet jak to będzie po stu latach. A oni nie. Któregoś dnia ktoś tam liczy te dni i mu wychodzi, że dłużej już nie mogą trzymać. No i wystawiają go za bramę.

Dają im jakieś pieniądze?
Nie, a najtrudniej mają osoby, które nie są w procedurze uchodźczej. Nic im się nie należy – ani bilet, ani otwarty ośrodek. Przetrzymywani są dla jakiegoś abstrakcyjnego bezpieczeństwa, a któregoś dnia po prostu wystawiani za bramę. Dzięki całej sieci pomocowej nie zostają pod tą bramą, tylko znajdują dla siebie jakieś miejsce. Ostatnio tak się stało w przypadku dziewiętnastolatka z Afganistanu. Wystawiony za

bramę bez pieniędzy, bez telefonu, z moim numerem telefonu na kartce miał się udać na dworzec, trzy minuty od SOC-u, gdzie w punkcie pomocy osobom z Ukrainy zawsze jest trochę pieniędzy na bilety. Chłopak nie dotarł. Wyjechałam po niego na dworzec w Warszawie, sądząc, że może jakoś udało mu się wsiąść do pociągu, ale chłopaka nie było. Szczęśliwie znalazł się w bezpiecznym miejscu – w namiocie jednej z organizacji pomagających Ukraińcom w Przemyślu. Ale można sobie wyobrazić, że na takie osoby czyhają różne zagrożenia i mogą stać się łatwym łupem przeróżnych osób, które robią biznes na słabości, zależności, trudnej sytuacji osób w drodze. Naprawdę miałam czarne myśli. Gdzie jest jakaś elementarna odpowiedzialność naszego kraju za taką osobę? Może za dużo wymagam, ale w takim razie czemu służyły te miesiące w więzieniu? Im dłużej to obserwuję, tym bardziej dociera do mnie absurd tego systemu.

Wypuszczają człowieka, żeby potem na niego polować, że jest u nas nielegalnie?
Dokładnie tak to przebiega.

Co mogą zrobić uchodźcy, by zwiększyć szansę na legalizację?
Mogą składać trzeci wniosek, kiedy są nowe okoliczności. Dotyczy to czasem osób LGBTQ+, które wcale niekoniecznie na dzień dobry, złapane na

granicy, mówią o swojej orientacji czy tożsamości. W SOC-u też raczej obawiają się o tym mówić. Mają bardzo złe doświadczenia z krajów pochodzenia, gdzie orientacja inna niż heteroseksualna, ale czasem nawet długie czy dłuższe włosy albo jakiś styl ubierania są kryminalizowane, zakazane.

Dlaczego trzeci?
Pierwszy wniosek osoba składa, gdy jest przyjmowana, i wtedy zatrzymane zostają procedury deportacyjne. Tak jest do pierwszej odmowy, wtedy deportacja jest już stałym zagrożeniem, ale można złożyć drugi wniosek. Zwykle, jeśli zawartość wniosku, opowieść jest taka sama, znów przychodzi odmowa.

Co się dzieje z ludźmi w takiej sytuacji?
My nie mamy na nich żadnego pomysłu, więc często decydują się nielegalnie przekroczyć zachodnią granicę. To też nie jest idealne wyjście. Państwo jest negatywnie nastawione, a najgorzej traktuje Irakijczyków.

Dlaczego?
Może jeszcze Gruzini, Tadżykowie i inni, którzy są postrzegani jako bliscy Rosji. Państwo się nie zastanawia, że oni właśnie dlatego stamtąd uciekają. Ale Irakijczycy już na starcie są zdefiniowani jako totalnie niechciani. Siedzą w SOC-ach po siedemnaście-
-osiemnaście miesięcy i będą dalej siedzieli. Myślę, że

to jest pokłosie polskiego układu ze Stanami. Inaczej nie potrafię sobie tego wytłumaczyć. Nie wiem, na czym bazuje Urząd do spraw Cudzoziemców, próbowałam to zrozumieć. Zamówiłam raport u arabisty. I on, powołując się na źródła, napisał, kto stamtąd do nas przyjeżdża, jak bardzo złożona jest tam sytuacja. O wpływie „misji pokojowych", o bojówkach proirańskich, o tym, że tam państwo praktycznie nie funkcjonuje. Chcieliśmy przekazać raport Urzędowi do spraw Cudzoziemców, ale nie był zainteresowany. Mają jakieś swoje raporty sprzed lat i aktualizowanie ich nie jest im na rękę, bo jednak zasada jest taka, żeby azylu nie dać.

Teoretycznie nie ma przymusowych deportacji do Iraku. Mimo to SG organizuje takie performance'y deportacyjne na koszt osób poddawanych próbie deportacji. Robi się przy tym wszystko, żeby tych ludzi złamać i doprowadzić do sytuacji, kiedy powiedzą: dobra, dość już, wracam, więcej nie wytrzymam. Wielu osobom po wyjściu z SOC-u Polska kojarzy się z torturami. I jeszcze muszą za to płacić – bardzo perfidne.

Jakie to są koszty?
Zależą od ceny biletu.

Płacą za bilet na samolot, którym nie polecą?
Tak, za udział w deportacyjnym performansie.

Jak to przebiega?
Scenariusz jest prosty: izolacja w SOC-u od reszty osadzonych i odebranie telefonu, czyli odcięcie od jakiegokolwiek kontaktu. Następnie wywiezienie na lotnisko i wprowadzenie na pokład samolotu. Tam osadzony odmawia w sposób bardzo ekspresywny udziału w podróży, wówczas albo kończy się zabawę tak po prostu, ale często pojawia się kolejna postać dramatu. Odważny pilot, który odmawia wzięcia na pokład przymusowo deportowanego. Często w tle, na lotnisku, są aktywiści i aktywistki, rozdają ulotki pasażerom tego samego lotu, żeby nie zgadzali się na lot z osobą przymusowo deportowaną. Dzwonią do linii lotniczych, do SG, proszą o pomoc RPO, media, polityków. Do końca musimy tę grę traktować poważnie. A potem rozchodzimy się do domów, a osadzony siedzi dalej. Czasem zmienia tylko ośrodek. Mamy też świadectwa przemocy wobec osób poddawanych próbie deportacji.

Kto jej dokonuje?
Straż Graniczna. Jakiś czas temu Irakijczyka poddawanego próbie deportacji pobili. Niedawno innemu Irakijczykowi wyłamali bark, związali mu kablem ręce do tyłu i rzucili na podłogę w samolocie. Obaj trafili do szpitala. Ten drugi doświadczył jeszcze dodatkowej przemocy w szpitalu – został przyciśnięty do ściany, co przy związanych do tyłu rękach

i wyłamanym barku musiało być bardzo bolesne. Nie mogę zrozumieć takiego postępowania, takiej nadmiarowej przemocy.

Od zawsze zajmujesz się uchodźcami?
Nie, to jest dla mnie totalnie nowy temat.

Brzmisz jak specjalistka.
Zajmuję się tym od roku, a w życiu jestem antropolożką.

Czujesz sens tego działania?
Przede wszystkim czuję bezsilność.

To skąd czerpiesz siłę?
Z wkurwu. Jak jestem w lesie, to mam poczucie sprawczości, bo głodnemu zanoszę zupę i przez chwilę znowu nie jest głodny. Przemoczonemu daję suche ubrania i to ma sens, jesteśmy na plusie. A w SOC-ach to jest walenie głową w ścianę. Taka jest historia tego chłopaka z wyłamanym barkiem. Siedemnaście miesięcy przesiedział w Przemyślu, tam podjął strajk głodowy, nie jadł przez dwadzieścia jeden dni. Po tym strajku podjęli próbę deportacji tego dwudziestoześciolatka. W końcu udało się go wyjąć z SOC-u w Białymstoku, bo tam go zawieźli. Udało się, bo mu się dni skończyły.

Strasznie brzmi to zdanie, że mu się dni skończyły.
Skończyły mu się dni po tamtej stronie, miejmy nadzieję, że tylko po tamtej. Ich wyjścia z SOC-ów podszyte są niepokojem, bo przyszłość wciąż może być zagrożeniem.

Jest ustawa o cudzoziemcach, która nie jest doskonała, ale jest w niej jasno powiedziane, że detencja jest ostatecznością. Zrozumiałabym, gdyby stosowano ją na czas ustalenia tożsamości osoby. OK, niech ją trzymają do ustalenia tożsamości, ale po co dłużej. W tej ustawie jest napisane, że jeśli detencja zagraża zdrowiu, nie powinna być stosowana.

Jesteś z Podlasia?
Wcześniej mieszkałam na Podkarpaciu, od pewnego czasu mieszkam na Podlasiu.

Jak długo tu zostaniesz?
Wiesz, ja już nie jestem dwudziestolatką, mam dorosłe dzieci. Mam nadzieję, że starczy mi sił i że się szybko nie wypalę. Będę tu, dopóki to będzie miało sens.

Czego się ostatnio dowiedziałaś o Polsce?
Nigdy nie miałam jakichś złudzeń, że to jest kraj szczęśliwości, ale przeraża mnie to zło systemowe. To jest dla mnie nie do zaakceptowania. Mam poczucie, że państwo jest po to, żeby nas wszystkich trochę okiełznać z naszymi ciemnymi stronami. Że państwo

ma tworzyć bezpieczną przestrzeń, negocjowalną, gdzie każdy się odnajdzie.

Jaką cenę płacisz za uczestnictwo w tym kryzysie?
Ceną z pewnością jest stres, ale jednocześnie dużo dostaję. Mam poczucie, że moja rodzina się rozrosła. Mam bardzo dużo nowych przyjaciół. Wiele się dowiedziałam o radzeniu sobie w sytuacjach kryzysowych.

A jak ty sobie radzisz?
Po niektórych akcjach, na przykład po blokowaniu deportacji, potrzebuję wsparcia. Korzystam z pomocy psychoterapeuty i bardzo to sobie chwalę.

Kiedy znowu będziesz antropolożką?
Cały czas jestem antropolożką. Co prawda moja tożsamość aktywistyczna bierze górę, ale działam na przykład w grupie Badaczki i Badacze na Granicy.

Co budzi w tobie największy wkurw?
Ostatnio pozwolili zanosić paczki żywnościowe do SOC-u w Przemyślu. I wiesz, co zrobili? Obniżyli racje żywnościowe. To jest rodzaj terroryzmu prowadzonego przez państwo, które przenosi na nas odpowiedzialność i koszty. Szantażuje nas tym, że przez nas osoby uchodźcze będą głodować. To jest bardzo słabe.

Zostało ci trochę wiary w państwo?
Chciałabym móc liczyć na państwo, którego wciąż jeszcze jestem częścią. Dopóki nie spalę paszportu, dopóki się nie wypiszę, dopóki dorzucam się do wspólnej kasy, to jestem częścią polskiej rodziny. Ale niestety nie mam wpływu na to, co się tu dzieje.

Może masz kiepską rodzinę.
Trzeba przeprowadzić terapię albo się dla własnego bezpieczeństwa wypisać.

ELIZA KOWALCZYK

Siedzimy u Elizy w kuchni, w piekarniku pieką się ciasta na wieczorne spotkanie ludzi, którzy chodzą do lasu ratować zdrowie i życie uchodźców. Przez okno widać kościół katolicki.

Wydaje mi się, jakbym brała udział w jakimś przedstawieniu, filmie, czymś, co oglądam z boku i nie wierzę, że to się dzieje. Ostatnio przeczytałam swoje wspomnienie sprzed roku. Dosłownie za dwa dni będzie rocznica mojego spotkania z dwiema rodzinami uchodźczymi. O wschodzie słońca pojechaliśmy z mężem sfotografować łosia. Ale zamiast łosia spotkaliśmy dwie rodziny z malutkimi dziećmi.

Jak do tego doszło?
Kątem oka zobaczyliśmy jakiś ruch. Przemieszczaliśmy się w tamtym kierunku, żeby w końcu tego łosia zobaczyć. Ale to nie był łoś, tylko czerwony dziecięcy kombinezon. Wysiadłam z samochodu i pobiegłam. Bardzo się przestraszyli i zaczęli uciekać. Trochę mi zajęło, zanim ich dogoniłam.

A krzyczałaś coś, żeby nie uciekali?
Tak.

Co się krzyczy, żeby ci ktoś zaufał?
Że jestem przyjacielem, że chcę pomóc. Ale myślę, że jak oni uciekają i tak bardzo się boją, to w ogóle nie słuchają tego, co się woła. Dorwałam ich, dlatego że byli z małymi dziećmi na rękach. To było w brzozowym lesie, bagienny teren, bardzo mokro. Widzę jednego ojca z dzieckiem i w momencie, kiedy się zatrzymuję i mu tłumaczę, kim jestem, cała reszta się podnosi. Wiesz, tak jak drzewa rośli po prostu. Patrzę, a to jest kilkanaście osób. Przede mną wstaje tłum ludzi. Dzieciaki małe, więc to był widok szokujący. Plecak, który mam zawsze ze sobą, nie jest na tyle osób, niestety. To jest zawsze tak na dwie, trzy, maks cztery osoby.

A co masz w tym plecaku?
Wodę, jedzenie, skarpetki, opatrunki, koce termo. Powerbank, takie rzeczy, które są potrzebne. Ale na tak

dużą grupę to było za mało. Wezwaliśmy znajomych na pomoc. Wtedy jeszcze nie było Grupy Granica, to się dopiero zaczynało budować. Z dnia na dzień z fotografa stałam się podziemną partyzantką. Ostatnio nawet poszłam na szkolenie medyczne, bo chcę móc pomagać świadomie.

Wróćmy do tamtej rodziny.
Mąż do mnie dołączył, zaczął spisywać, ile i jakie rzeczy są potrzebne, a ja próbowałam ogarnąć tym, co na razie mieliśmy.

Kiedy to było?
30 albo 31 października. Zanim znajomi się zebrali i przywieźli nam wszystkie rzeczy, mieliśmy trochę czasu, żeby porozmawiać. Opowiadali, że trzynaście razy z dzieciakami byli pushbackowani, trudno sobie wyobrazić, jaki koszmar przeszli. Chcieli, żeby świat się dowiedział, co tu się dzieje, jak oni są traktowani. Wyobraź sobie dwoje rodziców z dziećmi dwa i trzy lata idących przez Puszczę. Muszą je cały czas nieść na rękach. Spędź noc z malutkim dzieckiem w Puszczy, dla mnie to jest koszmar. Jestem matką czwórki dzieci, więc od razu myślę, jak by to było z moimi dzieciakami.

No i w końcu przyjechała pomoc. Przyjechali aktywiści, którzy mieli to, o co poprosiliśmy, i masę innych niezbędnych rzeczy. Byli wprawieni w takim sensie, że nie można tego brać na emocje, tylko po prostu wykonywać zadania, zrobić i iść dalej. Pomogli nam wszystko szybko ogarnąć, bo ani żadnych złamań nie było, ani ran, ani zagrożenia życia. Można powiedzieć, atmosfera piknikowa. Ogarnięte i pędzisz dalej. Odwracasz się plecami i zostawiasz dwie rodziny z dziećmi. Próbowałam ich potem szukać, podobno ktoś ich widział w fundacji Dialog w Białymstoku.

Po tej akcji wylądowałam u psychiatry. Byłam przez parę miesięcy na lekach. Ale oczywiście lekach takich, które miały nie ogłupić i pozwolić działać dalej. I tak się stało, nauczyłam się tego, że nie zmienię świata, mogę tylko zrobić to, co jestem w stanie.

To było twoje pierwsze spotkanie z uchodźcami?
Nie. Pierwsze spotkanie to grupa zatrzymana na przystanku autobusowym przy kościele. Miałam wtedy cały dom gości na pożegnanie lata. To było 27 sierpnia 2021. Wybiegłam, ale nic już nie dało się zrobić. Kolejne spotkanie było w październiku. Siedziałam w salonie, jadłam śniadanie i przez okno zobaczyłam, że coś się dzieje. Samochód Straży Granicznej był zaparkowany w poprzek ulicy przy kościele. Wzięłam plecak, jedzenie, bo wiadomo, że jak jest SG, to nie stoją sobie tak po prostu. I rzeczywiście na parkingu, na krawężniku, siedziały dwie osoby, kobieta i mężczyzna, otoczone strażnikami granicznymi. Pytam mundurowych, czy mogę dać wodę, a oni tylko wzruszyli

ramionami. Podeszłam, przyklęknęłam i otworzyłam plecak. A wtedy oni otworzyli torbę turystyczną, która przed nimi stała. W środku był niemowlak. Zaczęłam wyć, bo po prostu czegoś takiego się nie spodziewałam. Odwracam głowę, a za mną idzie kobieta w ciąży i ma jeszcze czwórkę dzieci, a z nią jeszcze jeden mężczyzna. Wracali ze sklepu, próbowali kupić coś do jedzenia.

Też uchodźcy?
Tak. Dziecka w torbie turystycznej pod kościołem nie widuje się na co dzień, więc to było strasznie trudne. Zaczęłam dzwonić po znajomych, żeby chociaż to udokumentować, że oni tu są i że prawdopodobnie będzie pushback. Zjechało się parę znajomych osób, ze sklepu donosiliśmy jedzenie i picie. Uchodźcy błagali, żeby nie wywozić ich na Białoruś. Było z nimi czterech chłopców w wieku dziewięć-dwanaście lat i oni też prosili strażników. Ci panowie ze straży byli zamaskowani, ale znajomą osobę poznasz, nawet jak ma zasłonięte usta i nos. Atmosfera się zrobiła ciężka. Strażnicy tłumaczyli im, że nie mają prawa ubiegać się o azyl, a my próbowaliśmy im tłumaczyć, że mogą. Zaczęliśmy nagrywać filmiki, na których mówili, że proszą o azyl. Wtedy ci ze straży powiedzieli, że cyrk robimy. Jedno z mniejszych dzieci zaczęło płakać, wzięłam je na ręce i powiedziałam, że zabieram ich do domu. Że nakarmię i przebiorę, a wtedy wy będziecie mogli robić, co chcecie. I wówczas podjechał

bus straży i zabrali wszystkich do strażnicy. A po czterdziestu minutach już byli na Białorusi.

To była cerkiew czy kościół katolicki?
Katolicki. Na początku ludzie przychodzili tu szukać schronienia, bo liczyli, że w kościele im pomogą, ale chyba szybko poszła fama, że nie ma na co liczyć. Tu się już wcześniej odbywały sceny jak z filmów. Strażnicy z długą bronią ganiali wokół kościoła kilku chłopaków szukających wytchnienia. Przez chwilę tam stał namiot Caritasu, bo kilku zaangażowanych parafian naciskało, ale to się szybko skończyło i śladu po namiocie nie ma.

Dużo ludzi pomaga uchodźcom?
Ostatnio dowiedziałam się o kilku osobach, po których bym się tego nie spodziewała. Pomagają, ale nie rozgłaszają tego. Mam nadzieję, że to znaczy, że takich bezpiecznych osób jest więcej, tylko ja o nich nie wiem. Natomiast wiem na pewno o kilku osobach, które donoszą straży.

Wiesz, co oni o tym myślą?
Poddali się narracji politycznej, że to są młode byczki, bandyci, którzy przyszli nas rezać. Dla nich to są nachodźcy.

Zrobiłaś zdjęcia tym rodzinom?

Tak. To jest ogromna odpowiedzialność pokazywać ludzi w takiej dramatycznej sytuacji. Kiedy nie wiesz, jaki będzie ich los. Ale pomyślałam sobie, że właśnie może po to tam byłam z tym aparatem. Opublikowałam je i bardzo to wszystkich poruszyło, było bardzo dużo udostępnień i bardzo szybko pojawiła się masa pytań, między innymi o to, czy te zdjęcia można wykorzystać do kampanii „Ratujmy ludzi na granicy". Zgodziłam się. Nawet się pojawiły na ołtarzu u jednego księdza. Przysłał mi zapytanie, czy wysłałabym mu w dużych plikach, bo chce szopkę bożonarodzeniową zrobić. I rzeczywiście użył kilku zdjęć. Podpisał: „Nie było dla ciebie miejsca". Bardzo mnie tym wzruszył. Ten materiał był publikowany w różnych gazetach, przy okazji zrzutek, które podobno dzięki fotografiom bardzo dobrze się udawały. Nie obyło się bez komentarzy, że to była ustawka, że te zdjęcia nie są z Polski, że jestem agentką i dorabiam się na takich zdjęciach.

Nauczyłaś się odporności na to?
Uczyłam się, ale różnie bywało. Dzisiaj jestem w całkiem dobrym nastroju, bo ostatnio pomagaliśmy dwóm osobom i wygląda na to, że chyba wszystko im się ułożyło jak trzeba. Dzisiaj będę spać spokojniej. Chyba że znów się coś wydarzy, tego też nie wiemy. Chodzę na szkolenia prawne, żeby wiedzieć jak najwięcej, żeby nie popełniać błędów, nie zaszkodzić ludziom i sobie.

A czego się nauczyłaś przez ten rok?
Nie bać się służb, bo na początku to był wielki strach, że oni mogą dużo więcej niż my. Teraz traktuję ich w ten sposób, że tak naprawdę oni służą dzięki temu, że ja płacę podatki. I im to mówię. „Powinniście nas chronić i nam pomagać, a nie że my odwalamy za was waszą robotę". Bo moim zdaniem jedynym rozwiązaniem jest przyjmowanie uchodźców, sprawdzanie, czy mogą się starać o azyl, sprawdzanie, w jakiej są sytuacji, i w cywilizowany sposób wysyłanie ich do miejsca zamieszkania, jeśli nie ma przesłanek ku temu, żeby im pomóc. Żeby mieli ochronę międzynarodową, bo idzie zima – i tego się chyba teraz najbardziej boimy. Już widzimy, że w tej chwili ludzie wpadają w hipotermię bardzo szybko. Wilgotność jest duża, do tego doszedł ten cholerny mur, przez który skaczą, więc jest masa urazów kończyn, takich rzeczy, z którymi laik sobie po prostu nie poradzi. Uczymy się usztywniać nogi, rozpoznawać, co jest złamaniem, a bez rentgena to nie jest proste, chyba że jest otwarte złamanie.

Więc jest o tyle trudniej, że wojsko też już się wiele nauczyło przez ten czas. Ma supersprzęt, drony, kamery. Pewnie jakieś kontakty i wie, kto, gdzie, co i jak.

Znaczy, że masz przypuszczenie, że infiltrują wasze środowisko?
Nie wiemy tego.

Dziwne by było, gdyby tego nie próbowali.
Tak, dokładnie. Nie wiem, ja staram się robić wszystko w granicach prawa, bo jeśli zrobię coś nie tak, to nie będę mogła już pomagać.

Czyli jakiej granicy nie przekraczasz?
Udzielam pomocy humanitarnej. Od września zatrudniłam się na etat w fundacji Wolno Nam, po to żeby zajmować się już tylko pomaganiem. Nikt nam nie może tego zabronić.

Mówisz, że nie przekraczacie granic prawa, ale jest zgodność między tobą a tym strażnikiem, który na ciebie poluje w lesie? On też uważa, że nie przekraczasz granic prawa?
Oni wiedzą, że pomoc humanitarna jest legalna, ale zarzucają nam to, że pomagając ludziom w lesie, zachęcamy następnych do przechodzenia. Głównie to nam zarzucają.

Gdzieś jest granica pomocy humanitarnej? Nie zabierasz ludzi do domu?
Nie wiem, czy to nie byłoby humanitarnie zabrać matkę z dzieckiem do domu, żeby się ogrzała, wykąpała i odpoczęła. Uważam, że to w żadnym wypadku nie jest nielegalne, aczkolwiek tego się boimy i tego unikamy.

Czyli chodzicie do nich i musicie ich zostawiać w tym lesie?
Tak.

To brzmi jak najstraszniejsze z tego wszystkiego.
No… To jest bardzo trudne. Jak to ci się zdarzy raz, możesz później to sobie ułożyć w głowie i powiedzieć: „dobra, to było jeden raz". Ale jak to się dzieje cały czas, to jest trauma, nad którą nie da się jeszcze pracować, bo ona trwa. Spotykamy ludzi, którzy uciekają, którzy sami są w traumie. A my, pomagając im, stajemy się partyzantami. Jak jedzie karetka pogotowia, to wszyscy ją gloryfikują i przepuszczają, a jak my niesiemy do lasu wodę, jedzenie i ciepłe, suche ubrania, to musimy czasami rzucać się na glebę, żeby nas ktoś nie zauważył. Bo zamiast pomocy możemy przynieść zagrożenie.

Że ktoś za wami przyjdzie?
Straż Graniczna.

Jesteś na wojnie?
Tu jest wojna. Tu są stopy okopowe, to jest w ogóle nie do pomyślenia.

Co to jest stopa okopowa?
Taka, która od wielu dni jest w mokrych skarpetach i przemoczonych butach. Wygląda tak, jakbyś za długo siedział w wannie. Żołnierze w czasie pierwszej wojny światowej nabawiali się tej dolegliwości, tkwiąc tygodniami w wilgotnych okopach. Ale najgorsze jest to, że przejedziesz osiemdziesiąt kilometrów do

Białegostoku, usiądziesz sobie w centrum miasta, a tam życie się toczy normalnie. Ostatnio jechałam do Krakowa przez Warszawę, na jednym, drugim dworcu widzę ciemnoskórych ludzi, którzy normalnie tam sobie chodzą. Jezu, a w Białowieży to każda osoba z ciemniejszą karnacją jest od razu zatrzymywana i sprawdzana. I tak sobie wtedy myślę: „przecież, jakby tych ludzi przywieźć tam i oni by sobie chodzili, to nikt by tego nie zauważył, nikt by w ogóle nie zwrócił uwagi na to". A tutaj każdy samochód jest kontrolowany, każdy bagażnik, wszystko jest podejrzane. A my zrywamy się w nocy, jak słyszymy helikopter.

Czujecie, że coś się dzieje?
Jak się pojawia helikopter, to coś się dzieje. Zdarzało nam się być w lesie i chować się przed helikopterem. Świadomość tego, że lata helikopter i monitoruje, jest sygnałem, że komuś za chwilę może się stać coś złego.

Rozmawiasz o tym z dziećmi?
To jest megatrudne, bo nie chcę, żeby one się oswoiły z tym, że matka jest w partyzantce. Nie chcę, żeby się bały. Ale myślę, że na pewno się boją, żeby coś się nie stało, bo one wiedzą, co ja robię. Są świadome, bo rozmawiamy z nimi o tym. Ale chodzą też do szkoły z dziećmi pracowników Straży Granicznej. Nasza szkoła to w ogóle w tej chwili jest już ewenement, bo są dzieci z domu dziecka, trójka jest z granicy.

Dzieci, które przeszły przez granicę?
Tak, i są bez rodziców. W tej chwili w szkole jest ciemnoskóra dziewczynka i dwóch Syryjczyków, więc dzieciaki mają z nimi styczność. Zastanawiam się, jak te dzieci ludzi ze Straży Granicznej na to patrzą. Moje dzieci uznają to za normalne. Mają też kolegę z Ukrainy, więc tak jest i już.

Tak jak powinno być, chciałoby się powiedzieć.
Tak.

Nauczyliście dzieci, żeby w szkole nie mówiły, że chodzisz do lasu?
Wiesz co, nie da się nauczyć dzieci, bo dziecko, jak chce coś powiedzieć, to i tak to powie. One wiedzą, że jest tajemnica, ale nie chcę robić tajemnicy z tego, że pomagam komuś, kto tej pomocy potrzebuje. Moje dzieci mogą kiedyś być w takiej samej sytuacji. Muszą wiedzieć, że życie ludzkie jest najważniejsze i że nie ma różnicy, jaki masz odcień skóry czy skąd pochodzisz. Na razie nic się w szkole nie wydarzyło, dzieci mają swój świat, swoje sprawy.

Myślisz, że jaką cenę za to płacą?
Moja siedmioletnia córka ostatnio mnie zszokowała. Byłam w Krakowie, gdy mąż do mnie napisał, że jest na łąkach i spotkał sześć osób z Erytrei. Miał w samochodzie duży plecak i jakoś udało mu się ogarnąć ich

potrzeby. Wróciłam z Krakowa i kiedy wiozłam rano córkę do szkoły, zaczęła mi opowiadać, że ci uchodźcy byli tacy fajni, uśmiechnięci, tylko ich nie rozumiała, bo mówili w innym języku, i że na koniec wszystko z tatą posprzątali. Byłam w szoku, myślę: „no jak mógł mi nie powiedzieć, że ona z nim tam była". Ale wiesz co? Jej tam nie było. Ona sobie tę historię sama stworzyła. Radziłam się terapeutki dziecięcej, powiedziała mi, że dzieci w tym wieku tworzą sobie własny świat. Moja córka akurat żyje w takiej rzeczywistości, więc nie była to jakaś bajka o Czerwonym Kapturku, ale o uchodźcach. Parę dni później mnie zapytała: „Mamo, czy ja widziałam uchodźców?". Mogłabym jej powiedzieć, że ma ich w szkole, ale może nie musi jeszcze tego wiedzieć? Czasami, jak przychodziłam z zakupami, dzieci pytały: „Co dla nas, a co dla uchodźców?". Teraz kupuję bakalie, daktyle, czekolady, batony dla uchodźców, a drugi taki sam zestaw wkładam do naszej szafki ze słodyczami.

Zapytałam dzieci, co by było, gdybyśmy kogoś musieli przyjąć w domu. One nie widzą w tym problemu. Chciałabym kiedyś nie mieć takiego strachu i powiedzieć: biorę tych ludzi do siebie na dobę, żeby się ogrzali, wykąpali, odpoczęli, przespali. A potem powinny ich przejąć odpowiednie służby i nie wywalać za płot. Zastanawiam się zawsze, jak ci strażnicy graniczni wracają do swojego domu, jak oni się z tym czują. Ostatnio dowiedziałam się, że są tacy, którzy mają ze sobą zawsze jakieś jedzenie i pomagają, na ile mogą pomóc. Przecież żaden normalny człowiek nie wytrzyma psychicznie czegoś takiego, że wywala ludzi za płot w ręce Białorusinów. Moim zdaniem to są tortury. To, że ktoś przeszedł nielegalnie granicę, że dokonał wykroczenia, a nie przestępstwa, bo to nie jest przestępstwo, nie zasługuje na to, żeby jego życie było zagrożone. Ostatnio spotkałam w lesie studenta medycyny, onkologa i inżyniera. Przecież ci ludzie są tutaj potrzebni. Masa ludzi, którzy przeszli tędy, już pracuje. Słyszałam o takich, którzy pojechali pomagać na ukraińską granicę.

Czego się najbardziej boisz?
Że będziemy się w lesie natykać na ciała. Uwielbiam kruki i zawsze je fotografowałam, ale teraz, jak gdzieś widzę stado kruków, to mam nadzieję, że tam jest jakieś zwierzę, które padło ofiarą wilków. Ale nie zawsze tak jest. Wiosną zostało znalezione ciało, a tak naprawdę tylko jego część, resztę obgryzły zwierzęta. I to nie gdzieś daleko, tylko tuż koło nas, między Białowieżą a Hajnówką.

A myślałaś o tym, żeby się stąd wynieść?
Był taki moment, że każdy się zastanawiał w ogóle, jak tu dalej żyć. Ale powiedziałam sobie, że Puszczę kocham i się czuję tu zakorzeniona. Nie oddam tego. Poza tym Puszcza ma to do siebie, że ona się odnawia

po wszystkich swoich tragediach. Ona też wiele przeszła. Widziała pogromy i ukrywających się Żydów, i wojenne zawieruchy. Przeżyła wycinkę, więc myślę, że jest otwarta na to, żeby tych ludzi przyjmować, chronić. Nie wyjadę stąd. Wczoraj zasadziłam trzysta cebulek różnych wiosennych kwiatów, więc nie. Ale pewnie wiesz, że to jest dopiero wstęp do następnej wielkiej migracji, do której powinniśmy się przygotować. A jak w południowych krajach nie będzie co jeść i pić, to już nie będzie tylko prośba, to będzie siła. Więc powinniśmy się uczyć pomagać i zrozumieć to, że trzeba się trochę posunąć i zrobić miejsce innym.

PODZIĘKOWANIA

Dziękuję wszystkim moim bohaterkom i bohaterom. Tym, którzy znaleźli się w książce, oraz tym, którzy poświęcili mi swój czas, bym lepiej rozumiał sytuację na pograniczu polsko-białoruskim. Dziękuję Wam za zaufanie, którym mnie obdarzyliście. Za Wasz czas i cierpliwość. Kontakt z Wami był dla mnie źródłem nadziei w świecie, w którym hierarchia wartości stanęła na głowie. Wy wciąż uważacie, że życie jest najważniejsze.

Dziękuję tym, którzy uwierzyli, że mogę napisać dokumentalną książkę o współczesnej Polsce.

Dziękuję tym, bez których nie znalazłbym bohaterek i bohaterów tej książki.

Dziękuję wszystkim, od których dostawałem wsparcie na kolejnych etapach pracy.

Junona Lamcha-Grynberg, Justyna Dąbrowska, Paweł Łoziński, Marcin Grynberg, Paweł Malko, Agnieszka Mankiewicz, Elianka Kamińska, Wojtek Dąbrowski, Tomek Ślęzak, Karolina Kotowska, Joanna Fikus, Kaja Kojder, Kasia Winiarska, Dżemila Sulkiewicz-Nowicka, Kacper Nowicki, Mikołaj Trzaska, Tomek Pańczyk, Kasia Krawczyk, Ida Łozińska i Kolektyw „Szpila". Bardzo Wam dziękuję.

OSOBY, KTÓRE UMARŁY NA POLSKO-BIAŁORUSKIEJ GRANICY

Ahmed Hamid al-Zabhawi, lat 29, pochodził z Iraku
NN, wiek nieznany, pochodzenie nieznane
Mustafa Mohammed Murshed Al-Raimi, lat 37, pochodził z Jemenu
Wafaa Kamal, lat 38, pochodziła z Iraku
NN, pochodził z Iraku
NN, lat 16, pochodził z Iraku
NN, wiek nieznany, pochodzenie nieznane
NN, wiek nieznany, pochodzenie nieznane
Issa Jerjos, lat 24, pochodził z Syrii
Farhad Nabo, lat 33, pochodził z Syrii

NN, lat 33, pochodził z Syrii
Ahmed Al Hasan, lat 19, pochodził z Syrii
NN, wiek nieznany, pochodzenie nieznane
NN, lat 30, pochodził ze Sri Lanki
Gaylan Dier, lat 25, pochodził z Kurdystanu
Kurdo Khalid, lat 35, pochodził z Kurdystanu
Radża Hasan, lat 44, pochodziła z Palestyny
NN, lat 20, pochodził z Syrii
Halikari Dhaker, nienarodzony płód, miał 24 tygodnie,
    jego rodzina pochodzi z Kurdystanu
Avin Irfan Zahir, lat 38, pochodziła z Kurdystanu
Kawa Anwar Mahmood al-Jaf, lat 25, pochodził z Iraku
NN, wiek nieznany, pochodził z Nigerii
NN, lat 26, pochodził z Jemenu
NN, wiek nieznany, pochodzenie nieznane
NN, lat 26, pochodził z Jemenu
NN, lat 50, pochodził z Syrii
Siddig Musa Hamid Eisa, lat 21, pochodził z Sudanu
NN, wiek nieznany, pochodzenie nieznane
Jaber Al Jawabra, pochodził z Syrii
NN, lat 28, pochodziła z Etiopii
Ibrahim Jaber Ahmed, lat 33, pochodził z Jemenu
NN, wiek nieznany, pochodził z Etiopii
Tawfik Ali Omar Ahmed Al-Hashiri, lat 31, pochodził
    z Jemenu
NN, lat 20-30, pochodził z Etiopii
Njenguoue Livine, lat 28, pochodziła z Kamerunu
NN, wiek nieznany, pochodzenie nieznane

NN, wiek nieznany, pochodzenie nieznane
Yasar Sulimankhil, lat 23, pochodził z Afganistanu
Mohammad Noor Jan Gurbaz, lat 27, pochodził
    z Afganistanu
NN, wiek nieznany, mężczyzna, pochodzenie nieznane
NN, wiek nieznany, mężczyzna, pochodzenie nieznane
NN, wiek nieznany, mężczyzna, pochodzenie nieznane
M., lat 58, mężczyzna, pochodził z Syrii
NN, wiek nieznany, mężczyzna, pochodzenie nieznane
NN, wiek nieznany, pochodzenie nieznane

Na prośbę bliskich Grupa Granica wciąż poszukuje
    344 osób zaginionych na pograniczu.

Redakcja: Paweł Goźliński
Korekta: Agata Nastula
Projekt okładki: Łukasz Piskorek
Opracowanie graficzne, skład: Elżbieta Wastkowska, ProDesGraf
Redaktor prowadzący: Marcin Kicki

Wydawnictwo Agora

ul. Czerska 8/10, 00-732 Warszawa

Copyright © by Mikołaj Grynberg, 2023
Copyright for this edition © by Agora SA, 2023

Wszelkie prawa zastrzeżone
Warszawa 2023

ISBN: 978-83-268-4246-7

Druk: Pozkal

 Książka, którą nabyłeś, jest dziełem twórcy i wydawcy. Prosimy, abyś przestrzegał praw, jakie im przysługują. Jej zawartość możesz udostępnić nieodpłatnie osobom bliskim lub osobiście znanym. Ale nie publikuj jej w internecie. Jeśli cytujesz jej fragmenty, nie zmieniaj ich treści i koniecznie zaznacz, czyje to dzieło. A kopiując ją, rób to jedynie na użytek osobisty.

Szanujmy cudzą własność i prawo!
Polska Izba Książki